옮긴이

이민경

연세대학교에서 불문학과 사회학을 공부했다. 한국외국어대학교 통번역대학원에서 국제회의 통역 석사 학위를, 연세대학교에서 문화인류학 석사 학위를 받았다. 현재 파리고등사범학교에서 박사 과정 중이며, 여성을 위한 글을 쓰고 옮긴다. 지은 책으로 『탈코르셋: 도래한 상상』『우리에겐 언어가 필요하다』『피리 부는 여자들』(공저) 등이 있으며 옮긴 책으로 『죽은 백인 남자들이 다 그런 건 아니겠지』『임신중지』『어머니의 나라』 등이 있다.

젠더의 언어학

어맨다 몬텔 지음
이민경 옮김

젠더의 언어학

wordslut

B, C, D

그리고 E를 향한 사랑의 기억을 담아

차례

일러두기

- 국립국어원의 한글맞춤법과 외래어표기법을 따르되, 일부 표현은 시대와 맥락을 고려해 살려 두었다.
- 책은 겹낫표(『 』), 단편소설, 기사, 논문 등의 짧은 글은 홑낫표(「 」), 잡지, 웹진 등의 정기간행물은 겹화살괄호(《 》), 음악, 팟캐스트, 영화, TV 프로그램 등은 홑화살괄호(〈 〉)로 묶었다.
- 각주는 대부분 원주로, 옮긴이 주일 경우 문장 앞에 '역주'로 표기했다.
- 원문에서 이탤릭으로 강조한 부분은 볼드로 표기했다.

0장

사회언어학자를 만나다

쿨한
페미니스트들은
무슨 이야기를
할까?

'썅년bitch' 하면 무엇이 떠오르는가? 내가 맞춰 보겠다. 당신과 같은 고등학교를 나온, 코가 작고 브리트니 스피어스의 향수를 뿌리면서 절대 당신을 자기 집에 초대하지 않던 여자애. 맞지? 그다음엔 이전 직장 상사, 룸메이트, 아니면 강아지 살해범인 크루엘라 드 빌과 같은 유명한 악당을 불러낼 수도 있겠다. 혹은 켈리앤 콘웨이[1]의 얼굴이 통아저씨 게임에서처럼 튀어 오를지도. 글자 자체에 충실하자면 암캐가 생각날 수도 있다. 종류가 뭐든 간에 여자에게는 썅년이 될 수 있는 길이 너무나 많다.

1 역주: Kellyanne Conway, 도널드 트럼프 정부 당시 백악관 고문으로 트럼프 전 대통령의 최측근 중 한 명으로 알려져 있다.

그런데 이 단어가 800년 전에는 여자와 혹은 개와 아무런 관련이 없었다면? 현대 영어가 형성되기 전에 이 단어는 성기—성별이 무엇이든—를 지칭했다. 이 단어가 길고도 다채로운 변화를 거쳐 암컷 짐승을 묘사하게 되고, 자연스럽게 현재 뜻인 거들먹거리고 악하고 재미없는 여자를 일컫게 된 것은 그 이후의 일이다. 원래 중립적이거나 긍정적인 의미였던 단어가 여성을 모욕하는 단어로 탈바꿈하는 일이 영어에서 언제나 일어난다면? 우리가 말하는 거의 모든 단어의 수면 아래에서 헤엄치는, 풍부하고 화려하며 때로는 잔인한 역사가 디즈니 영화나 뉴스 토론보다 훨씬 극적이라면 어떨까? 우리가 자각하지도 못하는 사이에 언어는 우리 삶 전체에 무척이나 놀랍고 더럽고 매력적인 방식으로 영향을 미친다.

어서 오시죠, 독자 여러분. 이 책은 영어 뒤에 존재하는 사이키델릭한 세계를 다룬다. 단어는 우리가 당연하게 생각하는 어떤 것이다. 물론 당연하다. 우리는 포궁에서 나오자마자 언어를 배우기 시작한다(정말이다. 생후 6주면 우리는 이미 모음 발성을 연습한다). 그때부터 우리는 너무나 자연스럽게 언어를 사용하기 때문에 그것이 발휘하는 영향력을 고려하지 못한다. 자라는 내내 나는 언어가 어떻게 작동하는지에 대한 모든 세부사항을 밝히는, 즉 'r' 소리를 내는 데 혀가 어떻게 움직이는지부터 시작해서 미국인들이 영국 억양을 왜 이렇게나 사랑하는지에[2] 이르기까지를 탐구하는 학문적 장이 존재하는지 전혀 생각지 못했다. 하지만 우리의 발화—단어, 억양, 문장구조—는 사람들에게 우리가 누구인지를 알려 주는 보이지 않는 신호다. 이는 우리를 어떻게 대할지도 알려 준다. 잘못하면 발화는 무기로 쓰일 수 있다. 잘 쓰인다면 세상을 바꿀 수 있다. 멜로드라마처럼 들릴지도 모르겠지만 그런 이야기는 아니다. 캘리포니아대학교 샌타바버라캠퍼스(UC 샌타바버라)에서 언어학을 가르치는 랄 지먼**Lal Zimman** 교수는 내게 우리 문화의 가장 큰 장애물은, 언어가 자유나 억압과 같은 문제보다 중요하지 않다고 여기는 태도라 지적한 바 있다. 막대기와 돌멩이는 뼈를 부러뜨릴 수 있지만 단어는 절대로 우리를 다치게 하지 않는다는 오래된 신화에서 비롯된 것이다. 지먼 교수는 이렇게 말했다. "언어 자체가 사람을 다치게 하고, 격상시키고, 가치를 매길 수 있는 수단임을 사람들이 이해하도록 하는 것이 정말 중요하다."

내가 이 책에서 언급할 다른 이름들과 마찬가지로 지먼은 언어학자인데, 이 직업은 흔한 오해와는 달리 외국어를 마

2 이 문제는 이국적인 것에 대한 페티시에 더해서 어머니의 땅에 대한 식민지 국가의 마더 이슈(mother issue, 어머니와의 관계에서 비롯된 심리적 문제)일 것이다. 가령 화성인들이 금성에 식민지를 만든다면 금성인들은 화성의 악센트를 엄청 섹시하다고 느낄 거다.

구 배우거나 사람들이 쓰는 부정사를 고쳐 주는 일과 관련이 없다. 언어학은 사실상 현실 세계에서 언어가 어떤 일을 하는가에 대한 과학적인 연구라고 볼 수 있다. 사회언어학이라는 우산 아래에서는 언어와 인간 사회학의 교차를 다룬다. 언어학자들이 인간 존재가 언어를 사회적 도구로 활용하면서 연대를 구성하고, 관계를 맺고, 권위를 확립한다는 것을 연구하기 시작한 건 그리 오래되지 않았다(대략 1970년대부터다). 언어학자들이 연구한 내용 가운데 눈이 번쩍 뜨이는 동시에 논쟁적이었던 주제는 말할 필요도 없이 언어와 젠더에 대한 것이다. 말하자면 사람들이 젠더를 표현하기 위해서 어떻게 언어를 사용하는지, 젠더가 사람이 말하는 방식에 어떤 영향을 주며 그들의 발화가 어떻게 인식되는지 등이었다. 수십 년 후 언어학자들은 언어의 거의 모든 면, 소리의 가장 분절적인 단위부터 대화의 가장 광대한 영역까지 젠더와 닿아 있음을 이해하게 됐다. 또한 그들은 너무나 많은 문화에서 젠더가 권력과 직접적으로 연결되어 있기 때문에 언어 역시 필연적으로 그러하다는 점도 알게 됐다. 그저 우리 중 대부분이 그 권력을 눈으로 볼 수 없었을 뿐이었다.

권력에 대해서 말하자면 여러분들은 아마 가부장제라는 귀여운 이름을 들어 보았을 수도 있고 아닐 수도 있겠다. 가부장제는 남성이 중심을 차지하는 사회적 구조다. 인간 사회가 늘 가부장적인 건 아니었다. 학자들은 기원전 4000년경 무렵부터 남성의 통치가 시작되었다고 본다(호모사피엔스는 약 20만 년 전부터 존재했다). 사람들이 "가부장제를 부수자"라고 말할 때, 그들은 언어학적으로 그리고 또 다른 방면으로 억압적인 체계에 도전하자는 이야기를 하는 것이다. 이 이야기가 우리와 관련 있는 점은 서구 문화에서 가부장제가 환영받은 것에 비해 너무나 오래 머물렀기 때문이다.

젠더와 단어라는 주제가 학계를 넘어서서 우리의 일상 대화로 스며들 때가 되었다. 21세기 오늘날의 미국은 언어가 고유하게 요동치는 장소이기 때문이다. 매일 사람들은 젠더 정체성과 섹슈얼리티를 점점 더 자유롭게 표현하고, 우리가 스스로를 표현하기 위해서 쓰는 언어도 진화한다. 이 점은 흥미롭고도 중요하지만, 누군가는 이 변화를 따라가기 힘들어하기도 한다. 선의를 가진 사람조차도 혼란해하고 방어적으로 나올 정도다.

한편 우리는 이름 있는 미디어와 공인들이 여성의 목소리를 비판할 때, 여성들이 보컬 프라이vocal fry[3]를 너무 많이 쓰

3 역주: '성대 안착'이라고도 불리는 보컬 프라이는 목소리를 자기 목소리보다 낮춰 낼 때 나오는 떨림을 말한다. 킴 카다시안의 습관으로 유명하며 미국 영어 화자들에게 자주 발견되기 때문에 미국적인 현상이라 불린다. 특히 젊은 여성들이 많이 쓴다고 알려져 있다.

고, '같아요', '진짜' 등의 표현을 남용하며, 과도하게 사과한다고 지적하는 시대에 살고 있다. 이들은 그런 평가를 유사 페미니즘적 조언이라 이름 붙인다. 여성들이 '더 많은 권위'를 갖고 이야기함으로써 '진지하게 받아들여질 수' 있도록 돕는다는 것이다.

그런데 이들이 인지하지 못하는 것이 있다. 자신이 사실상 어떤 객관적이고 논리적인 이유도 없이, 여성들이 자기 의심—따라서 입을 닫게 만드는—을 하게 만들고 있다는 점이다. 중년 백인 남성처럼 말하지 않는다는 이유로.

더한 골칫거리는 아주 많은 사람들이—대체로 사회적 특권을 가진 쪽이다—언어의 진화를 무슨 수를 써서라도 막고 싶어 한다는 점이다. 그들은 젠더 중립적인 언어가 비문법적이라고 말하거나, 섹스와 젠더의 차이를 배우길 거부하거나, 그들이 누렸던 호시절에 그랬듯이 아무 때나 '창녀' 소리를 할 수 없게 됐음을 개탄한다. 언어적 변화가 발아래에서 진동하고 있음을 감지한 이 인간들은 보컬 프라이나 젠더프리 대명사 같은 현상을 자신의 지배력이 위태로워지고 있다는, 등골이 오싹해지는 징조로 받아들인다. 그래서 그들은 요지부동으로 버티고 서서 자기들이 알던 영어를 수호함으로써 자신들이 혜택을 보던 사회적 위계를 그대로 유지하고자 한다(어느 언어학자나 말해 주겠지만 이 모든 노력은 허사다).

우리는 많은 사람들이 영어에 대해서 압도당하는 기분을 느끼거나 침묵하는 시대를 살고 있다. 그러나 그럴 필요가 없다. 우리가 영어를 다시 가져올 수 있다. 그리고 이 책을 통해서 어떻게 그렇게 할 수 있는지 배울 것이다.

그러나 먼저 역사를 배워야 한다. 영어를 다시 가져오려는 목표는 우선 영어가 어디서 왔는지를 알아야 달성할 수 있기 때문이다. 무엇이 병을 일으켰는지 모르고 어떻게 병을 고치겠는가? 좋은 소식이라고 할 수 있는 것은 영어가 법복을 입고 방 안에 모여서 규칙을 결정하는 백인 남자들이 만든 게 아니라는 점이다(나중에 다루겠지만 그런 경우도 없진 않다. 프랑스처럼 말이다). 대부분 언어는 그렇게 만들어지지 않았다. 언어는 유기적인 발전의 산물이다.

언어학 여정을 함께 떠나기 위해서, 영어가 어떻게 태어났는지에 대한 간단한 타임라인을 소개하도록 하겠다.

5세기, 스칸디나비아 반도에서 앵글족, 색슨족, 주트족이라 불리는 게르만족 트리오가 영국령에 조용히 도착했다. (착하게 도착했을 수도 있고 난폭하게 도착했을 수도 있다. 역사가들은 확신하지 못한다. 그러나 그들이 착용한 뾰족한 금속 액세서리를 보건대 대충 짐작할 수 있겠다.) 이 부족들은 앵글리시Englisc라 불리는 언어를 사용했다. 이 언어는 『반지의 제왕The Lord of the Rings』에 나오는 트롤이 쓰는 말과 비슷하게 굴려서 내는 'r' 발음이 많고,

음성모음, 후음과 담이 끓는 듯한 자음을 많이 낸다. 앵글리시는 (몇 세기 뒤에 등장한) 바이킹이 쓰던 북게르만 언어와 함께, 영국의 켈트어를 나라 외곽으로 밀어냈다. 일부 남은 켈트어가 다른 언어들과 결합되어 우리가 고대 영어라고 알고 있는 말이 되었다(오늘날 이 고대 영어를 들으면 완전히 이해할 수 없을 것이다. 고대 영어 학자가 아니라면 말이다. 만일 당신이 고대 학자라면 또 다른 너드 동료에게 인사와 환영을 전한다).

고대 영어는 1066년까지 영국에서 쓰였는데, 이때 노르망디의 공작(정복자 윌리엄이라고 알려져 있으며, 긴 회색 수염과 보석이 화려하게 박힌 왕관을 쓴 작은 남자로도 알려졌다)이 영국을 침공하고 수많은 사람들을 죽이면서 초기 형태 프랑스어를 같이 가져왔다. 이후 몇백 년 동안 영국에서는 가난한 사람들이 영어를 쓰고 부유한 이들이 프랑스어를 쓰는 언어학적 계급 분화가 일어났다. 그런데 그때 흑사병이 휩쓸어 인구의 약 삼분의 일이 사라졌다. 국가 경제에서 노동자 계급이 더 중요해졌고, 14세기에 이르러서는 영어가 다시금 영국의 가장 중요한 언어가 되었다. 이 시기에 프랑스어에서 영향을 많이 받은 영어가 중세 영어라는 새로운 형태를 갖추고 진화하게 된다(소용돌이 글꼴로 쓰인 초서의 『캔터베리 이야기』에서 봤을 수 있다).

몇백 년이 지나고 나서, 모음의 대전환이라고 불리는 언어학적 현상이 일어났다. 한 세기가 되지 않는 시간 동안 모음은 무척 짧아지고(사실 모음은 지금도 짧아지고 있다), 단어 끝의 'es'가 묵음이 되었고, 영어의 소리 전체가 극적으로 바뀌게 된다. 1500년대에는 여행이 가능해진 영국인들이 수많은 사람들과 그들이 쓰는 언어와 섞이게 되면서 영어에도 영향을 불러온다. 유럽의 르네상스 역시 관련이 있는데, 교육에 대한 열망이 재부흥하고 봉건제가 쇠퇴하고 새 기술이 등장하면서, 언어에 가장 큰 영향을 준 인쇄가 가능해진다.

인쇄는 굉장한 일이었다. 신문과 책을 대량으로 제작할 수 있는 멋진 신기술 덕에 읽고 쓰는 능력이 향상됐다. 이는 인쇄를 할 새로운 표준 언어에 대한 요구가 생겨났다는 말이다. 철자와 문법은 현대화되고, 인쇄업이 포진해 있던 런던 지역의 방언이 영어의 표준형으로 부상하게 된다. 이 표준을 따라 최초의 영어 사전이 1604년에 출판된다. (이 사전에는 오직 2449개의 단어가 실려 있다. 비교해 보자면 웹스터 새 국제사전 제3판에는 부록을 포함해 무려 47만 개의 단어가 담겨 있다.)

1600년대 초에 북미의 식민화가 진행되고, 식민지에 거주하는 프랑스 및 스페인 주민들과 서아프리카 노예무역에서 영향을 받은 미국 영어 방언이 등장하게 된다. 산업혁명과 기술이 발달하고, 새로운 물건과 아이디어(증기기관, 다이너마이트, 백신과 컴퓨터, 인터넷에 이르기까지)가 생겨나면서, 수많은 어휘가 생겼다. 몇백 년 만에 현대 미국 영어가 태어난다.

아마 눈치챘을 수도 있고 아닐 수도 있지만, 이 이야기의 주인공들은 대체로 남성이다. 군인, 귀족, 상인, 노동자, 인쇄업자, 사전 제작자, 산업이나 기술 어쩌고 하는 인물들 말이다. 역사적으로 우리가 살아가는 사회는 여성들이 멋진 일을 하도록 두지를 않았다. 그렇기 때문에 여성이 권력의 관점에서 세계를 규정하기란 무척 힘들었다(그러나 여성들은 언어의 진화에 처음부터 끝까지 엄청난 영향을 주었다는 게 밝혀졌다. 이 역시 일종의 힘이라고 할 수 있는데, 곧 이 부분을 다룰 테니 조금만 기다려 달라).

언어와 문화는 불가분의 관계다. 언어는 언제나 권력 구조와 사회규범을 반영하고 그것을 강화했으며 지금도 그렇다. 늙은 백인 남자들은 문화를 너무 오래 다스렸고, 언어는 문화가 만들어지고 소통되는 매개체다. 그렇기에 우리가 왜 그리고 어떻게 언어를 사용해야 하는지에 대해서 도전하고 이를 어떻게 생각해야 하는지 살필 시간이 왔다. 우리가 매일같이 쓰는 단어에 질문을 던지고, 그런 단어들을 사용하는 문맥을 살펴보는 것이다. 이를 깨닫지 않으면 주소나 욕처럼 아주 간단한 말조차 우리가 동의하지 않는 권력구조를 강화할 것이기 때문이다.

나는 데버라 캐머런Deborah Cameron에게 질문을 했다. 그가 누구냐면 옥스퍼드대학교의 페미니스트 언어학자이자 개인적으로는 내 영웅이다. 영어는 정확히 어떻게 이리도 성차별적인 언어가 된 것인가? 영어라는 언어 자체에 성차별이 내재된 건가? 다행히 캐머런은 언어의 유전자—즉 모음과 자음—안에 젠더화된 차별이 깃들어 있진 않다고 했다. 그 대신 영어가 '어떤 문화적으로 만들어진 성차별적인 가정들을 표현하고 재생산'하는 데 습관적으로 사용되는 게 이유라고 했다. 좋은 소식은 영어에 여성과 논바이너리nonbinary에 대한 편견을 조장하는 목적이 '내재해' 있지 않다는 점이다. 그러나 나쁜 소식은 영어 화자들이 언어를 젠더화된 편견을 강화하는 데 사용하고 있으며, 심지어 의식하지 못할 때조차 그런 용도로 쓴다는 것이다.

이런 편견이 나타나는 가장 교활한 방식은 우리 문화에서처럼 우리 언어에서도 남성이 기본값으로 여겨지는 데 있다. 이런 사고관은 앞으로 살펴볼 수많은 문맥에서 드러나는데, 우선 '남성'과 '사람'이 영어에서 동의어로 쓰인다는 점을 제일 먼저 고려해 볼 만하다. 피츠버그대학교에서 언어와 남성성을 연구하는 스콧 키즐링Scott Kiesling은 이렇게 말했다. "예를 들어서, 누군가 '나 언젠가 이 사람을 본 적이 있는데……' 하면서 이야기를 시작하면, 이야기의 청자들은 이 성별 표지가 없는 '사람'을 중산층 백인 남자라고 이해하게 된다." 그는 덧붙인다. "남성들은 집단의 언어를 비교할 때 여전히 보이지 않는 표준이 되는 경우가 많다."

여기서 사고를 확장하면, 수많은 직업—외과의사[4], 과학자, 변호사, 작가, 배우(심지어 배우가 인간이 아닐 때조차[5])—도 대상이 여성이라 특정되는 경우를 제외하곤 전부 남성형을 쓴다. 이런 미묘한 인식은 '여'의사 혹은 '여'과학자 같은 단어를 쓸 때 드러난다. 이런 직업이 기본적으로는 남성의 것이고, 모델, 간호사, 성판매자는 기본적으로 여성이라는 전제가 깔려 있는 것이다.

비슷한 현상으로 '여자들' 단어라고 여겨지는 것 앞에 남자man를 붙이는 경향이 있다. 예를 들면 '맨번manbun', '맨백manbag', '가이라이너guyliner'[6] 등이다. 이 단어들은 재미있기는

4 아마 이 페미니스트 수수께끼를 들어 본 적이 있을 것이다. "한 남자아이가 사고를 당해서 병원에 실려 갔다. 아이의 아버지는 사고로 즉사했고, 아이는 응급 수술을 받아야 했다. 의사가 들어와 아이를 보고 말했다. '난 이 아이를 수술할 수 없소. 내 아들이오.' 어떻게 이게 가능할까?" 이 시나리오는 사람들을 혼란하게 한다. 아이 아버지가 죽었다고 하는데, 어떻게 아이를 수술한단 말인가? 의사가 엄마라는 결론에 이른 사람은 거의 없다. '여자' 외과의는 이국적이고도 희귀한 종이기 때문이다.

5 비인간 종을 언급하는 이유는 사람이 동물과 상호작용을 할 때조차 남성을 기본형으로 상정하는 사고가 튀어나오기 때문이다. 캐머런은 다음과 같이 말한다. "동물원에 가서 많은 부모들이 아이들에게 말하는 걸 들어 보라. 모든 동물을 자연스럽게 '그he'라고 언급한다." 캐머런은 암사자처럼 암컷이라는 게 눈에 보일 때조차 이런 현상이 발생하는 걸 목격했다고 한다.

6 가이라이너, 맨스플레인(mansplain, 남성이 여성에게 잘난 체하거나 가르치려는 태도로 설명하는 것), 쉬로(shero, 여성 영웅), 다이콘(dykon, 레즈비언의 아이콘), 브로맨스(bromance, 남자와 남자 간의 애정), 프라트리아키(fratriarchy, 형제애 정치)와 같은 단어는 언어와 젠더를 결합한 어휘 가운데 기억에 남는 일련의 예시이다. 이 단어들은 여러 단어를 합친 재미있는 혼성어로, 동음이의어를 이용한 언어유희와는 구분된다.

하지만 결국에는 화장과 핸드백 같은 단어는 시시하며, 그렇기 때문에 여자들 것이며, 남성들이 사용하려면 마초적으로 다시 만들어져야 한다는 함의를 담고 있다. 이와 유사하게 맘프러너mompreneur, 쉬이오SHE-EO, 걸보스girlboss 같은 단어들은 기업가와 CEO, 즉 최고경영자가 젠더 중립적이지 않고 암묵적으로 남성으로 이해됨을 드러낸다. 그리고 여성이 사업을 한다면 자신의 직책을 귀엽게 만들어야 함을 시사하기도 한다. 맘프러너는 '걸파워'를 드러내는 반짝이는 구호일 수는 있겠다. 좋은 해시태그가 될 수도 있다. 그러나 이런 단어는 언어에 녹아 있는 성차별주의를 없애지 못한다. 오히려 이를 강화한다.

젠더화된 사고는 여성에 대한 성애화된 무수한 단어들에도 새겨져 있다(헤픈, 매춘부, 창녀. 더 알고 싶다면 1장에 채널 고정하시라). 이런 단어들에는 대응하는 남성항이 없다. 심지어는 젠더화된 언어 가운데 긍정적인 것들도 우리가 스스로를 어떻게 보는지를 규정한다. 아이일 때 우리가 받는 젠더화된 칭찬을 생각해 보라. "어린 남자아이들에 대한 칭찬은 '똑똑하다'와 '영리하다'를 포함한다." 캐머런은 이렇게 말했다. "그러나 어린 여자아이들에 대해서는 '귀엽다'와 '예쁘다'는 칭찬이 태반이다." 이 패턴은 너무나 깊이 뿌리박혀 있어서, 나 스스로도 내가 키우는 두 고양이를 '멋진 소년good boy'과 '예쁜 소녀pretty girl'라는 멍청한 칭찬으로 부를 지경이었다. 이런 편향은 아이들이 자라는 동안 스스로를 어떻게 보아야 하는지에 대한 정보를 줄 수 있고, 실제로 준다(고양이들에게는 그렇지 않을 것 같다).

젠더 편향은 오랫동안 언어에 새겨져 있는 문제였으나, 최근 들어서야 영어권 문화 내에서 일어나는 언어 혁명에서 제 자리를 찾는 중이다. 역사상 처음으로 우리가 구체적인 언어학적 정보와 감정적인 모멘텀을 통해 젠더에 대해서 이야기하는 방식과 남성, 여성, 그 사이 모두의 발화를 인식하는 방식에 대해 유형 변화를 일으킬 수 있게 됐기 때문이다.

오랜 학문인 물리학과 지질학에 비교해 보자면, 언어와 젠더에 대한 연구는 무척이나 최근에 생겨난 신상품이다. 1970년대 이전에는 이 주제에 대한 경험적인 데이터가 없다고 봐도 무방하다. 이 영역에서의 발전이 일어난 시기는 페미니즘의 제2물결과 겹치는데, 이때 영어에 깃든 성차별을 이해하고자 하는 정치적 요구가 거세게 일어났다. 이 시기 사회언어학 분야에 있던 이들은 모두 사람들이 일상에서 언어를 어떻게 사용하며, 그리하여 어떻게 젠더를 생성하고 반영하는지 이야기하고 싶어 했다. 그런데 이 발상은 이전에는 공식적으로 분석된 적이 없었고, 언어학자들은 많은 오류를 범했다. 학자들은 배울 것이 무척이나 많았다. 그러다 1980년대 후반에서 1990년대 초반, 주류 문화 속에서 페미니즘에 대한 요구가 흐려져 갔고, 그러면서 연구도 줄었다. (많은 유색인 학자들이 페미니즘 이론에서 여전히 일련의 사조를 만들어 가기는 했다. 학문적인 열풍은 더 이상 불지 않았지만 1989년 교차성 개념[7]을 만든 킴벌리 크랜쇼Kimberlé Crenshaw도 있었다.) 전반적으로 진보가 좌절되었다.

2010년대 중반이 되어서야 젠더 스펙트럼과 성평등에 대한 관심사가 다시 우리 의식에 들어왔고, 대중들과 언어학자들은 이 문제를 다시 묻기 시작했다. 남성 변호사가 여성 동료를 법원에서 '이쁜이sweetie'라고 부르면 성희롱일까? '걸레slut'라는 단어를 문제없이 쓸 수 있는 걸까? 여성들은 남성보다 사과를 더 많이 할까, 그리고 그렇다면 그건 나쁜 일일까?

영어권 화자들은 이 대답에 여느 때보다 목말라했고, 언어학자들에게 데이터를 수집하고 여성과 남성의 언어 사용에 대한 잘못된 통념들을 교정할 기회를 주었다. 그들의 연구는 교실 밖으로 뻗어 나가고, 학계 저널은 우리의 기숙사, 브런치 테이블, 법률 입안자의 사무실에 닿게 되었다. 이 연구 결과들이 성평등을 향한 움직임의 초석이 될 수 있었기 때문이다.

7 교차성intersectionality: 다양한 형태의 차별(예를 들어 인종주의, 성차별주의, 계급주의)이 복합적으로 작용하며 각각의 차별이 누적되어 주변화된 집단 혹은 개인의 경험에 섞이고 겹쳐지고 교차된다는 개념(〈메리엄-웹스터Merriam-Webster〉, 2018년 11월 10일 검색).

이 연구들로부터 얻어 낼 수 있는 가장 흥미로운 개념은 여성들이 이 세계에 절실히 필요하며 완전히 오해되고 있는 언어학적인 자질들을 비밀처럼 품고 있다는 것이다. 연대를 요구하는 질문을 하고 언어학적인 변화에 더 빠르게 적응하려는 경향도 여기 포함된다. 현대 페미니스트 언어학자들의 발견 속으로 뛰어들면서 우리는 어떻게 우리가 매일 쓰는 언어가 구조적이고 문화적인 차원에서 작동하는지 배울 수 있다. 이것이 여성의 언어 사용에 개입하는 힘으로부터 언어를 되찾게 해 줄 것이다.

바로 그래서 내가 이 자리에서 이렇게 여러분께 이야기를 하는 것이다.

이 장에서 내 이야기를 많이 하지는 않겠지만, 내가 어떻게 언어와 젠더에 사랑에 빠지게 되었는지를 말하고 싶다. 언어학에 대해서 아무것도 모를 때, 그저 메릴랜드주 볼티모어에 살던 수다스러운 아이였을 때부터 시작된 일이다. 나는 머리는 산발에다 대화에 목마른 아이였는데, 세 살 때부터 이미 우리 어머니와 아버지—존스홉킨스 의대 소속의 점잖은 생물학자들—가 만나 본 가장 수다스러운 사람으로 손꼽혔다. 나는 자라면서 언어에 매료되었다. 특정한 방언이나 외국어로 말하는 일이 어떻게 사람들이 나를 보는 방식을 바꿀 수 있는지, 누군가의 머릿속에 있는 그림을 칠하는 방식이 단어를 조합하는 경우의 수에 따라서 어떻게 무한히도 달라질 수 있는지('저항하는recalcitrant'이라는 단어를 쓸 때 거세고 부드러운 'c'의 역동적인 조화가 다른 음소와 맞물려 내는 소리로부터 청자에게서 이끌어 낼 수 있는 감정, 혹은 '고집불통stubborn'이라는 단어를 들었을 때 연상되는, 어떤 바보가 제 고집에 발이 걸린 이미지[8]) 궁금했다. 어머니와 아버지는 열 번째 생일 때 유의어 사전을 사 주었고, 그것은 지금까지도 내가 가장 좋아하는 선물이다.

그리고 나는 대학에 갔고, '언어학의 이해' 수업을 들었다. 방 안에 있는 모든 사람이 나와 같다는 걸 알았을 때 내 기쁨을 익히 상상할 수 있을 것이다. 왜 우리가 이런 식으로 말하는지 알고 싶어 안달하는 사람들뿐이었다. 그러고 나서 나는 '섹스, 젠더, 언어'라는 수업에 매혹되었다. 2011년 뉴욕대학교 등록 시스템에서 젠더가 우리가 말하는 모든 것과 관계가 있다는 수업을 발견하기 전까지는 그런 생각을 해 보지도 않았다. 물론 나는 유치원에서부터 '대장질'을 한다는 소리를 들었다. 대니 올트먼이라는 꼬마 대신에 내가 교실 연극의 감독이 되겠다고 말했기 때문이었다(결국 내가 이겼고, 연극은 대박이 났다. '나댄다 몬텔'이라는 별명이 중학교 때까지 이어지기는 했지만 말이다). 담임과 직장 상사들이 내가 말하는 방식을 늘 꾸짖기도

8 역주: stubborn이 발이 걸릴 때의 stub을 떠오르게 하기 때문이다.

했다. 내가 너무 시끄럽게 말하고 너무 많이 말한다는 거였다. 그들이 'f'로 시작하는 네 글자 단어를 좋아한 나의 원초적 본능을 싫어했던 건 말할 것도 없다. 그렇지만 나는 이 모든 게 내가 여자애여서라기보다는 기본적인 발화량이 이상할 정도로 많았기 때문이라는 걸 알아냈다. (혹은 그렇게 바랐다.) 어쨌거나 나는 말 많은 여자애였고 지금도 그렇다.

사회언어학 수업에서, 나는 젠더 스테레오타입이 영어에 숨겨진 미묘한 방식을 배우기 시작했다. 어떻게 '삽입'이라는 단어가 섹스가 남성의 관점에서 이루어진다는 발상을 함축하며 이를 강화하는지 등을 배웠다. 마치 섹스는 남성이 여성에게 하는 것으로 정의되는 것이다. 삽입의 반대는 흡입이라 부를 수 있다. 우리가 섹스를 말할 때 쓰는 용어에 따라서 삶이 얼마나 달라질지 상상 가능한가? 여성이 성적인 시나리오에서 주인공으로 조명된다면, 여성의 오르가슴은 남성의 그것과 달리 궁극적인 목적이 되지 않겠는가? 이런 질문은 내 마음을 앗아 갔다.

언어학을 전공하는 학생들만 이런 생각을 배워야 하는 게 아님을 알게 되는 데 오랜 시간이 걸리지 않았다. 언어는 현대 성평등을 위한 또다른 첨단이었다. 세계가 이것을 볼 수 있도록 해야 했다.

이후 장들에서는 여러분이 좋아하는 욕설에 숨은 성차

별주의 그리고 보컬 프라이와 '그니까like'를 자주 쓰는 습관이 사실상 언어학적 지식을 담은 표지들이며, 캣콜링을 하는 인간들이 허구한 날 길에서 마주치는 낯선 사람을 향해서 "섹시한데!"를 외치는 동안 그들의 마음속에서 무슨 일이 일어나는지를 다루게 된다. 젠더 포괄적인 방식으로 말하는 것이 더 쿨한 이유와 어째서 '게이 보이스gay voice'는 존재하는데 '레즈비언 보이스lesbian voice'는 회자되지 않는지도 다룬다. '컨트cunt'라는 단어에 얽힌 역사와 '가십'이 무엇인지, 남자가 이 행성에서 사라진다면 언어는 어떻게 바뀔지(그냥 가설이다!), 이 정보를 통해서 진짜 변화를 만들어 내기 위해서는 어떻게 해야 하는지 말하고자 한다.

또한 우리는 복잡한 질문('걸레'라는 단어를 탈환하는 게 가능한가? 길거리 성희롱을 완전히 없앨 수 있는가?)도 몇 개 다룬다. 이 질문에 100퍼센트 확실하게 답할 수는 없을 것이다. 적어도 아직은 그렇다. 하지만 이 책을 덮을 때쯤이면, 방 안에서 가장 날카롭게 말하는 워드 닌자가 될 수 있는 너드 같은 노하우를 모두 갖게 될 것이다. 경험에서 말하건대 이 노하우는 정말이지 끝내준다.

이와 관련된 일화가 하나 있다. 언어학적 전문 지식이 나와는 굉장히 다른 배경을 가진 사람을 설득하는 데 도움을 준 것이다. 그 사람은 여성이 어떻게 말해야 하고, 새로운 발상을 어떻게 여겨야 하는지에 대해서 완고한 믿음을 가지고 있었다. 나는 19세였고, 뉴욕대 수업과 어떤 교수님의 딸—맨해튼 어퍼이스트사이드의 사립학교에 다니는—을 돌보는 베이비시터 일을 병행하고 있었다. 그 아이와 같은 학년인 여자아이가 있었는데, 그 여자아이의 어머니는 머리가 수선화처럼 샛노랗고 트위드 스커트 정장으로 빼입은, 아이에게 자신이 가치를 두는 매너와 발화 방식 같은 원칙들을 물려주고 싶어 하는 사람이었다.

나는 그 어머니를 블리커 거리로 내려가는 지하철 6호선에서 만났다. 우리는 각자 5학년 꼬맹이들을 몰고 집으로 가던 중이었다. 자리를 잡고 농담을 좀 한 다음, 나는 두 아이들이 서로 대화를 나누는 걸 보면서 그들을 '얄y'all'이라고 줄여 불렀다. "그래서 너네 불어 시험은 어떻게 됐어?" 내가 물었다.

트위드로 무장한 그 어머니는 이를 용납하지 않았다. "얄?" 그는 놀라면서 손을 가슴팍에 갖다 댔다. "어맨다, 그런 단어를 쓰면 안 돼. 그건 잘못된 영어야! 사람들은 네가 멍청하거나…… 심지어 더 심하게는…… 남부[9]에서 왔다고 생각할

9 '얄'에 대한 재미있는 사실 하나: 나는 메릴랜드 볼티모어에서 자라났다. 여기서도 메이슨-딕슨 라인의 북부 주에서처럼 '얄' 논쟁이 계속 일어나기는 하지만 남부에서처럼 자주 들리지는 않는다. 방언 지도에 따르면 이 단어를 가장 많이 쓰는 주가 어딘지 아는가? 미시시피다.

거야!" 그는 자기 딸과 눈을 맞추더니 고개를 가로저었다.

나는 이런 순간을 위해서 사는 것 같다.

"음." 나는 의자에 기대어 앉았다. "저는 '얄'이 영어에 부족한 이인칭 복수형을 채워 주는 효과적이고 사회적으로 의미 있는 단어라고 생각하는데요." 아이 엄마는 눈썹을 치켜떴고 나는 계속 말했다. "'유you'를 써서 두 아이를 가리킬 수도 있지만, 저는 당신 딸과 제가 돌보는 아이가 둘 다 이 대화에 들어가 있다는 걸 확실하게 말하고 싶었어요. '유 가이즈you guys'라고 할 수도 있겠지만, 제가 알기로 둘 다 남자아이가 아니기 때문에 남자가 아닌 사람들에게 남성형을 쓰고 싶지는 않았죠. 언어학적인 성차별에 맞서 많은 이들이 지난 몇 년간 싸워 왔던 성과대로요. 그러니까 두 아이 중에 누구도 남자가 아니니 '가이즈'라고 쓸 수 없는 거겠죠?"

아이 어머니는 회의적인 미소를 지었다. "그렇겠죠."

"그러니까요!" 나는 아이 어머니가 한발 물러나는 데 기뻐하면서 말을 이었다. "또 다른 재미있는 대안도 있어요. 서부 펜실베이니아와 애팔래치아 쪽에서 쓰는 '인즈yinz'도 있는데, 이 말의 발음을 별로 좋아하지 않아서요. 모든 걸 고려해 봤을 때 '얄'이 이 까다로운 어휘의 공백을 메울 수 있는 가장 좋은 대답이라고 생각했어요. 그리고 이 단어가 '에인트ain't'처럼 지역적이고 사회경제적인 맥락 때문에 낙인이 찍혀 있는 걸 알았죠. 실제로 에인트는 19세기에 상류층에서 가장 잘 쓰이던 단어였는데도 말이에요."

"그게 정말이에요?" 어머니가 자세를 바르게 했다.

"네." 나는 확신을 담아 말했다. "어쨌든 '얄'을 반대하시는 이유에 대해서 좀 더 듣고 싶어요. 자라난 배경이 어떠신데요?"

지하철이 열 번 정차하는 동안, 그 어머니는 자신의 모든 이야기를 들려주었다(이민자 집안, 아이로서 성인처럼 표준어를 구사하기 어려웠던 상황 등). 그리고 우리가 블리커 거리에서 내릴 무렵, 나는 그가 어떤 사람이 '얄'이라는 말을 썼을 때 그것을 지적하고 싶어 하는 마음을 분명 재고해 볼 거라고 확신했다. 내 안의 어떤 부분은 그가 다시는 절대 그러지 않으리란 걸 안다.

나는 여성(과 다른 주변화된 젠더)들이 내가 그날 지하철 6호선에서 그랬듯이 임파워링되도록 돕고자 이 책을 썼다. 너무나 오래 우리 편이 아니었던 언어를 탈환하는 데 필요한 지식으로 무장할 수 있도록. 당신의 목소리를 어떻게 쓰라 혹은 쓰지 말라는 말에 질렸는가? 좋은 소식 하나는, 언어학자들도 이 말에 신물이 난다는 점이다. 바꿀 수 있도록 우리에게 온 기회다.

1장

헤픈 매춘부들과 추잡한 레즈비언들

내가 싫어하는 (좋아하기도 하나?)
젠더화된 모욕 총집합

1

여자를 모욕하고 싶다면 걸레라고 불러라. 남자를 모욕하고 싶다면 여자라고 불러라.

이름 짓기의 예술로 커리어를 쌓아 올린 언어 분석가이자 카피라이터, 로럴 서턴Laurel A. Sutton보다 이 문장과 친숙한 사람은 없을 것이다. 1998년 서턴은 캐치워드라는 '네이밍 회사'를 세웠다. 네이밍에 재능이 없는 경영자들을 위해 브랜드 이름을 지어 주는 회사였다. (캐치워드의 고객 리스트는 올스테이트부터 맥도날드까지 모두를 아우른다. 패스트푸드 왕국의 그 유명한 맥카페 프라페모카를 들어 봤겠지? 캐치워드가 지은 이름이다. 별거 아닌 것 같다면 2달러에 420칼로리나 하는 커피 밀크셰이크에 더 잘 어울릴 이름을 직접 생각해 보시길.)

서턴이 귀가 즐거운 메뉴를 짓는 수완으로 돈을 벌 수 있다는 걸 알아내기 5년쯤 전, 그는 다른 이름 짓기에 끌렸다. 바로 젠더화된 모욕이다. 1990년대 초에 서턴은 캘리포니아 대학교 버클리캠퍼스(UC 버클리)에서 언어학을 전공하고 있었다. 그는 미국이 사랑하는 욕설에 숨겨진 사회적 맥락을 파헤치고 싶다는 충동을 마주하게 된다. 그래서 두 학기 동안 실험을 했다. 서턴은 학부 동기 365명을 대상으로 각자가 가장 사랑하는 욕설과 그 뜻을 열 개씩 추린다. 그러고 나서는 인터넷 시대가 오기 전의 '어번딕셔너리Urban Dictionary'와 같은 거대한 데이터베이스를 만들어 낸다. 서턴의 계획은 이 용어들을 젠더를 기반으로 분석하는 것이었다. 그 용어들이 더 큰 문화적 맥락 속에서 여성의 또 남성의 위치에 대해 무엇을 말해 주는지 알아보기 위함이었다.

학생들은 서로 다른 주제에 대해서 다채로운 단어와 표현으로 총집합한 욕설을 뱉어 냈다. 총 3788가지였다. ('부야booyah'를 은어로 쓰던 시절을 기억하는가? 오, 90년대여.) 여성을 향하거나 여성에 관한 용어는 166가지였다. 서턴은 이 용어를 따로 분류해서, 패턴을 찾아내고, 의미 범주에 따라서 성적으로 난잡함, 뚱뚱함, 못됨, 성적 매력의 정도라는 네 가지로 나눴다. 이 데이터베이스에 포함된 흥미로운 단어로는 걸레slut, 창녀whore, 헤픈 년skankly hgbag(성적 난잡함), 썅년bitch, biscuit(태도), 후치hootchie와 핑크 타코pink taco(성기 묘사), 암소heifer, 암돼지hellpig(못

나거나 섹스 못함) 등이 있다.

캘리포니아대학교 로스앤젤레스캠퍼스UCLA에서 젠더화된 모욕에 대해서 비슷한 조사를 실시했는데, 여성에 대한 은어 가운데 90퍼센트가 부정적인 뜻이고 이에 반해 남성에 대한 은어는 46퍼센트만 부정적인 뜻을 담은 것으로 나타났다. 이 말은 사람들이 일상적으로 쓰는 어휘 중에서 남성보다 여성에 대한 모욕의 함량이 더 높다는 뜻이다. 이 연구는 여성에 대한 '긍정적인' 뜻을 담은 어휘도 있는 것으로 밝혀냈지만, 이때의 긍정적이라는 의미 역시 여성을 음식에 비유하는 (복숭아, 트릿, 필레와 같이) 성적인 내용을 담고 있었다.

이 데이터를 해부하기 전에, 서턴이 수집한 어휘의 창의력에 경의를 표하는 시간을 아주 잠깐 갖고 싶다(헤픈 걸레? 암퇘지? 상상력 하고는). 그런데 더 큰 문제가 있다. 왜 영어에는 여성에 대한 모욕적인 욕설이 이렇게나 많을까? 그리고 이 가운데 어떤 단어들은 왜 은밀히 말하기가 이렇게도 재미있을까? 노골적인 성차별주의 없이 이름을 붙이고 싶어 하는 인간의 마음을 해소할 수는 없는 걸까?

서턴은 우리 언어에 강고하게 뿌리박힌 성차별적 모욕을 가장 처음 연구한 언어학자가 아니다. 서턴은 "여성에 대한 '추한 이름'에 관해서 어마어마한 연구가 실시되어 왔다"라고 말한다. 그러면서 영어에서 남성에게보다 여성에게 섹스와 젠더에 기반한 모욕이 훨씬 더 풍부하게 존재해 왔음이 연구에서 꾸준히 밝혀졌다고 언급했다. (언어학자들은 가부장제 체제에서 존재하는 모든 언어에 같은 전제를 적용할 수 있을 것이라 보고 있다. 언어는 궁극적으로 특정한 문화에 깃든 신념과 권력구조를 반영하기 때문이다.) 영어에 존재하는 여성에 대한 부정적인 용어들은 주로 성적인 함의를 담고 있고, 크게는 서구 사회에서 여성이 가지고 있는 지위를 보여 준다. 나은 경우 필레와 트릿이 되고, 최악의 경우 헤픈 걸레나 암퇘지가 되는 것이다. 섹스 여부로 여성을 나누는 이분법은 이렇듯 늘 존재해 왔다. 영어 속 모욕 리스트를 참고해 보자면, 여성은 항상 두 성적 대상 중 하나를 차지했다. 차지하기 힘든 복숭아 취급 아니면 추하고 너무 쉬운 걸레.

1970년대에 언어학자 뮤리엘 슐츠Muriel Schulz는 이 불쾌한 웅덩이 속으로 처음 뛰어든 연구자 중 하나였다. 지금은 은퇴했지만, 그는 캘리포니아주립대학교 플러턴캠퍼스 언어학 교수로서 1975년 「여성의 의미론적 실추The Semantic Derogation of Woman」라는 상징적인 보고서를 제출한다. 이 보고서에서 슐츠는 '의미론적 변화'를 묘사한다. 컵케이크cupcake부터 컨트cunt에 이르기까지 젠더화된 별명들이 어떻게 생겨났는지 조명하면서 단어가 시간에 따라 어떻게 변화하는지 보여 준 것이다. 의미론적 변화는 크게 두 가지로 나눌 수 있다. 하나는 '격하pejoration'

로, 처음에는 중립적이거나 긍정적인 의미가 나중에는 부정적인 의미를 갖게 되는 것이다. 그 반대는 '격상amelioration'이다.

영어에서 여성—생애주기 어디쯤에 놓여 있든 상관없다—을 묘사하는 거의 모든 단어는 어느 정도 음란한 의미를 가지고 있다. 슐츠가 썼듯이, "언어의 역사에서 반복적으로 이루어진 현상은 소녀나 여성을 묘사하는 단어가 처음에는 중립적이거나 심지어는 긍정적인 함의를 가지고 있다가도, 점진적으로 부정적인 함의를 얻게 되는 것이다. 그 함의는 처음에는 약간 헐뜯는 정도에 지나지 않지만, 일정한 시간이 지나면 악의적으로, 결국에는 성적인 모욕으로 변한다".

여성을 헐뜯는 경향의 변화는 젠더화된 언어들 가운데 여성과 남성에게 각각으로 존재하는 쌍을 보면 명확하게 알 수 있다. 예를 들어 '서sir'와 '마담madam'의 차이를 비교해 보자. 300년 전에는 두 단어 모두 격식을 갖춘 인사말이었다. 그러나 시간이 지나면서 마담은 조숙하거나 자만한 여자아이를 나타내다가, 정부나 성판매자를 지칭하고, 결국에는 성판매업소를 운영하는 여성을 일컫게 되었다. 이렇게 격동의 변화를 거치는 동안에 '서'의 의미는 처음 그대로 남아 있다.

'마스터master'와 '미스트러스mistress'에도 같은 일이 일어났다. 이 용어는 옛날 프랑스어에서 영어로 넘어왔는데, 권위를 가진 위치에 있는 사람을 일컫는 말이었다. 그런데 여성을 일컫는 용어만 기혼자와 성적으로 난잡한 관계를 맺는 여성을 의미하는 식으로, 슐츠가 말한 대로라면 '주기적으로 사통하는' 뜻으로 오염되었다. 그런데 '마스터'는 여전히 가정이든 동물이든 (혹은 BDSM으로 이야기하자면 그의 성적 상대인 서브미시브든) 뭔가를 책임지는 남자를 뜻한다. 마스터는 또한 가라테나 요리와 같이 어려운 기술을 획득한 사람을 뜻하기도 한다. '미스트러스셰프'라는 이름의 거칠고 즐거운 오디션 프로그램이 있던가? 그렇지 않다(있다면 꼭 볼 것이다).

어떤 경우에 '격하'는 여성에 대한 단어를 여성이 아니라 남성을 모욕하는 단어로 바꾸어 놓기도 한다. '버디buddy'와 '시시sissy'를 보자. 오늘날 '시시'는 약하거나 과하게 '여성적인' 남성을 뜻할 때 사용한다. 그러나 '버디'는 친한 친구와 동의어이다. 두 단어가 관련되어 있다고 생각되지 않지만, 사실 버디와 시시는 '브라더'와 '시스터'의 약어였다. 시간이 지나면서, 남성용 용어는 격상되고, 여성용 용어는 의미론이라는 변기의 물을 내려 현재의 뜻이 튀어오를 때까지 격하되었다. 약하고 딱한, 즉 여자 같은 남자가 될 때까지 말이다. 언어학자들은 남성에 대한 욕설의 대부분이 여성성으로부터 자라났으며, 이때의 여성성은 여성들에 대한 것이거나 전형적으로 여성스럽다고 불리는 남자들을 가리킨다. 겁쟁이wimp, 애송이candy-ass, 야비한 놈motherfucker 등이 여기 해당한다. (심지어 그냥 '여자'라는 말조차 우스꽝스럽게 비하하는 말로 쓰이기도 한다. 요즘 이런 말이 들린다. "인마, 여자처럼 굴지 마.")

'푸시pussy' 역시 시시와 마찬가지로 여성이 아닌 남성을 향한 욕설로 점진적인 환원을 거친다. 학자들은 '푸시'가 어디서 온 것인지에 대해서는 확실하지 않다고 하지만, '파우치' 혹은 '포켓'을 나타내는 고대 노르웨이어에서 왔다는 가설이 있다.[10] 옥스퍼드 영어 사전에서도 16세기부터 이 단어를 약하고 수줍어한다는 면에서 고양이와 비슷한 속성을 가진 소녀 혹은 성인 여성을 일컫는다고 설명해 두었다. 1600년대까지 이 단어는 질과 고양이를 동시에 가리켰다. 이 단어는 20세기 초까지 남성을 지칭하지 않았으나 그 무렵부터 작가들이 유순하고 공격적이지 않은 남성들을 가리키는 데 이 말을 활용하기 시작했다.

전통적으로 남성을 지칭하던 용어들은 시시, 푸시, 마담, 미스트러스와 같은 격하를 거의 거치지 않았다. '딕dick'만이 이례적인 경우라고 할 수 있는데, 이 단어는 처음에 리처드라는 이름을 가진 남성에게 붙는 무해한 별명이었다. 세익스피

10 드라마 〈브로드 시티Broad City〉 시즌1에서, 일라나가 자신의 질에 마리화나를 숨겨 은밀하게 운반한 다음 그것을 '자연의 주머니'라고 부르며 자랑스러워하는 장면이 나온다. 이 장면이 고대 노르웨이어 이론을 지지하는 증거가 아니라면 무엇이라고 하겠는가.

어 시대에 이 단어는 아무 남자('조 슈머'처럼)를 일반적으로 지칭하는 이름이었다. 19세기 말에 이르러 이 말은 천천히 남성의 성기(아마도 영국 군대 은어에서 온 듯하다. 지저분하기도 하지)를 가리키는 단어가 되어 갔다. 그리고 1960년대에는 생각 없고 한심한 사람을 뜻하게 되었다. 그러나 딕은 예외적인 단어다. 래드lad, 펠로우fellow, 프린스prince, 스콰이어squire, 버틀러butler 등이 그나마 격하되었다고 볼 수 있는 남성용 어휘들이다.

여성용 단어 가운데 격상을 거친 단어가 있기는 한가? 그렇다. 그러나 그 경우 여성들이 이를 전복했기 때문이다(그리고 그 시도가 어떻게 끝나게 되는지는 이 장 끝에서 다룬다). 하지만 시간이 지남에 따라서 더 긍정적인 지위를 차지한 남성용 단어인 '버디' 같은 예를 찾는 게 더 수월하다. 예를 들어서 '나이트knight'는 고대 영어로 그저 어린 남자 혹은 하인을 일컬었다. 그러다가 용기 있고 고귀한 남성을 일컫는 격상을 천천히 거치게 된다. '스터드stud'는 종마를 뜻하다가 섹시하고 남자다운 녀석이라는 은어가 됐다. 방금 내가 쓴 녀석, 즉 듀드dude라는 말 자체도 19세기 말 이후로 격상을 거쳤다. 처음에는 멋을 내는 남자를 모욕하는 단어였던 이 말은 영어에서 가장 사랑받는 단어가 됐다고 해도 무방하다.

아무튼 여성들을 향한 말도 안 되는 욕설로 돌아가자. 여성을 향한 중립적이거나 긍정적인, 심지어는 아첨의 말이기까지 하던 단어들이 어느 순간 아첨하던 기색(이마저도 성적이지만)을 거두고 돌변하게 된 역사에 대해 이야기하고 싶다. 귀를 사로잡는 이 이야기가 너무나 재미있지 않은가.

'허시hussy'라는 단어로 시작해 보자. 원래 이 단어는 고대 영어 '허스위프husewif'의 더 짧고 더 다정한 버전일 뿐이었다. 이 단어는 여성 가장을 의미했고 현대 영어로는 '하우스와이프'의 모태가 되었다. 17세기 무렵, 이 단어는 무례한 '시골' 여자를 일컫게 된다. 그러고는 어떤 여성이든 모욕할 수 있는 일반적인 단어가 된다. 그리고 외설스럽고, 뻔뻔스러운 여자, 혹은 성판매자를 의미하는 데로 좁혀진다. '타트tart' 역시 비슷한 길을 걷는다. 처음에는 작은 파이나 페스트리류를 일컫던 이 단어는 여성에 대한 아첨을 담은 언사였지만, 성적으로 매력적인 여자를 일컫다가, 19세기 말이 되어서 부도덕한 여성, 혹은 성판매자(물론 둘은 다른 말인데도 그렇다)를 뜻하게 된다.

'슬럿' 역시 원래는 제법 무해한 단어였다. 이 단어는 너무 논쟁적이기 때문에 여러분은 아마 중세 영어에서는 이 단어가 '슬러트slutte'라는 형태로, 그저 '칠칠맞은' 여자를 뜻한다는 걸 상상도 못할 것이다. 이 단어는 심지어 남자에게 쓰인 적도 있었다(1386년 초서는 단정하지 못한 한 남성을 두고 '슬러티시'하다고 묘사한다). 그런 후 이 단어가 부도덕하고, 성적으로 '헤픈', 마찬가지로 성판매자를 뜻하게 되고, 1990년대 후반에 이르러서는 포르노에서 많이 쓰이게 된다. 물론 이 단어의 남성형 인 '맨슬럿'이 존재한다. 그러나 이 단어에 담긴 함의가 더 바보 같다는 건 모두들 알 것이다. 그리고 '맨'을 붙이지 않은 슬럿이라는 단어가 기본적으로 여성형을 띤다고 하면, '맨슬럿'은 성적인 난잡함이 여성에 의해서 이루어질 때에만 문제가 된다는 함의까지 드러낸다고 볼 수 있겠다.

이보다 더 날것의 단어로 '비치'가 있다. 앞에서 잠깐 말하기는 했지만 전반적인 그림을 그려 보자면, 언어학자들은 이 단어가 고대 산스크리트어로 '바가스bhagas', 즉 '성기'를 의미하는 단어에서 왔고, 이후 라틴어, 프랑스어, 고대 영어를

시간을 거치며 변화하는 '슬럿'

거쳐서 노출된 성기를 가진 존재, 즉 동물을 일컫는 것으로 바뀌었다고 본다. 그러고서 이 단어는 암컷 동물로 좁혀지고, 결국 '암캐'로 안착하게 된다. 동물에서 사람으로 의미가 바뀌게 된 첫 번째 전환은 1400년경 전에는 기록된 바가 없고, 이맘때에는 성적으로 난잡한 여성 혹은 성판매자(여전히 영국식 영어에는 이것이 첫 번째 뜻으로 기록되어 있다)를 뜻했다. 그 이후로 이 단어는 약골 혹은 하인을 뜻하고("가서 차를 가져오게, 비치"), 못되고 기분 나쁜 여자를 뜻하고, 나중에는 '불평하다'는 동사가 되었다("영어에는 비치할 만한 단어가 참 많아, 그렇지 않아?").

이 모든 어원학적 우화 가운데에서 내가 가장 좋아하는 이야기는 단연 '컨트'다. 영어 단어 가운데 가장 여성에게 공격적이라고 할 수 있는 이 단어는 처음에 전혀 모욕이 아니었다. '컨트'의 기원에 대해서는 여전히 논란의 여지가 있지만, 이 단어가 인도유럽조어인 '큐cu'에서 왔다는 데 대부분 동의한다. 이 단어는 여성성을 뜻한다('큐'는 암소를 뜻하는 '카우'와 여왕인 '퀸'과 관련 있다). 쐐기라는 뜻의 라틴어인 쿠네우스cuneus, 마지막 't' 소리가 인상적인 고대 네덜란드어 '쿤테kunte'도 컨트와 관련되어 있다. 몇 세기 동안 컨트는 어떤 부정적인 뉘앙스 없이 여성의 외음부를 나타냈다. 그러나 여성성을 뜻하는 다른 많은 단어가 그러하듯 그렇게 남아 있지는 않았다. 컨트의 격하에서 인상적인 점은 그것이 인간의 역사와 직결되어 있다는 점이다. 만 년 전, 호모사피엔스가 유랑하며 이곳저곳 옮겨 다니는 동안 여성과 남성은 여러 섹스 파트너를 두었다. 이때 여성의 섹슈얼리티는 완전히 '정상'이고 좋은 것으로 여겨졌다. 이후 인간이 정주하면서 여성의 성적 독립은 나쁜 평판을 얻게 되었다. 인간이 땅을 소유하는 게 바람직한 일이 되자 이를 아이들에게 물려주고자 했고, 그러려면 남자들은 누가 자기 아이인지 알아야 했기 때문에 일부일처제가 필수가 된 것이다. 상속제도를 만들기 위해서, 사회는 가부장제를 갖추게 되었고, 여신으로 의미화되던 성적 해방의 개념들은 수명을 다하게 되었다. 여성의 성적 해방이 끝나면서 여성의 섹슈얼리티는 혐오스러워지고, 컨트와 같은 단어들은 영원히(적어도 가부장제가 존속하는 동안) 불길한 것이 되었다.

이 단어들의 격하에 대해 전부 읽는 건 정신적으로 다소 불쾌한 일이지만, 이 패턴들은 우리 문화의 젠더 기준에 관해 중요한 점을 경험적으로 알려 준다. 영어권 화자들이 여성을 모욕하고 싶어 할 때, 그들은 여성을 다음 중 하나에 비교한다. 바로 음식, 동물, 성판매자이다. 이는 로럴 서턴이 UC 버클리에서 1990년대에 밝혀낸 연구 결과와도 무척 유사하다. 우리가 여성을 먹을 수 있고, 비인간적이고, 성적인 대상으로 불렀다는 건 결코 우연이 아니다. 이는 우연이 아니라 우리 사회의 기대, 희망, 두려움을 전체적으로 보여 주는 명료한 선언이라 할 수 있다.

언어의 탄생 시점부터, 사람을 부르기 위해서 우리가 쓰는 이름들은 역사, 지위, 그 지시물의 가치를 상징적으로 드러내 주었다. 그저 모욕을 말하는 것만이 아니다. 누군가의 법적인 이름에도 적용될 수 있는 이야기다. (미국 여성의 70퍼센트는 그들이 여전히 결혼하면서 성을 바꾸어야 한다고 생각한다. 성을 바꾸는 일이 아버지로부터 남편으로 자신의 소유권을 넘기는 의미임을 모르거나 알고도 부정하면서 그렇게 하는 것이다.) 여성을 농장의 동물 혹은 과일이 올라간 페스트리에 비유하는 건 무작위로 일어난 일이 아니다. 이는 한 언어의 화자들이 믿거나 믿고 싶어 하는 진실을 반영한다.

우리 문화와 여성에 대한 모욕이 담긴 목록을 보자. 이 가운데 성적인 함의를 담은 단어가 너무나 많다는 게 놀랍지도 않다. '성적 대상으로서의 여성'은 가부장제의 오랜 문구로서, 대부분 여성의 성적 열망과 성적인 자유분방함이 본질적으로 나쁘다는 몇천 년 된 태도에 기인한다. 여성에 대한 욕설을 잠깐 훑어보기만 하더라도 여성이 어떻게 결정하든 간에 여성의 욕망은 수치를 당해 마땅하다고 판단한다는 걸 알 수 있다. 우리 문화의 규칙에 따르면 그 판단은 둘 중 하나다. 섹스를 많이 해서 걸레라는 평판을 얻거나, 섹스를 하지 않아서 점잖은 체한다는 딱지가 붙거나. 1970년대 후반, 네브

라스카대학교 학자인 줄리아 스탠리Julia P. Stanley는 여성에게 흔하게 쓰이는 성적 용어가 담긴 카탈로그를 수집하고 분석하여 성녀-창녀 이분법의 증거를 찾아냈다. 그는 총 220개 카탈로그를 분석하고, 그 기저의 은유가 전부 부정적이며 이데올로기의 양끝을 담당한다는 점을 밝혔다. 슬럿으로 취급되거나, 얼음공주로 저주를 받는 것이다. 그런 반면 스탠리가 수집한, 남성에 대한 성적인 은유(전체 22개로, 여성에 대한 용어의 십분의 일 수준)는 전부 긍정적인 함의를 가지고 있었다. 이 용어들은 종마, 돈 후안 등으로 모두 남성의 성적인 난잡함을 허용하고 있었다.

동물과 디저트 은유는 여성을 성적으로 비난받아 마땅한 존재로 환원하는 데 쓰인다. 사람을 동물에 비유하는 건 새롭지도 않고 여성에 국한된 것도 아니다. 몇 세기 동안 모든 젠더의 사람들은 야생동물과 가축 모두를 사람의 습관과 외모를 표현하는 데 활용해 왔다. 여성 역시도 다른 여성들을 동물에 빗댔다. 그들은 서로 '비치'와 '카우'라고 부르길 서슴지 않았다.[11] 여성들은 남성에 대해서도 동물 은유를 썼다. 예를 들어서 남성이 더럽거나 성적으로 포식자 위치에 있을 때 '돼지'라 불렀다. 그러나 이는 사람의 행동에 대한 언급일 뿐으로, 그들이 다른 이들의 기쁨을 위해서 스스로를 '포기할' 준비가 되어 있는지를 묘사하지는 않는다. 이와는 대조적으로 남성들이 여성을 동물 은유로 부를 때, 상징은 대체로 다음 중 하나를 뜻한다. 여성은 사냥당하기 위해 존재하거나(새), 종속되고 길들여지거나(고양이나 암소), 혹은 두려워해야 하는(쿠거[12]) 존재이다.

그런데 여성을 디저트에 빗대는 은유들은 내가 분석하기 가장 좋아하는 패턴이다. 샌프란시스코주립대학교 언어학자인 케이틀린 하인스Caitlin Hines는 영어권 화자가 다른 사람들을 음식에 빗댈 때의 암묵적인 규칙을 분석하는 데 헌신했다. 1999년, 하인스는 여성들이 당도 높고 과일이 들어간 타르트나 컵케이크에 빗대어진다는 분석을 도출했다. 이는 비프케이크 같은, 식사에서 더 본질적인 '남성적' 부분과 대조적이다. 또한 하인스는 여성을 빗대는 음식들이 대부분 "바깥은 단단하고, 중간은 부드럽고 즙이 많으며, 한 조각보다 더

11 그렇지만 여성과 남성이 동물 은유를 사용하는 방식에는 커다란 의미론적 차이가 존재한다. 2013년, 세르비아 베오그라드대학교에서 이뤄진 연구는 같은 동물을 여성과 남성을 비유하는 데 활용할 때 젠더에 따른 차이점을 다루고 있다. 세르비아어로 '비치'에 해당하는 단어를 쓸 때, 남성은 '난잡한 섹스를 즐기고 그럴 준비가 된 여성'을 묘사하는 데 사용하는데, 여성은 '얕고, 천박하고, 기만적인 여성'을 표현하는 데 쓴다. '돼지'의 경우, 남성은 단정하지 않고 더러운 여성을 언급할 때 쓰는 반면 여성들은 뚱뚱한 여성을 부를 때 썼다(소개한 예는 연구의 일부일 뿐이다).

12 나는 고양이를 좋아하지만 사람들이 여성을 '고양이 같다'고 말하는 건 좋아하지 않는다. 여성들 간의 육체적 혹은 언어적 갈등을 '캣파이트'라고 부르는 것도 싫어한다(예를 들어서 〈배철러The Bachelor〉나 〈리얼 하우스와이프The Real Housewives〉 같은 TV쇼에 자주 나온다). 그런데 남성을 고양이에 비교하면 그들은 '쿨 캣'이 된다.

많이 자를 수 있거나(체리파이, 파운드케이크) 일종의 더미 속에서 하나를 (집어서) 먹는(크럼펫, 컵케이크, 타르트) 종류로 개념화된다"라고 분석했다. 여성이 아이스크림콘이나 초콜릿 무스로 비유되는 일은 없다. 왜냐하면 화자들은, 자신이 인식하건 아니건, '무더기 중 하나'라는 은유의 룰을 인식하고 고수하기 때문이다. 이 은유에는 여성이 타르트와 같이 달콤하면서도 쉽게 잡아챌 수 있게 낱개로 제공되는 품목이라는 함의가 담겨 있다.[13]

이 분석에는 비틀린 데가 하나 있는데, 바로 남성들만 이런 규칙을 만들고 고착시키는 화자가 아니라는 점이다. 여성들도 이 말들을 쓴다. 여성들은 서로 '허니'나 '컵케이크'라고 부른다.[14] 혹은 걸레, 잡년, 컨트라고도 부른다. 왜 그럴까? 슐츠가 말했듯이 "분명 여성이 그러한 호칭으로 서로를 먼저 부르도록 창안한 것은 아니었다". (여성들이 남자를 푸시와 시시라고 먼저 부르지도 않았다.) 그렇다면 왜 우리는 계속 이렇게 불러

13 사전 집필자인 에릭 패트리지Eric Partridge에 따르면, 1880년대 캐나다에서는 이런 표현이 있었다. "파이 만들면 한 조각 줄래?" 안타깝지만 이 말은 남성이 여성에게 '성적으로 협조'하라고 은근하게 암시하는 말이었다.

14 여성들은 약간 다르게 말하기도 한다. 미국 남부에서는 정중한 표현으로, 젠더 중립적인 의미로 디저트를 호칭으로 쓰기도 한다(루이지애나에 있는 이모가 이렇게 말하는 게 떠오른다. "뭐 더 줄까, 우리 슈거?"). 이는 법원에서 여성 변호사를 '슈거' 혹은 '스위티'라고 부르는 상황과는 완전히 다르다. 문맥을 통해서 이런 호칭들이 여성을 대상화하는 것인지 예의 있게 부르는 것인지 알 수 있다.

야 할까? 왜 이렇게 많은 여성들이 이다지도 불쾌한, 남성이 만들어 낸 은유로 서로를 깎아내리는 것일까?

우선 간단한 답을 해 보겠다. 우리 문화에서, 남성들이 쇼를 주도하면 여성들은 그들의 주도를 따르고, 그들을 기쁘게 하고, 우리에게 주어진 성녀 아니면 창녀, 썅년 아니면 예쁜이, 공주 아니면 다이크라는 의미론의 범주에 스스로를 맞추어야 한다고 배웠다. 혹은 더 복잡한 답도 있다. 여성이 '청취'라는 행위를 더 잘하도록 만들어졌기 때문이라는 것이다. 코넬대학교 언어학자인 샐리 매코널지넷Sally McConnell-Ginet은 여성들이 자기에게 말을 거는 사람들의 생각, 감정, 관점을 알아채는 데 능하다고 했다. 이론적으로 이는 좋은 일일 수 있다. 그러나 이는 남성들에게 그들한테나 의미 있는 특정 은유들을 우리 문화의 집단적 어휘 전반에 투사할 공간을 더 제공하는 결과로 이어졌다. 마치 그들의 관점만이 의미 있는 것인 듯 말이다.

매코널지넷은 이렇게 설명한다. "누군가가 말을 더 하고 덜 들을수록, 그 사람의 관점은 실제로는 그렇지 않을 때에도 마치 공동체의 합의처럼 여겨진다." 어떤 경우에, 여성들은 남자들이 자신들의 관점을 세상에 존재하는 유일한 것으로 여기며 여성의 입장을 드러내는 은유를 쓰지 않는다는 사실을 인식한다는 것이다. 만일 그렇게 했더라면 시시는 버디 대신 좋은 친구를 나타내는 단어가 되었을 것이고, 푸시는 글쎄, 끝내주는 전사를 뜻했을 것이다.[15] 하지만 매코널지넷이 말했듯이, "자신과 다른 관점에 주의를 기울일수록, 그들의 관점을 이해할 수 있다는 사실만으로도 그 관점을 암묵적으로 지지하게 된다". 따라서 여성의 경험은 청자聽者로서 너그럽게 길러지는 경험 아래에서 짜부라지게 된다.

여성과 남성에 대해서 남자들이 만든 이 관점들은 너무나 많은 모욕을 하위 텍스트로 가지고 있다. 노골적으로 젠더화되지 않을 때에도 그러하다. '내스티nasty', '보시bossy', '내그nag' 같은 단어들이 그런 경우인데, 이 단어들에는 명백히 여성적인 함의가 담겨 있지는 않지만 오로지 여성만을 모욕하는 언어로 사용된다. 2017년 사회언어학자인 일라이자 스크러턴Eliza Scruton은 인터넷에 존재하는 단어 5000만 개를 담은 말뭉치를 연구하여 '내스티', '보시', '내그'와 같은 단어가 실제로 얼마나 젠더적인지 분석했다. 결론은? 무척이나 젠더적이라는 것이었다. 그의 데이터는 해당 단어들이 '부인' 혹은 '엄마' 같은 단어 앞에 자주 등장하며 압도적으로 여성에게 자주 사용된다는 걸 밝혀냈다.

15 전설적인 베티 화이트Betty White가 이야기했듯이, "사람들은 왜 '불알 좀 키워라Grow some balls'고 말하는가? 고환은 약하고 예민하다. 터프하고 싶다면 질을 키우라고 해야지. 질은 충격에도 견딜 수 있다".

컴퓨터 언어학자이자 《JSTOR 데일리JSTOR Daily》의 언어 칼럼니스트인 치 루Chi Luu는 누군가를 모욕적인 단어로 부르는 행위는 그가 화자가 생각하는 대로 행동하지 않은 것을 비난하는 데 그 목적이 있다고 지적한 바 있다. 모욕의 최종 목적은 모욕당하는 사람의 행동이 화자가 특정 집단에 대해서 생각하는 이미지에 부합하도록 만드는 것이다. '내스티'와 '보시'는 너무 많은 힘을 원하는 여성들이 충분히 다정하고 온순하게 행동하지 않음을 비난한다. 이와 마찬가지로, 약골을 뜻하는 '윔프wimp'와 '팬지pansy'는 남성이 마땅히 행동해야 하는 마초적인 기준에 맞게 살아가는 데 실패했음을 비난한다. 남성들을 거세고 공격적으로 행동하게 하고, 여성은 공손하고 우아하게 행동하도록 하는 문화에서는, 젠더를 잘 수행하지 못했다는 비난이 최악의 모욕으로 기능하게 된다. 왜냐하면 이는 당신이 누구인가에 대한 근본적인 부분에서 당신이 실패했다는 뜻이기 때문이다.

젠더화된 모욕은 여성과 남성에 대한 해로운 신화를 퍼뜨리기 때문에 해가 크다. 이는 평등에 좋은 역할을 하지 못한다. 그렇다면 이를 전부 포기해야 하나? 사실 그렇지는 않다. 내가 싸움을 할 때 '비치' 소리를 듣기 싫어하긴 하지만, 그것이 나와 다른 여성들이 이 장에 열거된 많은 젠더화된 용어들을 신나게 사용하는 행위를 설명해 주진 못한다. 개인적으로 나는 스스로를 '내스티', '비치', '슬럿'이라고 자랑스럽게 일컫는다. 이 이름들은 내 친구들과 내가 서로를 애정을 담아 부르는 호칭이기도 하다. 그리고 '타르트'와 '허시'가 그저 재미있다는 이유로 사용한다는 사실을 인정하는 게 약간 부끄럽긴 하다.

이런 용어를 좋아한다는 사실이 페미니즘에 대한 배신처럼 느껴질 수 있지만, 많은 언어학자들은 아마 나를 용서할 거다. 왜냐하면 여성을 향한 모욕들은 소리 나는 방식 면에서 디자인이 잘 빠졌기 때문이다. 음성학적으로 '슬럿', '비치', '컨트', '다이크'는 영어권 화자들이 일반적으로 가장 좋아하고 자주 사용하고 심지어는 가장 처음 사용한 청각적 레시피의 총집합이라고 할 수 있다. '마마', '다다'와 여기서 파생한 말들처럼 우리가 자주 사용하는 영어 욕설에는 '붑', '팃', '듀드', '퍽'과 같이 짧으면서 파열하는 음이 들어 있다. 'b, p, d, t'는 인간이 태어나서부터 가장 좋아하는 자음이다(옹알이하는 아이를 본 적이 있다면 알 수 있을 것이다). 그리고 우리는 이 자음을 생애 전반에 걸쳐서 계속 좋아한다. 단어를 발음하기가 재미있을수록 그 단어의 생명은 길어진다. 그리고 '슬럿'과 '비치'와 같은 용어들이 재미있는 단어의 모든 속성을 지니고 있기 때문에, 그토록 오랜 힘을 가지고 살아남은 것이다. 여성들이 그저 남성들이 바라는 대로 이 이름으로 불리고 싶도록 세뇌를 당한 게 아니라, 그 단어들의 음성학적인 즐거움이 경험적으로 입증되었다는 말이다.

그러나 그 단어들이 어떻게 들리는지보다 훨씬 더 중요한 점이 있다. 여성들을 향한 모욕이 이토록 저항할 수 없는 힘을 갖게 되는 이유는 이 중 많은 단어가 이제 완전히 부정적으로만은 보이지 않는 데 있다. 모든 것은 탈환과 관련이 있으며, 이는 사람들이 이 단어들의 의미를 밑바닥부터 적극적으로 재정의할 때 이루어진다. 우리 문화에서 가장 억압받는 공동체로부터 가장 성공적으로 전유된 단어들이 생겨났다. '퀴어'를 예로 들어 보자. 아마 최근 역사에서 가장 성공적인 예시라고 할 수 있는 이 단어는 처음에는 동성애 혐오적인 모욕이었으나 학계와 성소수자 커뮤니티에 의해서 무척 인상적으로 전복되었다. '퀴어'는 여전히 누군가에게는 문제적으로 비쳐지지만, 큰 틀에서 볼 때 이 단어는 비순응적인 성정체성과 젠더를 자기정의적으로 일컫는 용어로 진화했다. 오늘날 〈이성애자 남자를 퀴어 아이로 보기Queer Eye for the Straight Guy〉 같은 TV 시리즈처럼 가볍게 이 용어를 쓰는 경우가 눈에 띈다. 또한 채용 공고에 '여성', '남성'과 나란히 퀴어가 하나의 젠더 옵션으로 적혀 있기도 하다.

'비치', '호ho', '다이크', '컨트'와 같이 분명 여전히 나쁘게 쓰이기도 하지만, 여성 집단 사이에서 서로를 향한 애정을 담아 쓰이면서 진화하는 단어들도 있다(이런 진화의 방식은 언어를 되찾아오는 시작점이다. "나는 이 단어로 스스로를 부를 수 있지만 너는 안 돼"란 규칙이 시간에 따라 점차 느슨해지면서 언어를 되찾을 수 있게 된다). 1992년 로럴 서턴이 진행했던 은어 연구를 기억하는가? 서턴은 여성 연구 참여자들도 자신의 친구들을 '비치' 혹은 '호'라고 부른다는 것을 밝혀냈다. 그런데 이때의 은어는 모욕이 아니라 친근함의 표현이었다. 내 경험도 같다. 나도 '헤이 호'라거나 '러브 유, 비치' 같은 말을 달고 산다.

이런 재전유는 어떻게 일어나는가? 큰 의미에서 우리는 '비치'와 '호'를 비틀어 준 아프리카계 미국인 여성들에게 감사를 돌려야 한다. 아프리카계 미국인 방언AAVE은 미국 청년들이 사용하는 은어 전반의 원천이라고 할 수 있다. '스쿼드squad', '플릭fleek', '워크woke' 같은 최근 용어부터 '블링블링' 같은 옛날 말까지, 좋다는 뜻의 '배드bad'와 '24-7'[16]이라는 문구까지도 여기 빚지고 있다. (텍사스대학교의 언어학자인 손자 레인하트Sonja Lanehart는 TV에서 백인 뉴스 앵커가 24-7를 쓰는 걸 처음 보고 음료를 뿜을 뻔했다고 한다.) 어떤 여성들이 이 언어를 쓰는 방식은 젠더화된 모욕에 대한 재전유의 끝을 보여 준다. 많은 아프리카계 미국인 방언 화자들이 '시그니파잉signifying'이라는 말놀이

16 역주: 24시간 7일 내내. '연중무휴', '언제나'를 뜻하는 표현.

의 명인이다. 시그니파잉은 욕을 써서 듣는 사람들을 유머러스하게 누르는 언어예술이라고 할 수 있다. 시간이 지나 이 기술은 흑인 공동체를 넘어서게 되었다.

'비치'를 긍정적으로 재정의하게 된 맥락은 힙합 속 여성들과 긴밀하게 관련이 있다. 1990년대 후반, 흑인 여성 아티스트들은 '배드 비치'를 적대적이고 못된 사람이 아니라 자신감 있고 탐나는 사람을 지칭하기 위해서(트리나의 1999년 노래 〈다 배디스트 비치Da Baddest Bitch〉와 리애나의 〈배드 비치Bad Bitch〉[17]에게 영광을!) 사용했다. 힙합은 나와 내 여자 친구들이 2017년에 쓰기 시작한, '호'의 프랑스식 버전, 즉 더 시크하고 재미있는 방식으로 쓰인 '오heaux'라는 단어와도 관련 있다. '오'를 처음 본 건 십 대 래퍼 대니엘 브레골리(백인이지만 그가 이토록 영리하게 스펠링을 다르게 쓰는 방식이 '아프리카계 미국인 방언'의 영향이라는 데는 이견의 여지가 없을 것이다)가 그해 낸 노래 제목에서였다. '오'는 다소 뻔뻔하게 철자를 가지고 하는 유희이지만, 여성이 이 단어를 사용할 때에는 임파워링과 재전유의 효과를 준다.

17 힙합을 하는 남성들이 '비치'를 사용하는 방식과는 다르다. 2011년, 학자인 테리 애덤스Terri Adams와 더글러스 풀러Douglas Fuller는 이렇게 썼다. "여성 혐오적인 랩에서 여성을 '비치'로 묘사할 때, 여성들은 '돈에 굶주리고, 사람을 조종하고 요구가 과한' 인물이며(스눕독: '비치들은 사람을 속여') 남성은 종속적이다(닥터드레: '에릭 라이트라는 비치를 알지')." 하지만 힙합에서 남성이 '비치'를 사용하는 용례가 전부 나쁘다고 할 수는 없다. 예를 들어서 1980년대의 래퍼인 투 숏이 쓴 '비얏치beeyatch'라는 단어의 경우는 내가 무척 좋아하는 바이다.

'호'와 '비치'는 이런 맥락에서 은어가 아니라 연대와 해방의 신호가 된다. 이런 단어에 어쨌든 불편을 느낄 여성들이 분명 있겠지만, 자신들을 '비치'와 '호'라고 묘사하는 여성들에게는 여성성에 대한 구식 기준을 거부할 수 있는 길이 되기도 한다. 서턴은 이렇게 분석했다. "우리가 서로를 '호'라고 부를 때, 우리는 섹스를 할 뿐 아니라 스스로 돈을 버는 여성임을 인지할 수 있다. 서로를 '비치'라고 부를 때에는 남성이 만든 세상에서 생존할 수 있는 능력을 확인한다. 저항을 통해서 재정의가 이루어진다."

재전유를 하는 과정에서 그 단어가 부정적인 의미를 전부 잃어야 할 필요는 없다. 재전유를 향한 길은 그렇게 수월하지 않다. '퀴어'와 '다이크'는 여전히 동성애자에 대한 모욕으로 쓰이지만 그렇다고 해서 재전유가 실패했다고 볼 수는 없다. 의미론적인 변화는 하루아침에 이루어지지 않는다. 오히려 한 의미가 천천히 다른 한 의미를 덮어 기존의 의미가 지평선 아래로 지는 점진적인 과정에 가깝다. 단어의 긍정적인 변주가 점점 더 흔해지고 점점 더 주류를 차지할수록, 다음 세대가 말을 배우기 시작할 때 이러한 의미를 먼저 집어 들게 된다.

물론 재전유는 느리게 일어나고 오래된 단어를 새로운 문맥에서 사용하는 지루한 하루하루 속에서 이루어지지만,

속도를 높일 수 있는 조직적인 노력도 존재한다. 운동이 그중 하나다. '서프러제트suffragette'라는 단어에 어떤 일이 일어났는지 보라. 우리는 더 이상 이 단어를 모욕으로 생각하지 않지만, 처음에 이 단어는 '서프라지스트suffragist'(투표권을 확대하려는 사람을 젠더 중립적으로 일컫는 라틴어 파생어)라는 단어를 폄하하는 말로 시작되었다. '서프러제트'가 처음에 생겨났을 때, 이 단어는 20세기 초 여성해방운동을 폄하할 목적으로 만들어졌다. '서프러제트'는 감히 투표를 원하는 남편 없는 노처녀라는 의미였다. 여성해방운동은 분명 완벽과는 거리가 멀었지만(처음에는 부유한 백인 여성에게만 이득이 되었다), 언어학적으로 멋진 부분은 이 여성들이 '서프러제트'라는 단어를 빼앗고, 포스터에 적고, 길거리에서 소리치고, 이 이름을 딴 정치 잡지를 만들어 내어 오늘날 영어권 화자 대부분은 이 단어가 처음에 모욕이었다는 걸 완전히 잊었다는 점이다.

최근 들어 우리는 비슷한 시도를 통해서 성공을 거두는 활동가들을 볼 수 있다. 예를 들어서 강간 문화에 대항하는 행진으로 최근 앰버 로즈Amber Rose가 진행한 '슬럿 워크Slut Walk', 레즈비언으로서의 긍지를 고취하는 '다이크 마치Dyke March' 등이 있다. 레즈비언들은 1980년대에 이 행진이 처음 이루어지기 전까지 '다이크'를 스스로를 묘사하는 단어로 사용했다. 그러나 푯말에, 셔츠에 또 벌거벗은 가슴에 '다이크'라는 글자를 휘갈겨 쓰고 길거리를 자랑스레 활보하는 1만 5000명 여성들의 이미지는 이 단어가 기억되는 방식에 도움이 되었다.

인터넷 시대가 도래한 뒤로, 밈—웹에 돌아다니는 상징—역시 단어의 주권을 억압자로부터 억압을 당하는 이들에게로 돌려주는 데 일조했다. 밈을 통한 재전유에서 가장 유명한 예는 아마 못되어 먹은 여자를 일컫는 '내스티 우먼'일 것이다. 도널드 트럼프가 2016년 대선 토론에서 힐러리 클린턴에게 '내스티 우먼'이라는 말을 한 지 24시간이 되지 않아서, 이 장면은 '짤'로, 머그잔 문구로(나도 이런 머그가 하나 있다), 가족계획을 위한 기금 마련 온라인 캠페인 문구로 만들어졌다. 네티즌들이 이 말을 처음 한 남자로부터 빼앗아 오는 데는 하루밖에 걸리지 않았다. 인터넷은 때로 이렇게 멋진 일을 할 수 있다.

재미있는 부분은 여기 있다. 젠더화된 모욕이 어떤 진화 과정을 거쳐 왔으며 그 과정에서 어떤 성과가 있었는지 이해한다면, 이제 무엇을 할지 고민해야 한다. 어떻게 '비치', '슬럿', '푸시'가 나쁜 의미 대신 좋은 의미로 쓰이게 할 수 있을까? 어떻게 유해한 젠더 고정관념을 영속화하지 않는 방식으로 재미있게 이 언어들을 쓸 수 있을까?

'비치 미디어Bitch Media'(이름에서부터 멸칭을 전유하는 비영리단체)의 공동설립자이자 운영자인 페미니스트 미디어의 거물

앤디 자이슬러Andi Zeisler는 내게 젠더화된 모욕이 야기할 수 있는 위해를 줄이려면 이를 나쁜 방식으로 쓰기를 피하면 된다고 알려 주었다. 말하자면, 오직 긍정적인 맥락에서만 쓰는 것이다.

혹은 이를 다 포기할 수도 있다. 모든 모욕이 재전유를 위한 건 아니니까.[18] '슬럿'은 페미니스트들에게 의미를 가져오기보다는 없애야 한다고 여겨지는 단어가 되었다. 성적으로 '난잡'한 여성을 특별하게 지칭하는 단어라는 점이 기원부터 다소 수상쩍은 데가 있기 때문이다. 심지어 '슬럿 워크'를 만든 앰버 로즈 역시도 '슬럿'이라는 단어가 사라지기를 바란다. 이 모델이자 활동가는 2017년 《플레이보이》에서 이렇게 말했다. "올해 제 목표는 (…) '슬럿'이 사전에서 사라지도록 하는 거예요. 웹스터 출판사의 본부를 찾아내서 내 팬들에게 나와 같이 저항하자고 말할 거예요. 사전에서 '슬럿'의 정의는

18 그리고 어떤 모욕에 대해 내집단에서 일어나는 전유가 모든 이에게 적용 가능한 것도 아니다. 흑인에 대한 '니거'라는 단어를 예로 들어 보자. 19세기 초부터 1980년대까지, 이 단어는 오직 욕설로만 쓰였지만, 미시 엘리엇과 제이지 같은 힙합 아티스트들은 이 단어를 흑인 공동체에 돌려주었다. 그러나 많은 아프리카계 미국인에게 이 단어는 비흑인들이 절대 써서는 안 되는 단어일 뿐이다. 2017년 작가이자 문화비평가인 타네히시 코츠Ta-Nehisi Coates는 백인들이 '전유된' 버전의 '니거'를 가사에 쓰는 걸 어떻게 생각하는지 질문을 받았다. 그는 특정한 단어와 우리가 맺는 관계는 우리가 억압과 맺는 관계와 관련되어 있기 때문에, 욕설에 대한 모든 재전유가 모든 집단에 통용될 수는 없다고 답했다. "힙합 팬이면서 '니거'를 쓸 수 없는 경험은 흑인이 된다는 게 무엇인지를 조금 알려 줄 것이다. 흑인이 된다는 건 세상을 돌아다니면서 당신이 할 수 없는 것들을 하는 사람들을 보는 일이기 때문이다."

'난잡'한 여성이거든요."

매일의 대화에서 '슬럿'을 없애거나 재정의하려고 노력하는 쪽이 웹스터 출판사 본부를 습격하는 것보다 분명 더 효과가 좋을 것이다(데버라 캐머런이 말했듯이, "왕에게 청원하는 건 의미가 없다. 의미를 위한 투쟁은 풀뿌리 운동이다"). 하지만 나는 로즈의 의도를 높이 산다. 그리고 마찬가지로 여성의 성적 주권을 이런 방식으로 혐오하지 않는 문화에서, '슬럿'이라는 단어와 거기 담긴 발상은 이런 식으로 세상과 공명할 리 없고 따라서 더는 존재하지 않게 되리라는 데 동의한다. 언어학적으로 이러한 소멸 행위가 이전에도 일어난 적 있었다. 그래서 '노처녀'나 '스핀스터spinster'[19] 같은 단어가 진부해 보이는 것이다. 21세기에 바라보기엔 여성이 마흔 넘어서 결혼하지 않았다는 이유로 비난하는 발상 역시 그렇게 보이기 때문이다. 간단히 말해 욕설이 구식 취급을 받으면 그 안에 담긴 신념 역시 같은 취급을 받는다.

그러나 우리는 각자 서로 다른 욕설과 서로 다른 관계를

19 이는 마찬가지로 흥미로운 격하의 예시기도 했다. 몇백 년 전, '스핀스터'는 물레를 잣는 사람을 뜻했다(반드시 여성을 의미하지도 않았다). 그러나 물레를 잣는 여성들 중 남편이 없고 자기 스스로를 부양하는 여성이 많았기 때문에, 이 단어는 '결혼하지 않았다'라는 뜻과 결합되었다(심지어 독신을 뜻하는 법률 용어인 적도 있었다). 1700년대 들어, '스핀스터'는 나이 들고, 말라빠지고, 가증스러운 여성이라는 뜻도 붙게 되었다.

맺기 마련이다. 내 경우 '슬럿'과의 관계는 앰버 로즈의 그것과 다소 다르다. 개인적으로 나는 지난 몇 년간 '슬럿'을 욕설로 쓴 적도, 그렇게 생각한 적도 없다. 슬럿이라는 단어를 부정적인 의미로 생각할 만하지 않다고 느끼는 까닭은 경멸할 만한 여성의 난잡성이라는 게 존재하지 않는다고 여겨서다. 나는 여전히 슬럿이라는 단어를 쓴다(자주는 아니지만 제법 쓴다). 이는 늘 긍정적이고, 힘을 주고, 때로는 아이러니를 불러일으키는 단어다. 로럴 서턴이 '호'를 통해서 목격한 맥락과 유사하다. 내 친구들은 슬럿이나 호어 같은 단어를 어떤 것에 대한 누군가의 열광적인 태도 혹은 열정을 묘사할 때, 성적이지 않고 젠더 중립적인 방식으로 사용하곤 한다("잭은 맥도널드 감자튀김 호어야", "어맨다는 내가 아는 중에 단어에 제일 미친 워드슬럿이야"). 아마 나는 '슬럿'이 재미있고, 파열음의 단음절로 이루어져 우리가 모두 좋아하는 소리를 가지고 있기 때문에 이 단어의 사용을 지지하는지 모른다. 내가 이 단어의 악용과 관련해 트라우마가 있는 경험을 그다지 하지 못했기 때문일 수도 있다. 혹은 욕설을 분석할수록, 그 악의는 사라지고, 단어에 담긴 의미가 사라질 때까지 계속 언급하다 보면 결국은 생경하게 들리기 시작하기 때문일 수도 있다. 나는 여성의 섹슈얼리티가 절대로 비난받을 수 없는 지점까지 갈 수 있다고 믿고 싶다. 그렇게 하면 공격성을 거의 띠지 못하는 '슬럿'이라는 단어로 누구든 자신을 지칭할 수 있는 세상이 올 것이다.

그러나 단어가 항상 긍정적일 수는 없다. 실제로 모욕은 언어적인 요구 가운데 절대 사라지지 않을 기능이다(우리 인간은 무척이나 비판적이란 말이다). 그러니 젠더와 성차별주의 문제를 누비는 중에 욕설을 해야 할 필요를 느낀다면 이런 방법도 있다. 여성을 '컨트', 남성을 '마더퍼커'라 부르는 대신에, 젠더 중립적인 방법으로 개인의 젠더 대신 행동에 초점을 맞추는 것이다. 이는 더 구체적이고 어쨌든 효과적이다. 예를 들어 누군가가 젠더와 무관하게 비열한 짓을 한다면, '머리에 똥만 찬 비열한 이중인격자'라고 비난하거나 '망할 사기꾼 악당'이라고 욕할 수 있다. '비치'나 '딕'을 쓰는 대신에 조금 더 창의적이고 통렬하고 적절한 욕설을 쓸 수 있다. 더 다채로운 욕설을 쓰고 싶다면 내가 좋아하는 외국어 욕설도 있다. 자메이카 단어인 '붐바클롯bumbaclot'을 써 보라. '엉덩이 밑씻개'라는 뜻이다. 혹은 사랑스럽고도 발음 한번 힘든 러시아 욕설도 있다. '페르홋폿잘루프나야perhot' podzalupnaya', '오줌구멍 비듬'이라는 뜻이다.

자이슬러에 따르면, 우리가 할 수 있는 다른 긍정적인 일은 아이들에 대한 성차별적인 용어에 주의를 기울이는 것이다. 아동기와 청소년기는 젠더화된 고정관념이 공고해지는 시기이다. 자이슬러는 이렇게 제안했다. "누군가를 '비치', '슬럿', '푸시'라고 부르는 청소년들을 도울 수 있도록 적극적인 역할을 합시다." 그는 2008년 한 대학생이 힐러리 클린턴의 면전에서 그를 '비치'라고 부른 사건을 언급했다. "나는 그 남자 대학생에게 왜 그 단어를 썼는지 물어봤어요." 자이슬러는 회상했다. 그 남학생은 힐러리 클린턴에 대해서 강력하고 독립적인 의견을 갖고 있진 않았다. 단지 그의 양육자들이 그렇게 부르는 걸 듣고 자랐기 때문에 힐러리를 '비치'라고 묘사했다. 엄마가 '젠장'이라고 하는 욕설을 입에 달고 사는 걸 듣고는 그 말을 따라 하는 영유아처럼, 우리는 양육자로부터 젠더화된 욕설을 무의식중에 흡수하곤 한다. 우리는 다음 세대의 욕설 습관에 긍정적이거나 부정적인 방향 양면에서 영향을 미친다. "기본값처럼 여겨지는 단어가 너무나 많아요." 자이슬러는 말했다. "그러니 이런 단어를 파악하고 이에 도전하는 건 정말 중요한 문제지요."

이는 모든 단어에 정치적 올바름이라는 이유로 혹은 사람을 공격할 수 있다는 두려움에 사용 중지를 선언하는 문제가 아니다. 사실은 그 반대다. 이는 규칙에 대한 저항이다. '슬럿' 혹은 '푸시'와 같은 단어를 악의적으로 사용하지 않겠다고 거절함으로써, 우리는 여성의 섹슈얼리티와 남성우월주의를 위해 만들어진 불균형한 기준을 거부하는 셈이다. 이는 여성의 성적 독립을 비난하는 데 대한 저항이며 남성이 남성

우월주의적으로 행동하는 데 대한 거부이다. 충분한 사람들이 저항한다면 모두가 이기는 셈이다. 더 평등한 사회에서는 더 많은 이들이 편안해지며, 더 많은 인정이 생겨나고, 공격성도 전반적으로 저하될 것이기 때문이다. 우리가 '퀴어'나 '다이크'가 그러했듯 우리가 쓰는 욕설들을 재전유할 수 있다면, '공격한다'는 단어 자체가 구식이 될 수 있다.

젠더화된 모욕에 대한 자각 수준을 높이면 사람의 외모와 행동을 묘사할 때 더 의식 있고, 더 포괄적이고, 더 정확해질 기회를 얻을 수 있다. 이런 자각으로 우리는 일상적인 발화에 젠더가 어떻게 숨어 들어가는지 생각할 수 있게 된다. '슬럿'이 실제로 의미하는 게 무엇인지, 그 단어가 어디에서 왔는지, 왜 그렇게 말하는지 분석하면, 다음 단계는 자연스럽게도 우리가 생각 없이 습관적으로 사용하는 젠더화된 단어, 즉 여자, 남자, 여성, 남성, 남자애, 여자애, 그녀, 그 등에 대해서도 같은 질문을 할 수 있을 것이다. 왜 언어를 통해서 누군가의 젠더를 밝혀내는 게 우리에게 이렇게나 중요할까?

나는 거기에 얽힌 이야기가 있다는 걸 알아냈다. 그리고 그 이야기 속에는…….

2장

잠깐만……
'여성'이 무슨 뜻이라고?

섹스, 젠더,
그 뒤의 언어에 대한
또 다른 질문들

이본 브릴Yvonne Brill이라는 재능 있는 로켓 과학자가 있었다. 그는 캐나다 위니펙에서 태어났고, 30년간 나사에서 재능을 펼치면서 우주선과 위성을 무한한 세상 저 너머로 쏘아 올렸다. 브릴은 마니토바대학교에 등록했지만 음부를 가졌다는 이유로 공학과에 등록할 수 없었다. (대학 입학처에서 그의 음부를 확인했는지는 확실치 않다. 그러나 출생증명서에 '여성'이 쓰여 있다는 이유로, 그들은 '있다' 쪽에 판돈을 걸고 "공학 공부를 허락할 수 없답니다, 예쁜 아가씨"라는 도장을 꽝 찍었다.) 그러나 그는 포기하지 않았다. 브릴은 대신 화학과 수학을 전공했고, 이후에 너무나 효율적이고도 신뢰성 높은 로켓 엔진을 발명해 산업 전반에서 그의 발명품이 표준으로 쓰였다. 날씨가 나오거나 GPS를 사용하는 뉴스를 본 적 있다면 브릴 박사에게 감사해야 한다.

2013년 브릴은 88세로 사망했고 항공우주공학계는 그의 죽음을 애도했다. 그리고 이틀쯤 뒤에 《뉴욕타임스New York Times》는 이렇게 시작하는 부고를 실었다.

> 그녀는 비프 스트로가노프를 맛있게 만들었고, 남편을 따라 직장을 옮겨 다니다가 세 자녀를 양육하기 위해 8년간 일을 쉬었다. "세계 최고의 엄마였어요." 아들 매튜가 말했다.
> 그러나 향년 88세로 뉴저지 프린스턴에서 수요일에 사망한 이본 브릴은 명석한 로켓 과학자이기도 했다.

그리고 모두 아주, 아주 혼란스러워졌다.

이본 브릴은 우주선을 달과 화성으로 쏘아 올리는 데 몇십 년을 바쳤다. 2011년 오바마 대통령은 그에게 기술과 혁신에 대한 국가훈장을 수여했다. 그런데 망할, 스트로가노프라니. 거기에 행여라도 자식을 키우느라고 8년간 일을 쉬었다는 사실을 잊을까 싶은 문장까지(사실도 아니었다. 그동안 시간제로 일했다). 《뉴욕타임스》 눈에는 이런 전통적 여성성이 우주과학에 대한 기여보다도 그를 잘 설명할 뿐 아니라 둘이 모순된 관계로 보였나 보다. '그러나'를 집어넣은 걸 보라.

《뉴욕타임스》는 브릴의 삶에 성차별적인 모욕을 끼얹었다. 스트로가노프에 대한 엉터리 문구를 언론에서 대대적으로 언급함으로써 브릴의 죽음을 애도할 때 그의 삶에서 '여성성'을 체현한 부분(음식과 아기)을 은하계에서의 명성보다 강조한 것이다. 도서평론가인 에드워드 챔피언Edward Champion이 그 주에 트위터로 말했듯이, 마하트마 간디가 죽었더라면 "그 남자는 훌륭한 프리타타를 만들고, 셔츠를 다렸으며, 8년 동안 청소년 도서를 읽어 주느라 휴가를 썼다"라는 글귀를 읽을 일은 없었을 것이다.

나는 브릴의 부고에 대한 이 문제적인 글귀를 대학에서 우연히 접했는데, 이 문구는 즉시 내 흥미를 끌었다. 도전적인 질문을 던졌기 때문이었다. 여성이란 단어는 무엇을 의미하는가? 달리 말하면, 영어권 화자들이 누군가를 여성이라고 말할 때, 청자의 마음에 어떤 이미지를 불러일으키려는 의도를 가지고 있는가? 여성은 특정한 젠더 역할로 정의되는가(헌신적인 부인, 훌륭한 요리사)? 여성성은 외모로 분류되는가(긴 머리, 화장, 드레스)? 혹은 잠재적으로 아이를 가질 수 있는 몸, 브릴을 공학 프로그램에서 배제시킨 성기를 의미하는가? 아니면 이것은 우리가 '여자'라고 말할 때 의미하는 것인가? 왜 어떤 사람들은 이본 브릴과 같은 성공한 전문가이자 여성인 사람을 젠더링하는 것, 즉 그냥 '과학자'라 부르는 대신에 '여과학자'라고 부르는 것이 공격적이라고 느끼고, 어떤 이들은 그렇지 않을까? 아마 '여성'이란 말은 모든 사람과는 조금 다른 어떤 것을 의미하는 단어가 되었는지 모른다. 만일 그렇다면, 이 말을 어떻게 써야 하는지 어떻게 알 수 있을까?

어떤 사람들은 젠더 평등을 원한다면 공공연히 '여성'이라는 단어를 쓰는 것을 되도록 피해야 한다고 말한다. 남성의 젠더를 언급하는 행위가 일어나지 않는 맥락 속에서 여성의 젠더를 언급하는 행위는 성차별적이라 보기 때문이다. 성공한 여성들이 인터뷰어에게 이렇게 말하는 걸 들어 봤을 수 있다. "여성이라는 수식어가 붙어서 평가받는 걸 원치 않아요." 1996년 TV 디렉터인 글로리아 무지오Gloria Muzio는 이렇게 말했다. "좋은 디렉터가 되는 것은 내게 항상 중요하고도 필수적인 일입니다. 좋은 '여성' 디렉터가 아니라. 하지만 안타깝게도 나는 늘 여성으로 불려 왔죠."

아마도 여성의 성취에 젠더를 언급하는 것을 가장 크게 비판한 사람은 UC 버클리의 학자인 로빈 레이코프Robin Lakoff일 것이다. 오늘날 젠더와 언어 연구의 창시자라고도 불리는 레이코프는 1975년 『언어와 여성의 자리Language and Woman's Place』라는 어마어마한 영향력을 가진 책을 통해서 젠더 고정관념을 만들어 내는 언어의 역할에 대한 거대한 논쟁을 촉발했다. 레이코프는 《뉴욕타임스》에서 '여과학자', '여대통령', '여의사'라는 호칭은 여성이 이 역할을 맡는 것이 '부자연'스러움을 함축한다고 말한 바 있다. 젠더를 구분하는 이런 수식어들은 여성이 이렇게 좋은 대우를 받는 직업을 갖는 게 예외적인 일이라는 시선을 함축하고, 이 메시지는 우리의 현실 의사 결정에 스며든다. 레이코프는 다음과 같이 말을 이어 갔다. "우리가 '여대통령'이라고 말하는 모든 순간마다, 우리는 남성만이 최종 통수권자가 될 수 있으며 미국을 상징할 수 있다(미국의 약어US는 '엉클 샘Uncle Sam'으로 환유되지 '앤트 서맨사Aunt Samantha'로 환유되지는 않으니까)는 관점을 강화한다. 그리고 여성이 해당 역할을 맡는 것을 상상할 수 없기 때문에 거기에 투표할 수 없게 된다."

여성의 젠더에 주의를 기울이는 게 나쁘다는 데 모두가 동의하지는 않는다. 남성의 젠더를 호출하지 않는 문맥에서조차 마찬가지다. 여성이 과학, 의학, 정치에서 성공하기가 힘들기 때문에, 그들의 젠더를 강조해야 해당 분야에서 두각을 나타내는 여성을 더욱 잘 보이게 할 수 있다는 의견이 있다. 그들의 존재가 영감을 줄 수 있다는 것이다.

그리고 이들은 브릴 박사를 공학자라고 부르거나 여공학자라고 부르는 것은, 사람들이 공학자 전반을 바라보는 방식에 차이를 주지는 않는다고 주장한다. 언어학 연구는 많은 젠더 중립적인 직업(심장 전문의, 건설 노동자)이 여전히 남성의 직업으로 해석되고 있으며, 이들을 어떻게 묘사하든 마찬가지의 결과를 낳는다고 말한다. (이와 같이 가사도우미나 베이비시터는 어떤 젠더도 언급하지 않는다 하더라도 여성의 일로 간주된다.) 그리고 젠더 포괄적인 단어가 새로이 생겨난다고 하더라도(의장을 나타내는 체어맨man 대신 체어퍼슨person, 비즈니스맨man 대신 비즈니스퍼슨person, 소방수를 뜻하는 파이어맨man 대신 파이어파이터fighter) 결국은 해당 업계가 여전히 남성을 기본으로 취급하고 있기 때문에 해당 단어는 예외적인 여성을 언급하는 용어일 뿐이라는 점이다. 해당 인물이 여성일 때에만 '비즈니스맨'을 '비즈니스퍼슨'이라고 부르면서 젠더 포괄적인 용어를 사용하는 사람들은 언제나 있을 것이다. 누군가의 언어를 올바른 위치에 올려놓는다고 해서 무의식적인 사고가 이를 반드시 따라가지는 않는다.

"젠더링하느냐 마느냐 그것이 문제로다"라는 논쟁의 또 다른 중요한 줄기 가운데 하나는 누군가를 '여성woman'이라고 할지 '여자female'라고 할지에 달려 있다. 이 논쟁은 실제적인 논란을 불러왔다. 2015년, 힐러리가 대선 출마를 알리자마자 정치권 권위자들은 그가 당선된다면 그를 '여성 대통령'이라고 해야 하는지 '여자 대통령'이라고 해야 하는지를 두고 광란의 논쟁을 펼쳤다.

이 의미론적 언쟁은, 비록 이 언쟁에 참여한 이들이 정확히 왜인지는 이해하지 못했다고 하더라도, 무척이나 정당했다. 실제적인 용례에서 여성과 여자는 호환 불가능하기 때문이다. 옥스퍼드 언어학자인 데버라 캐머런은 '영국 국립 코퍼스'(다양한 출처에서 수집된 1억 개 이상의 영어 작문 및 구어를 포함한 포괄적 데이터베이스. 이 코퍼스는 20세기 후반 영국 영어를 대표하는 표본으로 쓰기 위한 것이다)에서 증거를 찾았다. 이 데이터베이스를 훑어본 결과, 캐머런은 사람들이 '여자, -녀female'를 명사형으로 사용할 때, '여성woman'을 쓸 때와는 달리 부정적인 문맥에서 쓴다는 것을 발견했다. 예를 들어 보자.

1. **우리 불쌍한 클레멘스는 긴 행군 이후의 여자처럼 무력해졌다.**
2. **"멍청한, 미친 여자'는 그 남자가 붕대를 동여매면서 했던 유일한 말이었다.**
3. **어제 걸려온 전화로 그 수다스러운 여자에게 누군가의 주소를 전해 주었다.**

이 예에는 화자가 주제에 대해 폄하적인 평가를 하는 내용이 포함되어 있다. 이 단어를 '여성'으로 바꿔도 여전히 모욕적이긴 하지만, 캐머런의 말을 빌리자면 "확실히 덜 경멸적"일 것이다. 또한 이 코퍼스 데이터는 '-녀'라는 명사형이 절대로 긍정적인 문맥에서 쓰이지 않는다는 결과를 보여 줬다. 누군가가 "나와 가장 친한 친구는 내가 만나 본 중에 가장 마음 넓은 친절녀야"라고 말하는 걸 들어 본 적 없을 것이다.

여성을 헐뜯기 위한 목적으로 이야기할 때, 왜 화자들은 '-녀'라는 말을 쓰는 것일까? 캐머런은 여성이 생물학적인 설계에서부터 결점이 있음을 지적하고 싶은 마음과 관련이 있을 것이라 지적했다. 영어에서 '여자'는 동물의 왕국에서 몸을 묘사하는 과학적 용어인 '암컷'과 같이 쓰이면서, 누군가의 성(성기, 염색체, 생식선, 재생산과 관련된 여타 신체 부위)을 언급한다. 그런데 '여성'은 젠더와 관련해서 인간만을 가리키는, 문화적으로 발명되었으면서도 더욱 복잡한 개념(곧 정의하겠다)이다. 누군가를 '멍청하고 미친 여자'라고 이름 붙일 때, 이 말은 누군가의 지적 결함이 그의 성기와, XX 염색체, 포궁과 관련되어 있음을 암시한다. 마치 성적 분류가 부정적인 특질에 대한 책임이 있기라도 한 듯 말이다.

젠더 대 섹스라는 질문은 '여성 대 여자', 즉 '우먼 대 피메일'의 의미론적 논쟁에서 가장 비판적인 부분을 차지한다. '여성'이라는 단어가 문화적이고 개념적인 젠더를 의미할 때, '여자'는 몸과 관련이 있는 섹스를 묘사할 때 쓰는 단어인가? 섹스 대 젠더가 중요한 개념인 이유는 무엇인가? 게다가 이 개념을 설명하는 단어는 왜 그렇게 불분명할까?

단어의 '진정한' 의미를 찾는 첫 번째 단계는 일반적으로 공식 정의를 찾는 것이다. 그러나 사전조차 성별 퍼즐에 대한 명확한 해결책을 제공하지 않는다. 이 글을 쓰고 있는 지금,

세계에서 가장 많이 참조되는 네 개의 사전(콜린스 사전, 메리엄-웹스터 사전, 딕셔너리닷컴, 옥스퍼드 영어 사전)은 모두 '여성'이라는 단어를 '성인 여성'으로 정의하고 있다. 이 정의는 여성이 되는 것과 성인 여성이 되는 것은 필연적으로 연결되어 있음을 의미한다. 그렇다면 여성이란 무엇인가? 이 사전들은 모두 여성을 '난자와 자손을 낳는 성'(또는 약간의 변형)으로 정의한다. 사전에 따르면 여성이 되려면 난자와 자손을 낳는 성인이어야 한다는 연결을 만들 수 있다. 정의는 신체적인 것이다. (마찬가지로 이 사전은 모두 '남자'를 '성인 남성'으로 정의하지만 메리엄-웹스터 사전에서 남성이라는 항목은 단순히 '개별 인간'이라고 쓰여 있다. 이는 만연한 기본 남성성 개념의 눈부신 반영이다.)

여성에 대한 정의를 계속 훑어보면 '여자 하인 또는 가사 도우미'와 '아내, 여주인 또는 여자 친구'라는 두 번째 항목을 찾을 수 있다. 이런 분류는 신체 부위와 전혀 관련이 없다. 문화적으로 발명된 역할과 관계를 설명하는 방식이 모든 여성에게 적용되는 것은 아니다. 결과적으로 이 혼란스러운 정의는 젠더와 성의 문화적, 신체적 측면을 뒤섞어 여성에 대한 정의를 믿을 수 없을 정도로 모호하게 만든다.

이런 혼란은 사전 제작자들의 잘못이 아니다. 사전 편찬자의 일은 우리가 가장 당황스럽게 여기는 언어학의 난제들을 해결하는 게 아니다. 오히려 이 일은 '일반적 용법', 혹은 영어권 화자들이 해당 사전이 만들어질 당시에 단어를 어떻게 이해하고 사용하는지, 그 용례가 애매하다거나 정치적으로 올바르지 않은 상황일 때마저 그대로 반영한다. 그러나 젠더가 관여된 문제에서, 사전적 정의라는 것은 본질적으로 정치적이다. 그리고 실제적으로 이는 입법 차원에서 문제를 야기할 수 있다. 2002년 있었던 한 사건을 고려해 보자. 캔자스 대법원에서 트랜스젠더 여성과 그가 최근 사별한 남편과의 결혼이 무효화되는 사건이 있었다. 사전에 따르면 "성, 남성, 여성이라는 단어에 대한 일상적인 이해에 트랜스섹슈얼이 포함되어 있지 않기 때문이다". 사전을 교리로 취급함으로써 법원은 사별한 부인을 당시로서는 불법에 해당하는 동성결혼을 한 남성으로 분류했고, 따라서 남편의 재산을 상속받을 수 없게 되었다.

이런 일련의 사건들은 부분적으로 2017년 트위터에서 『콜린스 사전Collins Dictionary』의 여성에 대한 정의를 더욱 포괄적이며 신체에 기반하지 않은 정의로 바꾸라고 청원하게 된 연유가 됐다. 너드에다 임금도 적게 받는 사전 편찬자에게 저항하는 게 사회 변화를 일으키는 가장 효과적인 길은 아니겠지만, 사회의 일부로서 우리가 사전적 정의를 고정적이며 중립적인 사실로 취급하는 건 잘못이다. 사전의 정의와 문화적 믿음은 손을 잡고 함께 가고, 이들은 시간이 지남에 따라서 계속해서 변화한다.

콜린스 사전을 보이콧한 사람들이 제기하고 싶어 했던 문제는 실재했다. 만일 여성이 여자이고, 여자가 난소를 가지고 아이를 만드는 존재라고 한다면, 난소 없이 태어났거나, 의학적 이유로 이를 제거한 여성은 무엇인가? 간성[20]인 여성, 질을 가지고 있지만 XY 염색체와 고환을 가진 사람은? 2002년 법원이 남편과 사별한 트랜스젠더가 여성이라는 이름을 가질 수 있는지 없는지 결정할 때, 진실을 담지하기보다는 그때 당시에 일상에서 사람들이 옳다고 믿는 것을 비춰 주는 거울

20 간성은 여성 혹은 남성이라는 전통적 정의에 맞아 떨어지지 않는 생식 혹은 성적 기관을 가지고 태어난 사람들의 조건을 일컬을 때 쓰이는 용어이다. 간성으로 태어나는 건 사람들이 생각하는 것만큼 희귀한 일이 아니다. 2000년에 진행된 연구에 따르면, 표준적인 여성 혹은 남성(염색체, 호르몬, 성기)과 다른 몸을 가지고 태어나는 사람들의 총비율은 1.7퍼센트에 달한다. 미국에서 빨간 머리로 태어나는 사람과 비율이 같다.

에 불과한 사전에 근거한 일이 정말로 옳았는가? 다시 물어보자면, '여성'이라는 단어는 무엇을 의미하는가?

섹스 대 젠더 개념은 젠더라는 단어의 어원 때문에 혼란스러울 수 있다. 믿거나 말거나, 젠더는 1920년대 후반까지도 주류 영어 어휘에 속하지 못했었다. 1810년대부터 2000년대까지 단어 약 400만 개를 수록한 '미국 영어 역사 코퍼스'에 따르자면, 대다수 사람들은 1980년대까지 젠더를 사람을 지칭하는 단어로 쓰지 않았다. 1980년대는 젠더를 그 같은 방식으로 쓰는 비율이 백만 단어 대 하나에서 다섯으로 늘어날 때였다. 15세기 후반까지, 젠더는 그저 남성명사와 여성명사와 같이 문법적 범주를 묘사했으며, 사람을 칭하지 않았다. 『옥스퍼드 영어 사전Oxford English Dictionary』에서 사람을 설명하는 데 젠더를 사용한 최초의 용례는 1474년 이전에는 나타나지 않는다. 그런데 그때, 이 단어는 그저 섹스의 동의어, 즉 남성 혹은 여성을 가리킬 뿐으로, 이후 500년간 그렇게 이해된다. 사람들이 신체적인 의미에서의 남성성 혹은 여성성(오늘날 섹스라고 알려진)과 문화적 혹은 정체성적인 측면에서의 남성성 혹은 여성성(젠더)을 여전히 헷갈리는 건 있을 수 있는 일이다. 이후 500년 동안 두 용어가 같은 의미로 혼용되었기 때문이다. 누구도 1960년대까지 섹스와 젠더 사이의 의미론적 구분을 하지 않았다. 그 이후부터 사람들은 우리의 몸과 사회적 행동이 본질적으로 연결되어 있지 않다고 믿기 시작했다. 섹스와 젠더를 우리 주류 문화에서 구분 짓기 시작한 사람들은 1920년대 중반의 제2물결 페미니스트 활동가들이었다. 동일 임금과 재생산권 등을 목표로 한 제2물결 페미니스트들은 생물학적인 성을 문화적인 기대로부터 구별해 내는 일이 정치적으로 도움이 되리라고 보았다. 활동가들은 여성들이 당시에 구석에 몰려 강요받던 종류의 삶에 본질적으로 적합한 존재가 아니라는 주장을 하고 싶어 했다. 그들의 목표는 여성들이 '자연적으로' 요리, 다림질, 고분고분한 행동에 끌리게 되어 있다는, 그러니까 정장을 입거나 세상을 다스리는 것과 같은 '남성적'으로 여겨지는 일과 반대된 것들을 하게 되어 있다는, 당시로서는 만연하던 생각을 무효화하는 것이었다.

제2물결 페미니스트들은 섹스와 젠더 간의 이분법에 대해서 목소리를 높였지만, 그들이 처음으로 이러한 이름을 붙인 건 아니었다. 운동이 일어나기 몇십 년 전에, 사회적 구성물로서의 젠더는 학문적인 개념으로 존재하고 있었다.[21] 1945년 『옥스퍼드 영어 사전』은 젠더를 "생물학적인 차이 대신 문화

21 페미니스트들이 섹스와 젠더 사이를 구분하는 이름을 붙이지 않았다고 해서 그 둘의 차이를 생각하지 않았다고 말하려는 건 아니다. 시몬 드 보부아르가 1949년에 한 "여자는 태어나지 않고 만들어진다"라는 말은 당시 젠더라는 단어가 등장하지 않았다 하더라도 문화 대 신체 간의 차이를 명확하게 이해했음을 보여 준다.

적이고 사회적인 차이로 표현되는 여성 혹은 남성의 상태"라고 정의한다. 이 정의는 당시 발표되었던 심리학 논문으로부터 왔다. "초등학교 시기에 젠더(섹스의 사회적인 면)는 '여성적'이고 '남성적'인 특질을 설명하는 용어로서 고정된 경계선 역할을 한다."

젠더를 문화적으로 학습된 행동(화장, 요리, 서로 다른 목소리 톤)과 반대되는 내적인 정체성(당신이 누구라고 생각하는지에 대한 직감)과 처음으로 연결 지은 이들 역시 사회과학자였다. 정체성에 기반한 젠더라는 정의는 1950년대 정신과 의사들이 '트랜스섹슈얼', '양성구유', 즉 오늘날 트랜스젠더와 간성이라고 불리는 이들에 대한 임상적 치료에 관해 글을 쓰는 과정에서 등장했다.

그중 로버트 스톨러Robert Stoller라는 의사는 1950년대에 UCLA 젠더 정체성 클리닉에서 연구를 진행했다. 스톨러는 '핵심 젠더 정체성'이라고 이름 붙인 생물학적인 기반이 있다고 믿었는데, 이는 '생후 2년이 되었을 때 여성 혹은 남성이라고 고착화되는 본능적인 감각'이라고 정의된다. 그는 또한 양육도 이에 깊이 관여한다고 믿었다. 프로이트의 제자인 스톨러는 개인의 성적 열망, 특히 '도착'이라고 알려진 것(동성애, 복장 도착, 사도마조히즘)이 개인의 핵심 젠더 정체성을 '위협하는' 생애 초기의 트라우마적인 사건에 대한 직접적인 반응으로서 발전하는 것이라는 발상을 신봉했다(오늘날에는 신뢰를 잃은 관점이다).

스톨러 시기에 인간의 젠더에 대한 호기심이 높아지고 관련 연구가 굉장히 많아졌으나, 단어에 대한 정의는 명료해지지 못했다. 외려 심리학자들과 언어학자들에게 이 정의는 더 복잡해지기만 했다. 단어의 의미가 시간이 지남에 따라 계속해서 진화하고 팽창하는 것은 여기서만 볼 수 있는 유일한 현상이 아니다.[22] 어떤 문화도 영원히 남아 있으리라고 기대할 수 없듯이, 문화 속 단어들도 변화하지 않으리라고 기대할 수 없다.

당황스러울 수도 있지만, 젠더, 남성, 여성에는 하나의 단순한 정의만 있는 게 아니다. 누군가는 '젠더'를 문화적으로 학습된 일련의 행동을 언급할 때 사용하고, 누군가는 성별에 따라 부여되는 사회적인 지위를 일컬을 때 쓴다. 또 다른 이들은 본능 혹은 뇌와 연관된 내재적인 정체성 감각을 의미한다. 누군가는 둘 다 쓴다. 데버라 캐머런은 젠더를 "다른 사회적 구분과 깊이 엮여 있는, 불안정하고 모순적인 다층적 현상"이라고 정의한다. 코넬대학교 언어학자인 그의 동료 샐리

22 초서 시절로 돌아가 보면, '걸'은 성별을 막론하고 모든 아이에게 붙일 수 있었다. 고대 영어에서 보면, '프리티'는 교활하다는 뜻이었다. 중세 영어에서 '디너'는 아침을 의미했다.

매코널지넷은 이를 "사람을 성별에 따라 분류함으로써 매개되는 인지, 상징, 행동, 정치, 사회적 현상의 복잡계"라 정의한다. 매코널지넷은 문화, 개인, 생애 단계, 심지어 아주 짧은 상황에서도 주어진 젠더가 의미하는 바와 중요성이 달라질 수 있다고 보았다(해석: 무지막지하게 복잡하다는 거다).

그리고 어떤 사람들은 섹스에 대해 말하고 싶은 상황에서 여전히 젠더를 쓴다. 예를 들어서 아이를 임신한 집에서 태아의 '젠더'를 알고 싶어 할 때와 같이 말이다. (어떤 영어권 화자들이 계속 이렇게 하는 까닭은 점잔을 빼는 이 서구인들이 '섹스'라는 단어를 크게 말하기를 너무 두려워하기 때문인 것 같다는 게 내 의견이다.) 두 사람은 하나의 대화에서 '젠더'라는 같은 단어를 쓸 수 있지만, 그 대화 속에서도 전혀 다른 많은 것들을 일컬을 수 있다.

젠더가 태어날 때부터 완전히 형성된 것이 아니라면, 우리의 젠더는 어디서 오는 것인가? 이건 언어에 대한 질문 같지는 않지만, 어떤 철학자들은 젠더가 언어 자체를 '통해서' 구성된다고 본다. 사람들이 이미 가진 젠더에 따른 결과대로 말하는 게 아니라는 것이다. 말하자면 사람들이 그저 단어들을 통해 자기의 젠더를 반영하기만 하는 게(예를 들면, 당신이 여성이기 때문에 스스로를 여성이라고 칭하거나, 얌전하도록 사회화되었기 때문에 다소 순화된 욕, 즉 '여성스러운' 욕을 한다거나) 아니다. 오히려 그 반대다. 사람들은 대화를 하는 방식 때문에, 대화를 통해서 받는 피드백 '때문에' 젠더를 갖게 된다. 언어는 젠더를 삶으로 가져온다.

이때 핵심은 우리가 모두 우리 젠더를 구성하는 언어를 사용함으로써 항상 진행 중인 과정 속에 있게 된다는 점이다. 이 개념은 UC 버클리의 젠더 이론가인 주디스 버틀러Judith Butler에 의하여 1990년대에 만들어졌다. 버틀러는 젠더 수행성이라 불리는 이론을 통해서, 젠더가 당신이 '누구인가'를 말하는 게 아니라 당신이 무엇을 '하는가'를 말한다고 주장했다. 버틀러가 보는 대로라면, 사람은 우리가 '있도록' 하는 일을 하기 전까지 존재하지 않는다. 말하자면, 어떤 사람이 누구인가와 그 사람이 무엇을 하는가는 '동시적으로' 존재한다. 사회적인 실천을 배우고 이에 동참하는 바로 그 순간에 당신과 당신의 젠더 정체성이 부상하게 된다는 것이다.

따라서 우리가 사용하는 단어들은 그저 우리가 누구인지를 반영하기만 하는 게 아니라, 우리가 누구인지를 적극적으로 생성해 낸다. 어떻게 그러느냐고? 크게는 사람들은 특정한 명칭, 대명사, 호칭 등으로 자신의 젠더를 규정한다. 시스젠더, 트랜스젠더, 그레이젠더, 팬섹슈얼부터 에이섹슈얼까지, 세상에 존재하는 모든 젠더와 성정체성은 너무 많아서 이 책에서 다룰 수 있는 범위를 넘어선다. 이 어휘는 계속해서 진화하고 있다. 어떤 화자들에게 이는 따라갈 수 없을 정도로 벅찬 속도겠지만, 중요한 것은 이 단어들이 그저 추수감사절에 만난 우리 큰고모나 삼촌을 열 받게, 혹은 당황하게 하는 정체성을 갖는 일이 트렌드가 되었기 때문에 생겨난 게 아니라는 점이다.[23] 사회언어학자들은 다양한 범주들의 생성이 종을 유형화하고자 하는 인간의 더 깊은 차원의 욕망과 연결되어 있다는 데 동의한다(일련의 살아 있는 것들을 식별하고, 묶고, 범주와 범주 간의 관계를 규명하는 것). 이는 일종의 분류학이다. 우리는 이 명칭을 통해서 우리를 둘러싼 세계와 우리 자신을 이해하는 데 도움을 받는다.

더 나은 이해를 위해서 다양한 젠더와 섹슈얼리티를 유형화하려는 시도는 비교적 최근에 생겨났다. 19세기 독일에서, 과학·인도주의위원회(이제는 최초의 성소수자 기구라고 알려진)라는 딱딱한 이름의 연구소가 이런 종류의 분류에 헌신했다. 이 연구소는 마그누스 히르슈펠트Magnus Hirschfeld에 의해 세워졌는데, 그는 베를린에 사는 유대인 물리학자이자 인간의 섹슈얼리티를 다루는 연구자였다. '섹스의 아인슈타인'이라고 알려진 그는 섹스와 젠더의 스펙트럼—남자와 여자, 남성과

23 나는 '젠더퍽genderfuck'이라는 젠더 정체성에 대해 들어 본 적이 있다. 혼란스러운 젠더 시그널을 보이는 이를 일컫는 말이다. 젠더퍽은 수염을 기르고 화장을 하기도 하고, 때때로 다른 대명사(어떨 때는 그녀, 어떨 때는 그, 어떨 때는 그들)를 사용하기도 한다. 나는 이런 정체성이 우리 나이 많은 삼촌들을 정신없게 만들 거라고 생각하며, 이것이 포인트인 것 같다.

여성으로 나누는 이분법에 반대하여—을 인식하고, 이 연속체 속에서 차이를 묘사하는 범주 체계를 만들어 냈다. 히르슈펠트는 섹슈얼리티와 젠더에 대하여 가능한 유형 64개를 만들었다. 여기에는 남성적인 이성애 남성부터 여성적인 동성애 남성, 그리고 오늘날 트랜스젠더라 부르는 이들을 묘사하기 위해 1910년 당시에 만들어 낸 트랜스베스티트transvestit가 포함되어 있다. 히르슈펠트의 마음속에는 모든 섹스와 젠더를 위한 구체적이고, 고유하고, 생물학에 기반한 정의가 존재했다. 마치 무척추동물이 환형동물과 자포동물에 이르기까지 구체적이고 고유한 생물학 기반 정의를 가지고 있는 것처럼.

이후로 몇십 년 간, 과학자들은 인간의 젠더와 섹슈얼리티를 순수한 생물학적 기반에 따라 이름 붙이거나 설명할 수 없다는 사실을 깨달았다. 지능에서부터 중독에 이르는 대부분의 인간 행동은 어느 정도 본성과 환경의 영향을 받기 때문이다. 그러나 히르슈펠트의 기여는 어마어마했다. 그리고 설명할 수 없어 보이는 인간 정체성에 대한 이름과 자연적 토대를 찾으려는 그의 충동은 논리적이었다. 그는 규범에 비순응적인 젠더와 섹슈얼리티에 대한 과학적 설명을 찾고, 이름을 붙여, 이런 젠더와 섹슈얼리티가 도덕적 실패의 결과물이 아님을 입증하면, 많은 사람들의 정치적인 상황이 바뀔 거라고 믿었다. 히르슈펠트의 시기에(그리고 19세기와 20세기에 걸쳐서),

규범에 비순응적인 젠더와 섹슈얼리티는 법적인 처벌 대상이었다. 독일뿐 아니라 미국을 포함한 서구 국가 대부분에서 그랬다. 히르슈펠트와 동료들은 '일탈적'인 정체성이라고 불리는 것을 과학적으로 타당화할 수 있다면 법도 바뀔 수 있다고 믿었다.

다행히 오늘날 당신은 누구와 자고 싶은지, 어떤 젠더를 가지고 있는지에 따라서 체포될 일이 없다. 최소한 대다수 영어권 국가에서는 말이다(그렇지만 혐오 발화는 여전히 존재한다). 이 다양한 정체성들을 묘사할 수 있는 언어를 찾아내려는 충동은 여전히 강렬하게 존재한다. 우리는 여전히 명칭을 갈망한다. 언어학자들은 이 모든 것이 경험을 정당화할 수 있는 단어의 힘과 관련되어 있다고 본다. 마치 어떤 생각에 제목이 붙고 나면 타당해지는 것처럼 말이다. UC 샌타바버라에서 젠더와 언어를 연구하는 랄 지먼은 이렇게 말했다. "특정한 경험을 한 것이 그들 혼자가 아니며, 이런 경험이 이름 지어질 수 있다는 사실을 발견하는 일은 분명히 사람들에게 힘을 준다." 모두가 범주화로 힘을 받는 것은 아니다. 그리고 어느 날엔가 규범 비순응적인 젠더와 섹슈얼리티가 너무나 잘 수용되어서 스펙트럼에 붙는 이름이 더 이상 필요 없어질지도 모른다. 하지만 그러는 동안 이름은 고립되고 자기 존재가 들리지 않는 경험을 한 많은 이들의 존재를 타당하게 느끼게끔 해 준다.

2010년대 중반, '논바이너리nonbinary'라는 용어가 일상적인 용어로 편입되었다. 2018년, 캘리포니아주는 미국 주 중 처음으로 논바이너리를 공식 출생증명서의 세 번째 성별 범주로 올렸다. 그래서 간성 혹은 젠더 비순응적인 이들은 출생 이후 자신의 신분증에 적힌 성별을 합법적으로 바꿀 수 있었다. 그보다 1년 전, 오리건주는 미국 주 가운데 처음으로 운전면허증에 논바이너리인 'X'를 부착할 수 있게 했다.

그렇지만 영어권 화자들이 젠더 비순응적인 분류에서 특별히 창의적이라거나 진보적이라고 생각해서는 안 된다. 우리가 젠더 스펙트럼을 묘사한 첫 집단은 아니다. 모든 대륙에서 문명이 시작할 때 번성했던 수많은 문화에는 셋, 넷, 때로는 다섯 개의 젠더를 묘사하는 단어가 있었다. 언어학자인 샐리 매코널지넷이 정의에서 말했듯이, 젠더는 그저 사람 대 사람이 아니라 문화 전체에서 어떻게 특정한 몸과 행동이 해석되는지에 달려 있는 개념이다.

인도에서 '히즈라hijras'는 여성도 남성도 아닌 사람으로 간주된다. 미국에서 온 사람이라면 이들을 지정성별 남성인 트랜스젠더 여성이라고 묘사할 수 있다.[24] 하지만 인도 문화에서는 이 제3의 성을 완전히 독자적으로 분류한다. 히즈라들에겐 사회 내에서 특정한 젠더 역할이 있다. 예를 들어서 재생산에 참여하지 않는 신화적인 존재로서 다른 이들의 생식 능력을 저주하거나 축복한다.

인도네시아의 부기족은 성별 범주를 다섯 개로 나눈다. 여성, 남성, 칼랄라이calalai, 칼라바이calabai, 비수bissu가 그것이다. 칼랄라이는 지정성별 여성이지만 남성적인 젠더 정체성을 가졌고, 칼라바이는 지정성별 남성이지만 여성적인 젠더 정체성을 갖췄다. 비수는 '초월적인 젠더'로서 모든 젠더 정체성을 포괄하며, 부기족 전통에서 핵심적인 역할을 하면서 때로 사제와 등치된다.

아메리카 선주민인 주니족에서는 제3의 젠더를 '라마나 lhamana'라고 불렀다. 혼합된 젠더 혹은 두 개의 영혼이라고 설명되는 이 단어는 남성과 여성을 동시에 아우르는 사람들을 뜻한다. 두 개의 영혼을 가진 이들은 지정성별 남성이지만 여성과 남성의 옷을 동시에 입고, 대체로 전통적인 여성의 일, 즉 도기 제조나 요리를 한다. 가장 유명한 '두 개의 영혼'은 웨와We'wha인데, 그는 1800년대 말 미국에서 주니 영사로 일했다. 웨와는 워싱턴에서 6개월을 보냈고, 기관 내에서 모든 이들의 사랑을 받았다. 백인 정부는 웨와가 그들의 기준에서 보

24 젠더와 동떨어진 사람의 성을 '생물학적 여성' 혹은 '생물학적 남성'이라고 말하는 것보다 더 정확한 방식은 '지정성별 여성 혹은 남성', 즉 '출생 시 여성 혹은 남성으로 지정받음'이라고 부르는 것이다. 사람의 성이 '생물학적 사실'이 아니라 의사가 아이의 성적 특질을 고려하지 않고 그저 성기를 보고 결정한 사실이라는 뜻을 담고 있다.

았을 때 '여자'가 아니라는 사실을 알 리가 없었다. 그들이 아는 한, 웨와는 여자로 보였기 때문이다. 하지만 주니족으로 돌아오면 웨와는 완전히 다른 이름으로 불렸다.

젠더가 그저 하나의 스펙트럼 내에 존재하는 유일한 정체성이 아니라는 사실은 더 매력적인 부분이다. 섹스와 신체 감각에서 남녀가 정의되는 방식들 간에도 문화적 차이가 있다. 도미니카공화국에는 5-ARD라는 유전적 간성 조건이 높게 발생한다. 이렇게 태어난 아기들은 여성 성기를 가지고 있으나 사춘기가 되면 몸이 남성화된다. 그리고 성인기가 되면, 털이 많고 몸이 떡 벌어진 남성이 된다. 도미니카 문화에서 이들은 '게베도세guevedoce'라 불리며, '12세에 남자 성기'라는 뜻이다. 이 공동체에서 5-ARD는 여아로 자라지만, 사춘기 이후에는 남성으로 간주되고, 새로운 남성적인 이름을 갖게도 된다. 도미니카공화국에서 이 사람들은 몸과 마음이 갑자기 '남자아이'로 변하는 '여자아이'이다.

그보다 만 마일을 더 가면, 파푸아뉴기니가 있다. 그곳에도 5-ARD가 많이 존재하나, 게베도세와 다르게, 이들은 소녀였다가 소년이 된 사람들로 취급되지 않는다. 그 대신 사춘기 전후와 무관하게 완전히 다른 제3의 성별로 불린다. 그들을 '터님-맨turnim-man'이라 부르는데, 이 이름은 그들의 정체성을 평생토록 칭하는 이름이다. 따라서 도미니카의 게베도세—같은 XY 염색체, 마찬가지로 모호한 성기—와 같은 몸을 가지고 있다고 하더라도, 파푸아뉴기니의 문화적인 인식에 따라서 다른 이름으로 불리게 되는 것이다.

영어에서, 우리는 젠더와 섹스 스펙트럼의 서로 다른 영역을 묘사하는 이름들을 매일같이 새로 마주한다. 우리는 젠더에 대해서 생각하는 문화적인 순간에 스스로를 발견하게 된다. 또한 일반적으로 사회학을 추동하는 것은 지먼 식으로 말하는 '자기정의self-definition'이다. 인터넷, 개인 브랜드, 개인주의에 관한 여타 현대적인 생각들 덕분에 우리는 이 세상에서 우리가 누구인지를 우리 스스로의 말로 각자 정의할 수 있게 되었다. 그리고 우리는 생애 전반에서 이 정의를 비틀 수도 있다. 우리는 자포동물이나 환형동물이 아닌 것이다. 꾸준한 진화 속에서 복잡한 생각과 경험을 가지고 살아가는 인간이다. 우리 정체성 가운데 대부분은 이런 고정적인 용어로 표현될 수 없고, 젠더도 이에 포함된다. 당신이 여성이라면, 옷이나 몸과 관계없이 당신이 스스로를 여성이라고 정체화하는 사람인 것이다. 지먼에 따르면 "이는 여성이 어릴 때부터 인형을 가지고 놀기 때문에 여성으로 보이고 남성은 스포츠를 하기 때문에 남성으로 보인다는 전통적인 사고를 넘어선다". 이런 말들은 더 이상 우리의 젠더를 정의할 수 없다. "그 대신," 지먼은 말했다. "젠더는 내가 누구인지에 대한 무척이나 개인화되고, 감정적이고, 몸속 깊은 곳에서 나오는 감정이다."

여성, 남성, 여자, 남자에 대한 엄격한 규칙이 없다면, 어떻게 이 말을 쓸 수 있을까? 사실 우리가 따를 수 있는 단일한 규칙은 존재하지 않는다. 매 순간 대화와 맥락에 의해서 좌우되는 것이다. 나는 개인적인 언어적 선호가 있다. 예를 들어서 누가 나를 '여성 작가' 혹은 '여자 작가'라고 부른다면, 이 말은 멋지다. 왜냐하면 나는 특히 여성과 관련된 글을 많이 쓰기 때문이다. 하지만 나를 움츠리게 하는 젠더화된 용어들도 존재한다. 나는 사람들이 나를 '맴ma'am'[25]이라고 부를 때를 별로 좋아하지 않는다. 이 말은 마치 내가 우중충하고 늙은 것처럼 느끼게 만든다(우리 문화에서 여성에게 허용되지 않는 그런 것). 그렇다고 해서 미스를 좋아하느냐 하면 그렇지도 않다. 이 호칭은 나를 무시하는 것처럼 느껴진다. 남성들은 나이나 결혼 여부와 관련 없이 '서sir'라고 불릴 수 있다는 것이 얼마나 행운인지 모른다.

몇 년 전 나는 영어권 화자가 '유 가이즈you guys'를 사용하는 방식을 의식하게 되었다. 이 말은 어떤 젠더에도 상관없는

25 '맴'은 모든 영어권 화자들에게 불유쾌한 건 아니다. 영국 영어에서, 이 말은 아무에게나 쓰이는 것이 아니라 고귀함을 표현할 때에만 쓰는 공식 언어다. 미국 남부의 내 친구들도 이를 예를 갖춘 정중한 표현으로 쓴다. 선생님, 시어머니, 어린 소녀에 이르기까지 연령이나 결혼 여부에 관계없이 사용한다. 언어학적인 정중함은 언어에서 언어, 문화에서 문화에 따라서 달라진다(나는 여전히 이 말을 싫어한다).

용어로, '가이'는 일상적이고 친근하다. 그리고 문법적인 빈틈을 메워 주기도 한다. 영어에는 2인칭 복수형 대명사가 없기 때문이다. 많은 영어권 화자들은 '가이즈'가 젠더 중립적인 용어가 되었다고 진심으로 믿는다. 그러나 학자들은 '가이즈'가 그저 보다 편안하게 생긴 남성형에 불과하다는 데 동의한다. '유 갤스you gals'라는 어휘가 같은 정도의 사랑을 받을 리는 만무하다. '맴' 같은 젠더 편향적 용어를 적극적으로 피하는 사람들 역시 '가이즈'를 쓴다. 마치 그 단어는 덜 젠더적인 듯이 말이다. 1980년대 이전에 '가이즈'는 남성만을 의미하는 단어였고, 그 단어가 여성도 포함하기 시작할 때 많은 사회언어학자들은 충격을 받았다. 하버드 언어학자 스티븐 클랜시Steven J. Clancy는 이렇게 말했다. "'정치적으로 올바른' 것에 대한 압박으로 일어나는 언어 개혁 때문에, 우리가 예상하는 모든 것과는 정반대로 새로운 일반명사가 우리 눈앞에서 탄생하고 있다." '유 가이즈'와 관련한 문제는 결국 나로 하여금 1장 말미에 이야기한 2인칭 복수형, '얄'을 사용하게끔 했다.

그러나 모든 사람이 이와 같은 젠더화된 용어에 성가셔하는 건 아니다. 어떤 점잖은 낯선 사람이 나를 '미스'라고 부르거나 내가 섞인 그룹을 '유 가이즈'라고 부를 때 그걸 바로잡기가 약간 어색하다는 건 말할 필요도 없다. 그러나 내가 자신 있게 말할 수 있는 것은 일반적 상황에서 사람들에게,

특히 모르는 사람들에게는 젠더라는 복잡한 걸 가정하지 않고 말하는 쪽이 근사하다는 점이다. 특히 젠더를 지칭할 필요와 무관한 상황에서는 말이다. 그저 '포크folks'와 같이 성별이 특정되지 않는 젠더 중립적 용어로 원래의 용어를 바꾸는 것으로 쉽게 대체할 수 있다. '실례합니다' 뒤에 '맴'을 붙이지 않을 수도 있다.

우리 언어를 더욱 포괄적으로 만드는 또 다른 유용한 방법(특히 그 대화가 젠더와 관련될 때)은 단어를 보다 더 구체적으로 선택하는 것이다. 재생산 건강에 대해서 말한다고 생각해 보자. "여성은 포궁경부암 검사에 접근할 수 있어야 한다"라고 말하는 대신에 더 구체적으로 "포궁을 가진 사람들은 포궁경부암 검사에 접근할 수 있어야 한다"라고 말할 수 있다. 지면에 따르자면 이런 언어는 금기시된다. 성을 완곡어법으로 쓰는 데 동참하지 않기 때문이다. 하지만 이는 포괄적으로 지칭하는 발화가 더욱 정확할 수 있다는 예시이다. 모든 여성이 포궁을 갖진 않는다. 포궁을 가진 모든 자가 여성은 아니다. 포궁을 갖는 일이 우리를 여성으로 만들지 않는다. 그저 포궁을 가진 자로 만들 뿐이다. '포궁을 가진 자'는 더 귀여운 마케팅 문구이기도 하다.

이렇게 언어학적으로 약간의 비틀기를 시도하는 것이 사람들로 하여금 젠더와 섹스에 대한 태도를 더 수용적인 방향으로 바꾸어 줄 수 있을까? 누군가에게 "하이, 가이즈"라고 인사하는 대신 '포크'를 쓰는 것, 혹은 이본 브릴을 '여성 엔지니어' 대신 '엔지니어'라고 부르는 일이 정말로 젠더에 대한 관점을 바꾸어 줄 수 있을까?

언어학자들은 이를 경험적으로 측정하는 일이 어렵다고 인정한다. 그러나 우리가 알고 있는 사실은 우리의 언어를 바꾸는 일이 반드시 우리의 사고를 바꾸지는 않는다고 하더라도, 다른 사람들로부터 듣는 언어는 우리의 생각을 바꿀 수 있다는 사실이다. 예를 들면, 식당에서 누군가를 '신사', '숙녀'라고 부르거나 '미스터', '미세스'라고 부르는 대신에 '손님 여러분' 그리고 '믹스mx.'[26]라는 젠더 중립적인 용어를 사용하는 정책이 만들어졌다고 생각해 보자. 식당에 있는 어떤 종업원은 이에 몹시 반대할 수 있다. 하지만 매니저는 어린 아이들을 포함해 식당 고객들이 이를 따르게 함으로써 이 언어를 듣게 하고, 이를 발화하는 사람의 마음을 바꾸지 않는다고 하더라도 이를 듣는 사람들의 생각에 영향을 불러올 수 있다.

세계에서 이런 정책이 쓰이는 곳들이 있다. 2017년 〈바이스Vice〉는 스웨덴에서 지정성별 남성인 유치원생 아이 두 명에 대해 기록했다. 아이들은 젠더 중립적인 이름에, 머리가

26 이 단어는 1970년대부터 생겨난 젠더 불특정적 경칭으로, 2017년 9월부터 메리엄웹스터 사전에 공식 등재되었다.

길었고, 젠더에 관련 없이 공룡부터 매니큐어까지 모든 종류의 장난감을 갖고 놀 수 있었다. 스웨덴에서는 학교에서 젠더 고정관념을 강화하는 행위가 1998년부터 불법으로 간주됐다. 정부는 젠더 중립적인 유치원에 자금을 지원하고, 선생님에게 '보이' 혹은 '걸'과 같은 단어 대신 '친구들'을 쓰도록 했다. 수업은 자연이나 찰흙과 같은 젠더 중립적인 매개를 이용해서 이루어졌다. 아기 인형 대신에 동물 장난감을 사용했다. 책에 나오는 캐릭터들은 전통적인 성별 역할을 뒤집었다(여자 해적, 왕국을 다스리는 레즈비언 여왕, 아기 띠를 맨 배트맨). 스웨덴에서 여성 로켓 과학자의 부고를 작성한다면 절대로 "남편을 따라 직장을 옮겨 다니다가"라는 식으로 시작되지 않을 것이다.

이본 브릴의 부고를 적은 《뉴욕타임스》 부고 칼럼니스트는 남성이었다. 물론 놀랄 만한 일이 못 된다. 저널리즘 산업은 언어를 다루는 다른 공식적인 산업과 마찬가지로, 현대 영어의 초기부터 남성의 차지였다. 그런데 남자들이 영향을 미치지 않는다면 언어는 어떤 모습을 할 것인가? 다행히도 사회언어학자들은 여성이 청자이자 화자일 때 언어가 어떻게 바뀌는지 연구했다. 전문가들은, 남자들bros이 굴리는 사회의 기대와 관점에서 여성들이 일시적으로 간신히 벗어난 귀한 공간—우리의 아파트 거주지, 소프트볼 선수 대기석—에 들어갔다. 그리고 그들이 찾아낸 건 제법 멋졌다.

3장

"흠…… 네 말이 맞아."

남성들은 결코 하지 않지만
여성들이 서로에 대해서
이야기하는 방식

1922년 오토 예스페르센Otto Jespersen 교수는 『언어Language』라는 책을 냈다. 출간 당시 이 책은 인간 발화의 발전과 변형에 대한 총체적인 설명이었다. 당시 62세였던 예스페르센은 덴마크 코펜하겐대학교의 언어학자로, 구문론, 문장구조, 초기 언어 발달 전공자였다. 그의 책 『언어』는 소리, 단어, 문법, 발화의 기원(정말로 이게 각 장의 제목이다) 등을 총체적으로 다루는데, 심지어는 '여성'이란 장도 있다.

예스페르센은 '여성' 장에서 여성의 일상적인 발화 습관과 그것이 남성의 습관과는 어떻게 다른지 다룬다. 그는 이를 '걸 토크'라고 부른다. '언어'와 '여자'는 마치 커다랗고 두꺼운 의학 교과서에서 겨우 한 장만을 '여성' 건강에 할애하는 것과도 같다. 말하자면 몸과 '숙녀 몸'이 따로 있고, 그 숙녀 몸은 다른 몸과 완전히 다른 것처럼 취급되며, 책 중 10.4퍼센트만 을 차지(예스페르센의 448페이지짜리 책이 여성에 할애한 비율을 말한다)한다. 의학 교과서에 대한 이 비유는 그저 가정을 한 게 아니다. 전 세계 의학 논문에 존재하는 젠더 편향은 객관적인 듯 보이는 교육 자료에서도 나타난다. 남성의 발화 패턴이 그렇듯 남성의 몸도 규범으로 여겨진다. 그리고 여성에게서 더 자주 나타나는 특징은 덜 주목을 받거나 없는 취급을 당한다. 심장병을 보자. 심장병은 2015년 미국 여성 사망 원인의 1위를 기록했다(모든 암을 통틀어도 심장병이 더 많다). 심장병 발병 가운데 여성이 절반 이상을 차지하는데, 여전히 남성이 더 진단을 많이 받는다. 왜냐? 여성은 의학 교과서와 보고서에서 빠져 있기 때문에, 많은 의사들은 어떻게 여성의 심장병을 발견하고 다루어야 하는지 모른다. 여성의 심장병 증세는 남성과 다르게 나타난다(흉통과 달리 어지럼증과 목 통증 등으로).

예스페르센의 책도 이런 식으로 만들어져 있고, 그저 언어를 다룰 뿐이다. 뉴욕대학교의 루이즈 오 버스바리Louise O. Vasvári 교수는 '여성' 장에 대해서 불유쾌한 시각을 가지고 있다. "그는 '남자', '어린 남자', '늙은 남자' 혹은 다른 종류의 소수자 남자에 대해서 어떤 장도 구성하지 않았다. 왜냐하면 '언어'는 당연하게도 남자의 것이기 때문이다. 여자에 대한 장은? 오, 당연히 하나 넣어야지. 이 이상하고 흥미로운 여자들의 언어를 말해야 하니까."

경험 연구가 아닌 여성에 대한 일화적인 관찰에다가 대중적인 텍스트를 뒤범벅한 내용(셰익스피어의 희곡, 잡지 기사, 아무 프랑스 격언)을 통해서, 예스페르센은 여성이 말하는 방식이 남성보다 열등하다고 말했다. 덜 숙련되고 덜 효율적이라는 것이다. 그의 결론은 이런 식으로 내려져 있다. "여성들은 남성보다 문장을 덜 끝내는 경향이 있다. 왜냐하면 그들은 자신이 무슨 말을 해야 할지 모르는 상태에서 말을 시작하기 때문이다." 혹은 "여성의 어휘는 남성의 그것보다 덜 확장적이다". 그리고 "여성 내에서 가장 높은 언어적 천재성과 가장 낮은 수준의 언어적 우둔함은 굉장히 드물게 발견된다. 가장 훌륭한 연설가, 가장 유명한 문학가는 남성이었다".

"웃기시네." 95년이 지난 후 버스바리는 건조하게 답했다. "완전 웃겨."

하지만 예스페르센은 부분적으로만 웃긴 사람이었다. 완전히 웃긴 부분은 남자들이 "남성은 단어의 청취에 더 높은 관심을 보인다. (…) 남자는 언어의 뜻을 되새김질하기 위해서 말을 곰곰이 곱씹는다. (…) 정확한 명사나 형용사를 고르기 위해서다" 따위의 주장을 뒷받침할 어떤 자료도 갖추지 못했다는 사실이다(맞다, 되새김질이다. 이 단어를 축축한, 팬티, 사마귀와 나란히 가장 역겨운 영단어 목록에 살포시 올려도 안전하겠다 싶다).

오토 예스페르센에 관해서 하나도 우습지 않은 부분은, 그가 사람들이 어떻게 말하고, 우리 발화가 어떻게 인식되는지가 그 사람이 여성인지 남성인지(혹은 우리가 아까 말한 대로 스펙트럼의 어딘가인지)와 관련되어 있다는 생각에 대해 그리고 젠더 역할이 어떻게 인식되는지에 대해 처음으로 쓴 학자라는 점이다.

영어 발화 방식 가운데 가장 흔히 오해받는 것은 여성들이 서로 소통하는 방식, 즉 남성이 없는 상황에서 여성들이 말하는 방식이다. '걸 토크'에 대한 생각은 문화 전반에 걸친 가정, 즉 여성들이 더 감정적이고, 스스로에 대해서 확신이 적으며, 립글로스나 카다시안 일가같이 소위 경박한 주제에 자연적으로 끌리기 마련이라는 가정에 의한 것이다. '걸 토크'는 여성들이 서로 이야기할 때 기본적으로 뇌가 비어 있다고 가정한다. 모든 여성이 같은 방식으로 말한다는 전제는 더 말할 것도 없다. 루스 베이더 긴즈버그와 소니아 소토마요르 대법관이 재판 중간에 화장실에서 이야기를 한다면 그것도 '걸 토크'로 칠 수 있는 걸까?

그런 이름이 붙든지 말든지, 나는 대다수 여성들이 다른 여성과 소통하는 방식에는 무언가 특별한 게 있다고 믿는다(오토 예스페르센이 믿고 싶어 하는 대로 '열등한' 방식이 아니라). 여성의 행동에 대해 고착화된 기준과 기대가 너무 많은 문화에서 자라다 보면, 여성들은 회의에서, 상점 줄을 설 때, 특정한 방식으로 말하도록 '짐작된다'. '너무 많은 질문을 하지 마라, 확신이 없어 보인다. 아이에 대해서 나쁜 말을 하지 마라, 모성이 없는 소시오패스처럼 보인다. 남자 얘기 너무 많이 하지 마라, 없어 보인다.' 섹슈얼리티나 젠더가 어떻게 되든 간에, 성별 정체성이나 지정성별이 여자라고 한다면, 가부장제 내에서 여성적인 발화로 여겨지는 경로를 따라야 한다고 강요받은 적이 분명 있을 것이다.

그렇다면 여성들은 여성만 있는 상황에서 어떻게 말할까? 언어학자들의 데이터에 따르면, 여성 대 여성의 대화는 어떻게 들릴까? 남성이 다른 남성과 말할 때와 유의미한 차이가 있을까? 이것이 여성성에 대해서 무언가를 알려 줄 수 있을까?

오토 예스페르센 시절 이후로 언어학자들은 이 질문에 대한 답을 알아냈다. '걸 토크'에 대해 가장 잘 알려진 학자는 영국 로햄턴대학교 언어학자인 제니퍼 코츠Jennifer Coates다. 이제 칠십 대에 접어든 코츠는 젠더와 대화 방식에 관한 연구에 30년 이상을 헌신한 전문가이다. 그리고 그는 '걸 토크' 같은 단어를 절대 쓰지 않는다. 그의 작업은 여성이 여성들끼리만 있을 때는 다른 방식으로 의사소통한다는 발상을 지지하는 근거를 풍부히 제공한다.

몇십 년 동안 코츠와 동료들은 여성으로만 이루어진, 혹은 남성으로만 이루어진 발화 스타일의 다른 양상을 분석했다. 이를 '젠더어genderlects'라고 부른다. 다양한 나이, 인종, 문화, 섹슈얼리티, 사회경제적 계급을 분석하면서, 이 요소들이 변인으로 작용하는 양상을 관찰한다. 대화의 맥락 역시 당연하게 고려된다(발화는 이사회 회의실부터 브런치 식사 자리까지 다양한 곳에서 이루어진다). 이때 제법 꾸준하게 관찰된 결과가 있었다. 남성의 발화 스타일은 '경쟁적'인 데 반해서, 여성은 '협력적'으로 말한다는 것이다.

남자 대 남자가 대화하는 구술 기록을 몇백 개 분석하고 나면, 누가 지배적인 화자인지 알게 된다. 상황에 종속된 이들은 자기 차례를 기다린다. 이는 수직적 구조다. 그러나 여성들은 보다 수평적이고 유연한 방식으로 소통한다. 모두가 평등한 플레이어인 셈이다. 남성들이 대화를 개인의 성취를 겨루는 경기장으로 활용하면서 위계 구조를 만들어 내는 데 반해서, 여성들은 다른 화자의 말을 지지하고 연대를 구축한다. 따라서 여성들은 서로가 한 말을 점진적으로 쌓아 올린다.

여성과 남성의 발화에 대한 오해가 수없이 존재한다. 특히 그들이 대화하는 주제에 대해서 오해가 많다. 여성들은 '사람'에 대해 말하고, 남성들은 '생각'에 대해 말한다는 흔한 이야기를 알고 있을 것이다. 이 고정관념은 여성들이 모여서 하는 일이란 손톱을 칠하고, 베개 싸움을 하고, 좋아하는 연예인을 이야기할 것이라 가정하는 언어학적 비유에 해당한다. 게다가 미디어에 등장하는 주요한 인물들이 이를 재생산한다. 2016년, 작가인 앤드리아 울프Andrea Wulf는 프로이센 자연과학자인 알렉산더 폰 훔볼트에 대한 전기를 써서 영국 왕립학회가 과학 도서에 수여하는 상을 받게 되었다. 이때 《가디언Guardian》의 남성 기자는 여성들이 더 많은 과학 도서 상을 받게 된 까닭은 여성들이 과학에 대한 책을 썼기 때문이 아니라 "여자 과학 작가"들이 "남자 작가들은 문제, 미스터리, 발견되지 않은 과학적 영역을 다루는 데 반해서 사람에 초점을 맞추기" 때문이라고 했다. 진짜 발견을 하는 건 남자고, 여자들은 그저 그 이야기를 따뜻하게 만들 뿐이다.

제니퍼 코츠가 관찰한 대로, 여성들의 주제는 사람과 감정을 향하고 남성들은 스포츠,[27] 현안 등을 향하는 경향이 있는 게 사실이다(당연히 일반화해서 말한 문장이다). 하지만 이건 모

27 문화에 관해서 내가 가장 열 받는 사실 중 하나는 스포츠를 보고, 스포츠를 하고, 그에 대해 말하는 일이 뷰티나 패션에 대해서 말하는 것보다 중요하고 가치 있게 여겨진다는 사실이다. 나는 거의 모든 직원이 여자인 잡지사에서 일했는데, 상사는 남성이었다. 그때 남성들이 항상 스포츠를 언급하면서 남성성을 과시하며 멍청한 우리 여자들을 얼마나 우월하게 뛰어넘는지 증명하려고 안달하던 기억이 난다. 객관적으로 보았을 때, 월드 시리즈에서 누가 상을 탔는지에 대해 말하는 건 뉴욕 패션 위크에서 누가 가장 아름다운 옷을 입었는지 말하는 것보다 더 복잡할 게 전혀 없다. 그저 남성 중심성이 존재하기 때문에 남성이 하는 일이 더 중요하게 보일 뿐이다. (지금 내 귀에서 김이 나는 중이다.)

두 '생각'에 대해서 말하는 방식이다. 나는 최근 내 친구 세 명과 이야기하면서 그들의 주제가 다음과 같이 옮겨 간다는 걸 발견했다. 소셜미디어 중독, 성노동, 비거니즘, 금주, 박사 프로그램, 그리고 최근 로스앤젤레스에서 있었던 살인 사건. 이 모든 이야기는 내게 '생각'으로 들린다.

'사람 대 생각'이라는 개념이 저지르는 또 다른 일은 여성들이 말하는 건 한가롭고 사소한 '가십'이고, 남성들이 하는 건 '농담banter'—가십보다 정교하며 자리에 없는 사람 뒷말하는 비열한 짓은 절대 하지 않는—이라는 신화에 기여하는 것이다. 2011년 언어학자인 존 로크John L. Locke는 『듀얼과 듀엣: 왜 여자와 남자는 이렇게 다르게 말할까Duels and Duets: Why Men and Women Talk So Differently』라는 책을 썼다. 책에서 그는 "남성들이 적이나 경쟁자에게 할 말이 있을 때, 그들은 직접 가서 말한다"고 썼다.

오토 예스페르센과 같이, 로크는 이 진술에 대한 어떤 근거 자료도 갖추지 못했다. 그러나 가십이 목적 지향적인 행위라는 사실을 지지할 만한 자료는 충분히 존재한다. 우리의 언어학자 데버라 캐머런은 가십이 다음과 같은 세 목적에 복무한다고 말했다. 1) 사람들을 사회 구성원으로 유지하기 위해 개인적인 정보를 순환하기 2) 다른 사람들과 내집단을 형성함으로써 유대감을 유지하기 3) 특정 가치 혹은 규범에 대한 집단의 헌신을 공고히 하기.

이런 종류의 이야기는 당연하게도 여성만이 추구하는 목적이 아니다. 영어 코퍼스는 남성 대 남성끼리 일어나는 가십에 대해서도 무수한 사례를 제공한다. 아마도 가장 흥미로운 예시는 도널드 트럼프와 연예 프로그램 〈액세스 할리우드Access Hollywood〉의 전 호스트 빌리 부시가 2005년 연예인인 낸시 오델의 등 뒤에서 벌였던 대화의 녹음본일 것이다. 나는 이에 대해서 정치적으로 첨언을 했던 많은 사람들이 놓친, 이 가십의 교환에 존재하는 언어학적 역동을 중요하게 언급하고 싶다. 이 이야기를 다시 떠올릴 수 있도록 아래에 적겠다.

> 도널드 트럼프: 난 존나 들이댔어. 그런데 못 했지. 그리고 결혼한 거야. 그러더니 갑자기 가짜 가슴이랑 달고 나타난 거지. 완전 변했더라고.
> 빌리 부시: 와우, 죽여주네.
> 도널드 트럼프: 틱택[28]을 먹어야겠어. 키스를 하게 될 수도 있으니까. 알지, 나는 예쁜 여자한테는 자동으로 끌리잖아. 그러면 그냥 키스해. 자석같이. 그냥 해. 심지어 기다리지도 않아. 네가 스타라면 걔들은 그냥 그렇게 하게 냅둬. 뭐든지 할 수 있어.
> 빌리 부시: 원하는 건 뭐든.

28 역주: 입 냄새를 없애는 캔디

도널드 트럼프: 보지를 움켜쥐어.

빌리 부시: [웃음]

도널드 트럼프: 뭐든 할 수 있어.

2016년 이 테이프가 유출된 무렵, 백악관에 있던 모든 사람들부터 시작해서 주류 미디어에 이르기까지 트럼프의 말을 '더러운 발언'이자 그로테스크한 '섹스 과시'라고 이름 붙였다. 하지만 그가 한 일이 무엇인지를 정확하게 표현한 건 아닌 것 같다. 잘 보면 트럼프가 자랑을 하는 게 아니라는 걸 알 수 있다. 그는 자신이 여성을 유혹하지 못했던 사실에 대해서 말하고 있다. 트럼프는 자신의 말을 '라커룸 농담'이라고 말했는데, 사람들은 이 말을 놓고 의견이 분분했지만 사실 그 말은 트럼프가 한 행동에 초점을 좀 더 맞춘 범주이다.

'라커룸 농담'은 그저 가십의 조금 더 남자처럼 들리는 버전이다. 데버라 캐머런이 말했던 것처럼 그 자리에 없는 사람을 대상으로 친목을 다지는 행위인 것이다. 대화에 참여하지 않은 사람을 아웃사이더로 치부하고, 당황스러운 개인사를 늘어놓거나 일종의 신뢰를 교환하기 위한 날것의 언어를 말한다. 트럼프는 자랑으로 이야기를 시작하는 대신에 섹스를 하지 못한 여성과의 일화라는 보잘것없는 스토리를 드러내며 교환을 시작한다. 그러고 나서 여성의 외모를 폄하한다('가짜 가슴'). 그리고 "보지를 움켜쥐어"라는 말로 끝을 내는데, 빌리 부시는 이 말에 웃음을 터뜨린다. 여성혐오적인 언사의 목적은 일종의 유대를 만드는 의례인 것이다. 캐머런이 말했던 것처럼 "비밀을 공유하고, 공격적이거나 위반적인 단어를 공유하는 것은 일종의 친밀감을 형성한다. (…) 이 행위는 '이렇게 말함으로써 나는 너를 신뢰해, 그리고 이런 단어들을 사용함으로써 나는 너를 신뢰해. 난 이 말을 모두가 듣기를 원하지는 않아'라고 말하는 것이다". 그리고 이는 듣는 이로 하여금 상호호혜적인 반응을 요한다. 트럼프는 기혼 여성과 섹스를 하지 못했던 사건을 이야기하면서, 빌리 부시에게 취약한 고백을 통해서 소통을 하고, 둘은 이 이야기를 어딘가에 할 수 없는 사이가 된다. 분석적으로 말하자면 트럼프는 가십을 하고 있는 것이다. 어떤 시점에서는 모든 남성이 하는 일이다(내용이 이렇게까지 저열하지는 않겠지만 말이다). 가십[29]이라는 단어와 그 사소한 함의가 그저 여성의 것으로 환원되었을 뿐이다.

29 가십이라는 단어가 항상 부정적이거나 젠더화된 함의를 담고 있는 것은 아니다. 고대 영어에서 가십은 '갓 시블링god sibling', 즉 대형과 대제라는 뜻에서 왔다. 혹은 한 아이의 젠더 불특정적인 대모나 대부를 일컬을 때 하는 말이었다. 부분적으로 우리는 셰익스피어에게 책임을 물을 수 있다. 그가 단어의 격하를 끌고 왔기 때문이다. 그는 여성 인물(절대 남자는 아니다)에게 '가십'이라는 단어를 붙이면서, 부정적인 맥락에서 이를 사용했다. 예를 들어서 『타이터스 앤드로니커스Titus Andronicus』에 다음과 같은 문장이 나온다. "수다스러운 가십을 일삼는 그녀를 살려 우리들의 죄가 밝혀져도 좋단 말이오?"

여전히 현대 언어학자들은 여성 대 여성의 대화가 남성 대 남성의 대화와 어떤 부분에서 차이가 난다는 데 동의한다. 2004년, 제니퍼 코츠는 『여성, 남성, 언어Women, Men, and Language』라는 책을 쓰면서 모든 여성들이 언어 교환에 쓰는 암묵적인 기술을 드러냈다. 오토 예스페르센의 말과는 달리 이들의 기술은 언어학적으로 '천재'적이라 할 만했다.

코츠는 그의 책에서 '헤징hedging'이라고 불리는 기술에 대해 일반적으로 믿어지는 신화들을 깨뜨린다. 헤지는 '필러'라고도 불리는데, 말하자면 '있지just, 그치you know, 음well, 그래서so, 내 말은I mean, 그런 거 같아I feel like' 등이다. 소리 단위가 길지 않지만, 논쟁적인 언어들이다. 이를 공식적으로 처음 검열한 현대 언어학자는 UC 버클리의 로빈 레이코프 교수다. 1970년대, 레이코프는 헤지가 자신감이 없고 주저하는 상태를 나타낸다고 설명했다. 사회가 여성으로 하여금 신체적인 매력을 의심하게 하도록 가르치는 것처럼, "전통적으로 이 문화에서 여성은 자기 말의 정확성에 확신이 없는 사람으로 스스로를 표현함으로써 안도감을 얻었다"라는 것이 그의 생각이다. 레이코프에 따르자면, 주저하는 방식의 말하기를 따르는 여성들은 '있지, 알잖아' 같은 말을 첨가함으로써 그들의 대화에 있는 확신을 희석한다. ("**있지** 나는 아마도 금요일까지 데드라인을 미뤄야 **할 것 같아, 그치?**")

레이코프의 주장은 여성이 '있지', '그치' 같은 말을 너무 많이 넣는 행위는 사회에서 여성의 전반적인 위치에 도움을 주지 않는다는 것이었다. 오히려 여성이 자연적으로 온순하고 불안한 존재라는 고정관념을 강화하게 된다. 그렇기 때문에 그의 결론은 이런 문장으로 끝맺기를 멈춰야 한다는 것이었다. 당신이 여성이라면, 선생님이나 양육자로부터 비슷한 지적을 받아 봤을 것이다. 취업 면접이나 발표를 할 때 보다 '당당하고' '스스로에게 자신감'을 가져야 한다는 지적 말이다.

하지만 언어학자들은 이 헤지가 다양한 유형으로 존재하고 모두 같은 목적을 가진 게 아니라는 점을 밝혀냈다. 남성들도 여성들만큼이나 헤지를 사용한다. 그리고 여성들은 생각보다 자신감이 적다는 걸 드러내기 위해서 헤지를 사용하지 않는다(다음 장에서 말할 것이다). 사람들은 '있지, 내 말은, 그런 것 같아'와 같이 톤을 완화하는 헤징이 불확실성을 말한다고 오해하는데, 연구 결과는 이 단어가 다른 목적을 가지고 있다고 한다. 이 말들은 대화 속에서 신뢰와 공감을 형성하기 위한 것이다. 코츠가 설명하는 것처럼, 헤지는 "모든 참여자들의 욕구를 충족하기 위해서, 민감한 주제를 협상하기 위해서, 다른 이들의 참여를 북돋기 위해서" 사용된다.

이러한 대인관계적 도구는 대화를 하는 동안 민감한 영역으로 언제나 뛰어들곤 하는 여성들에게 무척 유용하다. 코츠는 1980년대 초에 악명 높았던 요크셔 리퍼 사건에 관해 여자 친구들이 나누는 대화에서 헤지에 대한 데이터를 수집했다. 이 발화자들은 경찰이 범인을 찾는 동안 대중들에게 가족들을 용의자로 여기게끔 하던 과정을 복기했다. 샐리라는 이름의 여성은 살인자가 피해자의 남편일 수도 있다고 잠시 생각했다고 말했다. 그 진술을 할 때의 헤지는 이렇게 드러난다.

"오, 맞아, **그러니까 내 말은**, 우리가 당시에 요크셔에 살았거든. **내 말은**, **내 말은**. 내가, 어, **뭐랄까**, 존일 수도 있다고 생각했던 거지?"

샐리가 보여 주는 이 헤지는 오토 예스페르센이 말한 대로, "자신이 무슨 말을 해야 할지 모르는" 태도에서 비롯되는 미결정적인 태도를 드러내는 게 아니다. 샐리는 자신이 무슨 말을 해야 하는지 정확히 알고 있었다. 하지만 그 주제가 너무 민감하기 때문에 '그러니까, 내 말은' 같은 말들을 함으로써 무감한 사람으로 보이지 않게 대화한 것이다. "이런 종류의 자기고백은 스스로에게 무척 위협적일 수도 있다." 코츠는 설명했다. "발화자들은 자기 언설을 방어hedge할 필요가 있다."

이는 매우 많은 상황에서 진실이다. 예를 들어서, "나는, **그러니까**, 네가, **음**, 치료사를 만나 보면, 좋을 것 **같아**"라는 말을 한다고 해 보자. 이 말은 "치료사에게 가 봐"라는 말보다 훨씬 부드럽고 수월하게 들린다. 후자의 말은 직설적이기는 하지만 마음을 열고 하는 대화의 맥락에서는 차갑게 느껴질 수 있다. 헤징, 즉 방어를 한 말들은 더욱 매끄럽고, 개방적이며, 듣는 사람의 관점을 초대하고, 다른 관점이 끼어들 자리를 마련해 준다('치료사에게 가 봐'는 다른 사람이 진입할 수 있는 공간을 많이 열어 주지 않는다).

기자인 앤 프리드먼Ann Friedman은 그의 가장 친한 친구인 기업가 아미나투 소Aminatou Sow와 함께 진행하는 〈절친에게 전화해Call Your Girlfriend〉라는 팟캐스트에서 헤지를 너무 많이 한다는 이유로 증오가 담긴 메일을 받았다는 이야기를 길게 쓴 적이 있다. 아이튠즈 리뷰어들이 그들을 비난하기 위해 남긴 리뷰 중에는 '칠판을 손톱으로 긁는 소리'라는 표현도 있었다. 2015년 프리드먼은 《더 컷The Cut》에서 언어학자들은 알고 있으나 프리드먼을 비판하는 사람들은 놓친 헤지에 대해서 방어했다. "언어는 항상 가장 깔끔하고 단순한 방식으로 정보를 전달하는 행위가 아니다. 언어는 관계를 만들어 낸다. 이는 다른 사람들을 이해하게 돕고, 다른 사람들에게 이해받는 행위다."

대화에서 여성들이 발휘하는 솜씨가 평가 절하되는 양상은 헤지에서 끝나지 않는다. 언어학자들이 '최소 반응minimal responses'이라고 부르는 것도 있다. 이는 코츠가 '적극적 청취'라고 이름 붙인 것을 보여 주기 위해 다른 사람들이 말을 할 때 '흠, 음, 맞아, 어'와 같이 반응하는 짧은 말들이다.

1995년 뉴질랜드의 사회언어학자 재닛 홈스Janet Holmes는 『여성, 남성, 정중함Women, Men and Politeness』이라는 책에서 티나와 린이라는 여성이 자신이 좋아하는 선생님에 대해서 이야기하는 대화를 인용한다. 티나가 말을 할 때, 린은 오른쪽 그림과 같이 대답한다.

티나의 말끝에 린의 맞장구가 삽입되는 방식은 대화의 흐름을 깨거나 방해하지 않는다. 그들은 발화자가 이야기를 발전시켜 나가는 방식을 도와준다. 그들 둘 다 대화가 생산적으로 이루어질 수 있도록 돕는 구성원이다. 모든 '으흠'과 '맞아'는 린이 담화에 참여하는 방식을 보여 주고, 이 내용을 지지한다. 그는 적극적 참여자이고, 단순히 티나가 대고 이야기하는 벽이 아니다.

이 짧은 문장에 대해 코츠는 "여성들이 최소 반응을 민감하게 사용하는 방식은 (…) 대화의 공동 참여자로서 그것이 어떻게 발전될지를 예측하는 성과를 가능하게 한다"라고 말했다. 텍사스대학교 샌안토니오캠퍼스(UT 샌안토니오)에서 아프리카계 미국인 언어를 연구하는 손자 레인하트Sonja Lanehart는 많은 흑인 공동체에서 쓰이는 아프리카계 미국인 방언AAVE의 여성 화자들이 최소 반응에 능숙하다고 말했다. "흑인 여성들 사이에 앉아 있으면, 수많은 이야기가 오가면서, '흠,

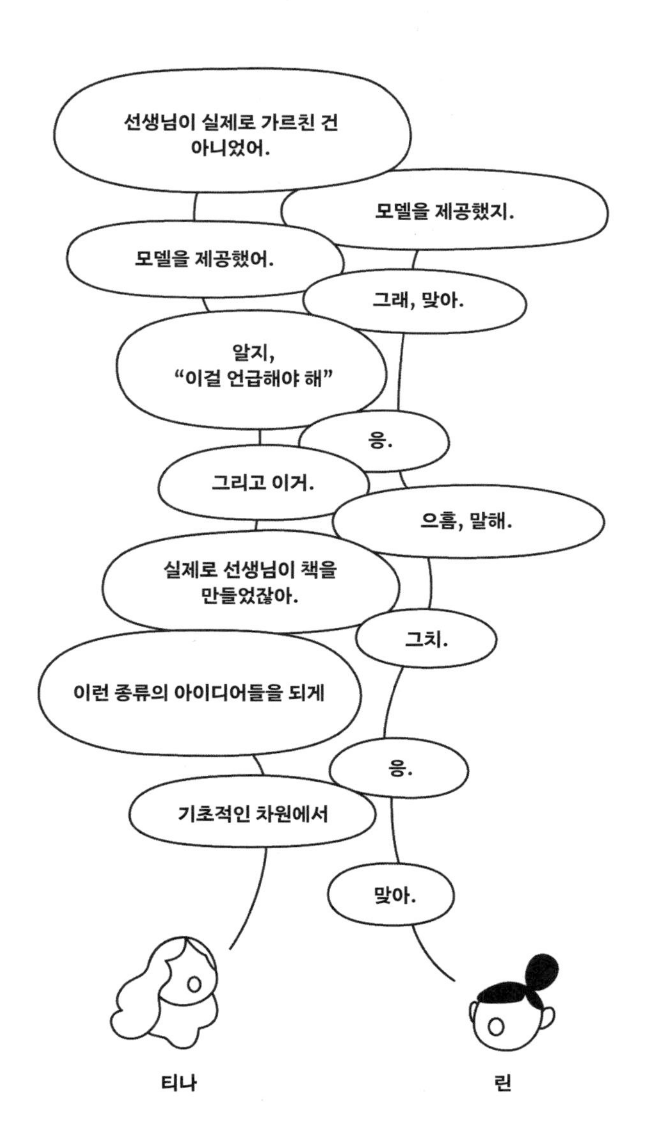
선생님이 실제로 가르친 건
아니었어.
모델을 제공했지.
모델을 제공했어.
그래, 맞아.
알지,
"이걸 언급해야 해"
응.
그리고 이거.
으흠, 말해.
실제로 선생님이 책을
만들었잖아.
그치.
이런 종류의 아이디어들을 되게
응.
기초적인 차원에서
맞아.
티나
린

맞아, 그래' 같은 말을 많이 듣게 된다." 손자는 말했다. "흑인 여성의 발화는 합의와 공동체 구성에 기반하고 있다."

여성들이 대화를 통한 연결을 갖기 위해 활용하는 또 다른 전략은 질문의 형식을 취하는 것인데, 이 역시 불안정함으로 오해되곤 한다. 레이코프 그리고 다른 영어권 화자들은 여성들이 '너무 많은' 질문을 한다고 평가한다. 이때에는 선언적인 기능을 하는 "저녁 먹으러 갈까?" 같은 질문부터 부가적인 "날씨 좋다, 그치?"도 전부 포함되어 있다. 이 질문은 전부 소극성을 보인다고 평가된다. 그러나 제니퍼 코츠의 연구가 보여 주길, 여성만 있는 공간에서 질문(부가적이거나 선언적이거나)은 새로운 주제, 다른 화자의 관점 확인, 이야기를 시작하는 협력적이고 편리한 기능을 한다. 이 기능은 그 자체로, 예를 들면 한 주제에 대한 서로 다른 경험을 이야기하는 상황에서 드러난다. 콘서트에 관해 이야기하는 상황을 예시로 들어보자. 모두는 같이 어떤 뮤지션을 보았던 이야기를 하면서 그룹 내 다른 구성원에게 이렇게 묻는다. "얘, 너 작년에 리애나 보지 않았어?" 혹은 "그, 왜, 너 격렬하게 춤췄던 그 대박인 쇼 뭐였지?"

코츠는 남성들이 서로에게 질문을 할 때(여성들만큼 질문을 하지만 불안정해 보인다는 비난을 받지 않는다), 그 기능은 정보를 묻고 답을 찾는 것이지만, 여성들에게 질문은 다른 기능을 한다는 걸 발견했다. 여성들은 다른 대화 참여자를 대화의 장 안에 올려 주고 흐름이 계속되도록 한다. 여성으로만 이루어진 대화에서의 이 섬세한 수평성은 누구도 주제에 대해서 독점적인 권한을 갖지 않도록 하고, 이때 질문이 이러한 요구를 실현하는 역할을 한다.

"정보를 찾는 질문을 피하는 여성들의 성향은 발화자를 '답을 아는 사람', 즉 전문가로 만드는 정보 탐색 질문의 역할과 관계가 있다." 코츠는 이렇게 설명한다. "친근한 대화에서, 여성들은 전문가 역할을 피하고 그에 상응하는 역할 역시 피하게 된다."

여성들의 대화는 또한 차례를 번갈아 맡는 구조, 코츠가 음악에서 잼 세션(jam session, 즉흥 연주)에 비견하는 방식의 구조를 띤다. "잼 세션으로 정의되는 특징들은……" 코츠는 말한다. "대화의 장이 모든 참여자들에게 동시에 열려 있다는 사실이다." 이 같은 대화에서, 아마도 대화가 겹치거나, 누군가가 반복적으로 말하거나, 각자의 말을 다시 하는 것을 볼 수 있을 것이다. 모든 사람들은 의미를 함께 구성하고, 따라서 한 번에 한 명만 말하는 규칙은 적용되지 않는다. "동시적 발화는 이해를 해치지 않는다." 코츠는 설명한다. "오히려 그 반대로 주제에 대한 다층적인 발전을 가능하게 한다."

이런 잼 세션 구조는 남성들 사이에서는 거의 보기 어렵다. 사실상 코츠는 남성의 대화에서 가장 두드러지는 특징 가운데 위계 구조의 유지를 돕는 특징으로 번갈아 하는 독백을 꼽았다. 혹은 한 명이 어떤 끼어들기, 최소한의 반응조차도 허용하지 않고 혼자서 긴 시간 발화를 독점하는 현상이다. 이는 '전문가 흉내 내기' 혹은 특정 주제에 대한 개인의 지식을 전시하는 방식이다. "남성 대다수는 한 번에 한 명씩 말하기 모델을 택하기 때문에, 말이 겹치는 건 비정상적인 상황이며, 판을 빼앗으려고 드는 부당한 시도로 해석된다." 이런 이유로 남성들은 여성의 잼 세션 방식의 대화 겹치기를 무례한 침입으로 해석한다. 1992년 언어학자 매리 탤벗Mary Talbot은 이성애 커플 두 쌍의 더블데이트를 녹음했다. 대화는 한 남성이 공항에서의 경험을 이야기하고 그의 여자 친구가 첨언하는 식으로 이루어졌다. 그러다가 그 남자가 이렇게 말한다. "그만 좀 끼어들어!" 그가 재즈를 좀 알았으면 좋았을걸.

전부 여성으로만 이루어진 대화의 기록을 보기만 해도 잼 세션이 무엇인지 금방 알 수 있다. 예를 들어서, 오른쪽에 나오는 제니퍼 코츠가 수집한 대화 자료를 보라. 코츠와 네 명의 발화자가 어떻게 유인원이 언어로 소통하는지에 관해 이야기하고 있다.

너드를 군침 돌게 하는 이 언어 교환의 장면은 코츠가 묘사한 잼 세션의 요소들을 많이 가지고 있다. 메그, 메리, 베아,

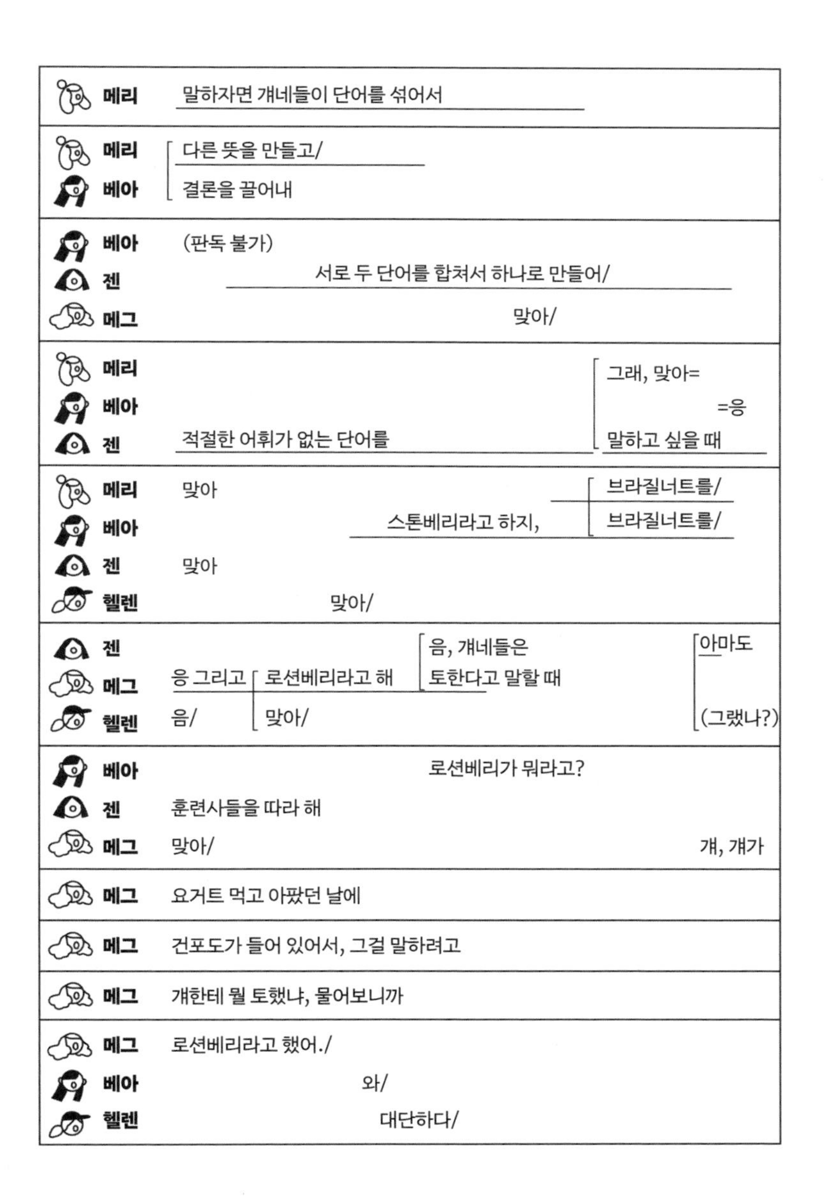

메리 말하자면 걔네들이 단어를 섞어서

메리 다른 뜻을 만들고/
베아 결론을 끌어내

베아 (판독 불가)
젠 서로 두 단어를 합쳐서 하나로 만들어/
메그 맞아/

메리 그래, 맞아=
베아 =응
젠 적절한 어휘가 없는 단어를 말하고 싶을 때

메리 맞아 브라질너트를/
베아 스톤베리라고 하지, 브라질너트를/
젠 맞아
헬렌 맞아/

젠 음, 걔네들은 아마도
메그 응 그리고 로션베리라고 해 토한다고 말할 때
헬렌 음/ 맞아/ (그랬나?)

베아 로션베리가 뭐라고?
젠 훈련사들을 따라 해
메그 맞아/ 걔, 걔가

메그 요거트 먹고 아팠던 날에

메그 건포도가 들어 있어서, 그걸 말하려고

메그 걔한테 뭘 토했냐, 물어보니까

메그 로션베리라고 했어./
베아 와/
헬렌 대단하다/

헬렌은 예, 음, 맞아와 같은 최소 반응을 보이면서, 다른 화자들로 하여금 확신을 주고 대화를 진행하게 한다. 대화에서 보면 메리와 베아가 서로의 말을 반복하고, 서로의 문장을 끝마치고, 유인원이 '브라질너트'를 어떻게 나타내는지 함께 이야기한다. 오토 예스페르센이 『언어』에 쓴 성질나는 문장 중에 이런 말이 있다. "여성 중에는 언어학 애호가가 별로 없다." 확실히 그가 주의를 기울이지 않은 것이다. 다행히 제니퍼 코츠가 있었다.

왜 여성들이 이렇게 협력적인 방식으로 이야기하는가에 대해서 학자들은 몇 가지 이론을 제시한다. 가장 멍청한 이론은 존 로크가 제시했다. 여성들은 '자연적으로' 더 평등하게 진화했다는 것이다. 마치 기린이 긴 목을 가지도록 진화했듯이. 로크의 주장은 여성들이 사람들 등 뒤에서 말하기를 좋아하고 다른 사람들에 대해서 수다를 떠는 것이 우리 조상들이 가정 내 공간—부엌, 식탁—에 갇혀 있으면서 다른 사람들과 친밀감을 형성하게 되었기 때문이라는 것이다. 결국은 부엌이나 식탁에 있으라는 말이다. 로크는 또한 남성의 경쟁적인 발화 방식이 "공격하고 지배하도록 선택되고, 그럼 결국 서로를 죽일 수 있기 때문에 목표를 달성하기 위한 더 안전한 방식을 필요로 했기에" 생겨났다고 말한다. 그러니까 남성은 무기 대신 단어를 사용해서 서로 결투를 한 셈이다. 이런 반목은 언제나 승자와 패자를 낳고, 결투라는 전통이 끝난 뒤에도 남성들은 여전히 이렇게 말을 한다. 아니면 로크의 이야기가 그렇게 흘러가는 것이거나.

젠더화된 언어 차이에 대해 이렇게 허울만 번드르르하지 않은 설명도 존재한다. 하나는 언어학자 데버라 태넌Deborah Tannen이 1990년에 쓴 베스트셀러 『그래도 당신을 이해하고 싶다: 말만 하면 다투는 커플들의 필독서You Just Don't Understand: Women and Men in Conversation』이다. 책에서 태넌은 아동기 초기에 여성과 남성이 서로 다른 가치체계로 만들어진 서로 다른 문화를 살아가도록 사회화되었다고 말한다. 그렇기 때문에 서로 다르게 이해하고 자라나는 것이다. 더 나을 것도 못할 것도 없이, 그저 다르게. 그 결과로, 남성들의 대화 목표는 정보를 소통하는 것이지만 여성들은 연결을 추구하게 되었다.

더 복잡한 이론은 여성의 대화 스타일이 우리 문화에서 여성들의 위치를 반영하는 대처 전략으로 발전했음을 시사한다. 이 주장은 재닛 홈스에게 영감을 받아 생겨났는데, 홈스는 우리 사회가 여성들로 하여금 감정 노동자가 되어 눈물을 받고 감정의 짐을 지도록 요구했다고 말한다. 그렇기 때문에 여성들이 수평적인 방식으로 함께 이야기할 때면, 많은 사람들이 이 기대를 동시에 횡단하면서, 자신들이 끝내주게 잘하는 일들을 수행하면서 그 상호작용이 오가는 걸 즐긴다는 것이다. 더 안전하게 말해 보자면 다른 여성으로부터 진정한 공감과 연대를 경험한 사람들은 그 경험이 꽤나 만족스러운 감정을 준다는 걸 알 것이다.

자, 여성들이 '날 때부터' 더 공감적인지 아닌지는 말하기 어려운 점이 있다. 하지만 전문가들은 이에 의구심을 품는다. 2017년, 젠더 사회학자인 리사 휴브너Lisa Huebner는 《하퍼스바자Harper's Bazaar》에서 우리가 여성들이 '항상, 자연적으로, 생물학적으로, 남성보다 더 감정을 잘 느끼고 표현한다'고 말하기를, 그러니까 그렇게 해야 할 책임이 있다고 말하기를 그만두어야 한다고 말했다. 물론 어떤 사람들은 개인적인 성격 때문에 다른 사람들보다 감정 처리를 힘들어한다. 그렇지만 휴브너는 "이 능력이 생물학적으로 결정된다고 말할 어떤 명확한 근거도 아직 없다"라고 말한다.

심리학자 나이오비 웨이Niobe Way는 여성들이 남성보다 더 공감을 잘하거나 연결을 잘하는 능력을 갖지 않았다는 매력적인 증거를 제시한다. 2013년, 웨이는 『중대한 비밀: 남자아이들의 우정과 연결의 위기Deep Secrets: Boys' Friendships and the Crisis of Connection』라는 책을 냈다. 이 책은 젊은 이성애자 청년들의 우정을 탐구한다. 웨이는 아동기부터 청소년기 소년 집단을 추적하여 그들이 어렸을 때, 소년들의 우정이 소녀들 사이의 우정만큼이나 친밀하고 감정적이라는 것을 밝혀냈다.

남자아이들 사이로 남성성의 규범이 스며들면서 다른 이들을 향해 취약한 감정을 드러내는 일을 멈추게 하기 전까지는 말이다. 18세가 되면, 사회가 펼치는 '호모는 안 돼'라는 신조가 너무나 깊이 뿌리박혀, 그들에게 감정적 지지를 찾을 수 있는 상대는 여성밖에 없는 것처럼 느끼게 한다. 또한 이후에는 여성이 인간의 감정적 짐을 지도록 설계되었기 때문에 이를 떠맡아야 한다는 개념이 영속화된다.

그러나 자연적이든 아니든 간에, 확실한 건 여성들의 협력적인 발화 방식이 어디서 비롯됐든 많은 여성들이 이를 잘하는 듯 보인다는 점이다. 많은 여성들이 공감과 협업 능력을 얻으려고 적극적으로 선택한 게 아니지만, 그걸 잘한다고 해서 탓할 수 없는 일이다.

물론, 여성들이 서로를 매 순간 돌보는 것은 아니다. 1994년 언어학자인 가브리엘라 모던Gabriella Modan은 여성의 언어적 '심술'에 대해서 연구했다. 그는 유대인 여성들 사이에서, 여성 간의 대화가 이루어지는 동안 표준적인 '협력적 모델'이 적용되지 않는다는 걸 발견했다. 대신 유대인 여성들은 '대립'(자매들처럼 심술궂게 서로 쪼는 일)을 통해서 언어적으로 유대를 쌓았다. "대립적 발화는 친밀성을 형성한다. 이는 그들의 유대가 심각하게 다른 의견 차이를 받아들일 정도로 강하다는 뜻이기 때문이다." 모던은 이렇게 말했다. ("그렇지." 유대인 가모장 가운데 한 명인 프랜시 이모는 몇 년 전 추수감사절에 이 보고서를 요약해서 들려주는 내 말에 동의했다. "거의 모든 말에 서로 반대해서 얘기를 할 수가 없는 지경인 친구들이 몇 있어. 완전 사랑하는 사이지.")

또한 가부장제의 눈을 피해서 여성—유대인 혹은 비유대인—에게 부여되는 언어적인 기대를 배반하는 방식의 대화도 있다. 1996년, UT 샌안토니오의 언어학자 알리사 브라운Alysa Brown은 여성 테니스 팀의 대학 선수 여덟 명의 자연적 발화를 연구하고, 선수들끼리 대화를 할 때 남성들이 하는 것처럼 서로 호전적으로 말하고 자랑한다는 걸 밝혀냈다. 한 여성은 대화에서 다른 선수들에게 자기 게임이 얼마나 잘 굴러갔는지 말하면서 "난 완전 멋졌어. 나는 놓친 게 없었다고. 다른 선수가 너무 못해서 내내 웃었어"라고 말했다. 또한 이 선수들은 불경스러운 말을 더 많이 쓰고 협력적 질문은 덜 했다. 그러면서 그들은 코츠가 발견했던 잼 세션식으로 대화를 이어 갔다. 모든 걸 고려해 보면, 이 여성들은 남성적이고 여성적인 발화 방식을 섞어서 쓰는 것으로 나타났다.

여성이 전통적으로 여성적이고 남성적이라고 알려진 대화 방식을 둘 다 사용한다는 관점은 무척이나 흥미롭다. 왜냐하면 이 주장은 애초에 여성적 발화가 무엇이냐는 질문을 하게 하기 때문이다. 이 선수들의 언어적 다양성은 단순히 저속하고 남보다 앞서기를 자극하는 대학 스포츠의 경쟁적 환경에서 비롯됐을까? 아니면 이들이 동료들 간에 서로 편하게 느끼기 때문에 검열하지 않은 자아를 내놓은 결과일까? 만일 그렇다면, 항상 편안하게 느끼는 상황에서 여성의 발화는 어떻게 들릴까?

연구자들은 여성이 필터를 거치지 않고 하는 말이 어떻게 들릴 것인가에 대한 희미한 빛줄기를 발견했다. 내가 볼 때마다 웃게 되는 연구 결과가 있다. 1990년대에 사회학자인 제니 쿡검퍼즈Jenny Cook-Gumperz는 유치원에 다니는 세 살짜리 아이들 세 명의 대화를 녹음했다. 친구 사이인 아이들은 소꿉놀이를 하면서, 인형을 아기라고 말하며 엄마 놀이를 했다. 가정 안에 있는 상상으로 연기를 하는 건 그 나이 또래의 여자아이들이 많이 하는 놀이다(내가 해 봐서 안다). 쿡검퍼즈는 엄마-아이의 구조가 어린 소녀들로 하여금 '여성으로서의 젠더 역할을 탐색'하게 해 주기 때문에 이렇게 한다고 설명했다. 좋은 엄마가 되는 게 좋은 여성이 되는 일의 일부라고 가르치는 문화 속에 사는 한 이 말은 맞는 말이다. 소꿉놀이는 이를 탐색하게 해 준다.

그러나 누구도 주의 깊게 보지 않아서, 그리고 '나쁜 엄마'가 되는 일의 끔찍함이 아이들의 뇌리에 아직 새겨지지 않아서, 이 어린 소녀들은 놀이 속에서 '완벽한' 엄마를 수행하지 않는다. 사실, 오히려 아이들은 양극단을 실험하는 것처럼 연기를 한다. 쿡검퍼즈의 녹음 속에서 세 아이는 아기를 씻긴다. 한 명은 물이 뜨겁다고 말한다. "아가를 삶아!" 친구가 말한다. "그래! 그래!" 다른 한 친구가 꽥꽥댄다.

이 노골적인 살인 시도와 비정한 모성은 무서운 동시에 웃긴다. 으스스하게도 내 유년기 기억 속에 비슷한 장면이 있다. 유치원 쉬는 시간에 나는 엄마 역할을 했고 다른 친구에게 지하 감옥에 갇힌 아기 역할을 하라고 강요하며 내가 나오라고 말할 때까지 미끄럼틀 아래에 있으라고 했다. "난 네 주인이야!" 나는 소리 질렀다. (혹시 도미나트릭스라는 천직을 놓친 걸까?)

그러나 아이들만 이렇게 말하는 게 아니다. 1999년 코츠는 서로 몇 년간 친했던 삼십 대 영국 여자 친구들의 대화를 살폈다. 그들은 또 다른 친구의 버릇없는 아이들에 대해 말하면서 그 아이들에 대해 어떤 부정적인 말도 해선 안 되는 느낌이라고 이야기한다. ("부인할 수 없는 사실이다." 코츠는 말한다. "여성으로서 살아가는 짐 가운데 하나는 좋은nice[30] 사람이어야 한다는 명령이다.") 그러나 사적인 대화 속에서 여성들은 가드를 내려놓고, 숙녀답지 않은 진실로 하나가 된다. 이 아이들을 두고 '끔찍하고' '형편없다'고 말하는 것이다.

30 격상의 또 다른 예시 중 하나다. 중세 영어에서 '나이스'란 단어가 멍청하다거나 바보라는 뜻이라는 걸 알고 있었는가? 12세기 고대 프랑스어를 거쳐서 우리의 언어에 들어오게 되는데, 이 단어는 촌스럽고 약한 사람을 일컫는 말이었다. 수백 년이 지나면서 수줍고, 까다롭고, 우아하고, 사려 깊다는 뜻으로 조금씩 변하게 된다. 1830년이 되기까지 이 뜻은 그리 긍정적이지 않았다.

언어학자들은 이런 식의 상호적인 고백이 더 큰 목적을 달성하게 한다고 한다. 바로 여성들 간의 유대를 강화하는 것이다. "상호적으로 '그다지 좋은 사람이 아님'을 인정하는 행위, 그리고 금기된 감정을 공유하는 일은 유대를 강화한다." 코츠는 이를 '무대 뒤 이야기'라고 말한다. "무대 뒤 이야기에서 여성들은 무대 앞에서 유지해야 하는 '좋은 사람'으로서의 긴장을 내려놓고 이완된 태도를 보인다. 무대 뒤에서 '나쁘게 행동'하는 것은, 우리가 덜 착하고 더 무례하고 비사교적이라는 느낌을 주면서, 친구들에게 수용되고 심지어 환영받는다."

여성의 무대 뒤 이야기는 도널드 트럼프의 〈액세스 할리우드〉 테이프 속 음란한 농담과 그리 다르지 않다. 서로 동화되고 가까워지기 위함이다. 트럼프 식의 말하기는 다른 차원에서 무척 다르다. 라커룸 농담에서, 연대는 진실된 고백으로 이루어지는 게 아니다. 그저 언어의 무신경함 자체로 얻어지게 된다. 그런 이유로, 발화자가 스스로 무슨 말을 하는지 알건 모르건 상관이 없을 때도 있다. 트럼프는 아마 여성의 '보지'를 '움켜쥐지' 않았을 수 있지만, 빌리 부시와의 대화 속에서 그 말을 했다는 게 중요하다. 나는 아마 성차별적인 남성의 50퍼센트 정도가 라커룸에서 하는 대화대로 실제 행동하지 않으리라는 데 내기를 걸 수 있다. 유대를 쌓고자 하는 노력 속에서, 그들은 저급해진다.

이때 큰 문제는 그들의 언설이 사실이냐 아니냐가 아니다. 일상적인 대화(다른 때에는 '좋은 남자들'조차) 속에서 여성들을 향한 성적 공격이 교환됨으로써 이런 일이 있을 수 있다는 생각이 강화된다는 게 문제다. 캐머런이 말한 대로, "일군의 사람들을 물화하고 비인간화함으로써"—그 대상이 여성이거나 인종적 소수자거나 둘 다거나—"그런 행위를 죄책감 없이 하기 쉽다". 학자들은 이런 사회적 구조, 즉 바깥에 있는 사람들을 물화하고 비인간화하면서 형제애를 쌓는 행위에 대한 더 명석한 단어를 만들었다. 바로 '프라트리아키fratriarchy'이다. 많은 이들은 이것이 봉건제 이후의 우리 문화를 더 잘 설명하는 정확한 방식이라 본다. 아버지가 아니라 형제라는 또래 관계 내에서 통치가 이루어지기 때문이다. 여성적인 모든 것을 타자화하는 무대 뒤 대화는 프라트리아키를 굳건하게 한다. 특히 더 가까운 집단인 경우, 예를 들어 도널드와 부시 같은 사이라면, 이의를 주장하기가 더 어렵다. 연대를 거부하고 이에 따라오는 힘을 포기해야 하는 위험이 있기 때문이다. 그렇기 때문에 빌리 부시처럼, 그냥 웃는 거다.

여성 간의 연대는 그렇게 만들어지지 않는다. 여성들은 사회 구조에서 하위에 위치하고, 잃을 힘이 더 적기 때문에, 그들의 대화에서의 유대는 젠더 역할에 반기를 들었다는 사실을 인정하면서 만들어진다. 그렇기 때문에 여성들이 집단 내에서 대화를 통해 연결된다고 하면, 그들이 하는 말은 100퍼센트 진실되어야 한다. 그렇지 않다면 공유할 가치가 있는 비밀이 아니므로 목적을 달성할 수 없다.

결국 우리가 얼마나 많은 코퍼스를 쌓고 많은 연구를 하건 간에, 여성 간에서 이루어지는 가감 없는 대화가 어떻게 들리는지를 알 수는 없을 것이다. 여성들이 긴장을 가장 많이 푼 상황에서도 사회의 기대는 계속해서 그들의 머리 위에 떠 있고, 여성들은 자기 자신, 혹은 상대가 말하는 방식을 무대 뒤에서도 거듭 확인하곤 한다. 코츠는 자신의 녹음 자료에서 예를 하나 들었는데, 한 십 대 소녀가 자기 반 소년에 대해서 '헤어 젤을 음모에 바르고 그걸 빗는' 판타지를 가지고 있다고 밝히니 다른 한 친구가 "로라!" 하고 질책하는 톤으로 말하는 내용이다. 여성들을 '정상'이고 '착하게' 위치 짓는 압박은 누가 듣지 않아도 항상 구속적인 요소로 작용한다. 코츠는 말한다. "우리 중 누구도 이런 요구에 직면하지 않은 사람은 없다."

여성들이 다른 여성들 앞에서 가드를 완전히 내릴 수 있다고 하더라도, 어떤 맥락에서 자신들의 젠더 수행에 대한 어떤 버전들을 남겨 두고 있다는 개념에 대해 어떻게 생각해야 할지 모르겠다. 한편으로, 나는 이 생각이 오히려 아름답다고 생각한다. 비슷한 경험을 하는 사람들끼리 모여, 연결되고 이해받는다고 느끼는 미묘한 언어학적 단서를 활용할 수 있으니까. 하지만 동시에 이 말은 우리가 그런 환경 외부에다 무언가를 숨겨 놓고 있다는 뜻이 아닌가?

이 생각 속에서 갈등하는 건 나만이 아니다. 코츠도 비슷하다. 1999년 그는 이렇게 썼다. “무대 뒤에서 대안적이고 전복적인 여성성을 공공연하게 표현하는 것이 무대 앞 수행의 좌절에 대한 배출구 역할을 함으로써 이성애 가부장 질서를 영속시키기만 할지, 아니면 이런 무대 뒤에서의 리허설이 결국 새로운 무대 위 퍼포먼스를 만들 수 있을지 지켜볼 일이다.”

수년 전 뷰티 잡지에 기고할 때, 완벽한 화장을 해야만 침실에 간다는 사십 대 메이크업 아티스트에 대해 들었다. 그의 남편은 부인이 립스틱, 아이섀도, 마스카라를 하지 않은 걸 본 적이 없다. 부인은 가장 단정한 모습이 아닌 어떤 것도 남편에게 보여 주지 않았다. 새벽 4시에도 철저히 무대 앞면만을 보여 주는 것이다.

성공에 대해서 자랑하고, 아이들에 대해서 험담을 하는 일은 완벽하지 않은 얼굴을 보여 주는 것과 같은 일이다. 나는 만일 모든 여성들이 마스카라를 바르는 일에서 은퇴한다면 어떤 일이 일어날지 궁금하다. 그저 자신감에 가득 찬 오토 예스페르센과 존 로크로 하여금 우리가 딱 남성들만큼이나 날것의 인간이며 딱 남성들만큼이나 훌륭하다는 걸 알게 하기 위한 이유만으로 그렇게 한다면 말이다. 더도 덜도 말고.

남자 언어학자들만 여성의 발화에 대해 지나치게 자신만만한 믿음을 갖고 있는 게 아니다. 매일 모든 종류의 사람들이 여성들, 특히 젊은 여성들이 어떤 언어를 사용하는지에 대해 거짓되고 비난 어린 결론을 내린다. 여러분은 멍청하게 들리니까 '그니까'를 너무 많이 쓰지 말라는 말을 들어 본 적이 있는가? 혹은 그렇게 많이 사과하지 말라는 말은? 35세 이하 여성이라면 그럴 수 있을 것이다. 혹은 스스로에게 이런 평가를 할 수도 있다. 당신이 그랬다 하더라도 비난할 생각은 없다. 우리 영어권 화자들은 빌리라는 이름의 34세 TV쇼 호스트나 64세 NPR 리포터인 밥(곧 이야기할 거다)처럼 말하지 않으면 거들떠보지도 말라고 훈련받았기 때문이다.

그러나 오늘날 가장 예리한 언어학자들은 자료에 근거해서, '십 대 여자애들이 말하는 방식'이라고 알려진, 가장 추하고 조롱당하는 발화가 근미래에 표준 언어가 향하게 될 방향이라고 말한다. 어떤 면에서 이 일은 이미 일어나고 있다. 그리고 그러한 일들은 중년 남성을 무척 심술궂게 만들 것이다.

4장

여성들은 영어를 망치지 않았다 - 그들은, 그니까, 영어를 발명했다

4

2013년, 밥 가필드Bob Garfield는 격분한 상태였다. "천박하고," 그는 마이크에 대고 말했다. "역겹군요." 나는 〈렉시콘 밸리 Lexicon Valley〉라는 언어를 주제로 한 NPR 팟캐스트를 듣던 중이었다. 58세 가필드의 얼굴을 직접 보지는 못했지만, 그의 목소리에서 드러나는 경멸로 보건대, 그의 얼굴을 그릴 수 있었다. 희끗희끗한 흰머리에 코듀로이 소재 옷을 입고 있겠지. 이날의 주제는 가필드가 '짜증난다'고 말하는 언어 현상에 대한 것이었다. 그는 "미국인이 많은 곳에다가 지팡이를 휘둘러서 이 현상을 없애 버리고 싶다"고 했다. 이 현상이 '오직' 젊은 여성들에게서만 일어난다는 것이 참으로 이상한 일이었다. 그는 공동 진행자인 마이크 부올로Mike Vuolo에게 확신을 갖고 말했다. "[이를 입증할] 어떤 자료도 없어요. 그렇지만 내가 맞는다는 걸 압니다."[31]

대체 여성들만 한다는 이 현상이 뭔지 짐작이 가시나? 바로 '보컬 프라이vocal fry', '갈라지는 음색'이라고도 불리는 현상이다. 아마 들어 보았거나 본인도 하고 있을 수 있다. 보컬 프라이는 탁하고 낮은 음색의 목소리로 문장 끝에서 말소리가 잦아들 때 많이 나타난다. 화자들이 성대를 누르고 공기의 흐름을 줄이게 되면 후두부의 진동이 일어나면서 목소리가 갈라지게 된다. 녹슨 문 혹은 멕시코 악기인 귀로의 거슬리는 소리 같기도 하다. (당시 진행자들은 보컬 프라이에 대해 말하면서 '밸리 걸'[32]이나 킴 카다시안의 목소리를 예시로 들었다. 사실상 이 현상은 모든 젠더와 지역에서 나타나지만 통상 '밸리 걸 말하기'라고 불리고 있다. 여기에 대해서는 다시 다루어 보겠다.)

가필드는 최근 보컬 프라이가 십 대, 이십 대 여성들 사이에서 많이 등장하고 있다고 했다. 그는 이 현상이 "무분별한 짓거리"에 불과하며, 영어를 망치고 있다고 했다. 이를 증명하기 위해서 그는 11세 딸을 마이크 앞으로 불렀다. "아이다, 끔찍한 짓이다."

31 컬럼비아대학교의 언어학자 존 맥워터John McWhorter가 2016년 〈렉시콘 밸리〉를 맡게 되었다. 다행히 그는 어떤 것이 옳다고 하기 전에 자료를 수집하는 사람이다.

32 역주: 1980년대에 미국 서부에서 등장한 사치스러운 중상류층 젊은 여성 집단을 일컫는 용어.

이 팟캐스트 이후로, 보컬 프라이를 조롱하고 설교하는 미디어가 늘어났다. 나이 들고 현명한 남성들만큼 우아하게 소통하지 못하는 젊은 여성의 무능력을 뜻하는 대중적 상징이 되었다고 할까. 2014년 《애틀랜틱Atlantic》은 보컬 프라이를 쓰는 여성들이 고용될 확률이 낮다는 보고서를 발표했다. 2015년 《바이스》의 남성 리포터는 「스피치 전문가에게 보컬 프라이를 고치러 간 내 여자 친구」라는 기사를 썼다. 같은 해에 저널리스트 나오미 울프Naomi Wolf는 《가디언》에 「젊은 여성들이여, 보컬 프라이를 버리고 강한 여성의 목소리를 되찾아라」라는 기사를 실었다. "보컬 프라이는 목 뒤에서 쉰 듯한 소리를 낸다. 마치 밸리 걸이 밤새 소리를 지르다 목이 쉬기라도 한 것처럼."

나는 고등학교 때 보컬 프라이를 했다고 남자 교사에게 혼난 적이 있었다. 그는 내가 계속해서 이런 목소리로 성대를 오염시키면, 절대 브로드웨이에 갈 수 없을 거라고 말했다. (내가 그래서 〈해밀턴Hamilton〉에 캐스팅이 안 됐나?)

물론 보컬 프라이는 젊은 여성의 발화에서 유일하게 잘못된 현상이 아니다. 밥 가필드 일화와 비슷한 시기에, 인터넷은 '여자어lady language'라고 말하는 것에 집단적으로 놀라고, 기사들은 여성들의 발화로 특징되는 것들을 분석하느라 혈안이 되었다. '그니까like'를 모든 단어 뒤에 쓴다는 게 주된 예시다. 사과를 너무 많이 하는 것도, 과장된 인터넷 용어를 쓰는 것도('OMG, 나 완전 죽어'), 말끝을 올려 의문문처럼 들리게 하는 '업토크uptalk'도.

갑자기 여성이 어떻게 말해야 하는가에 대한 근거 없는 유사 페미니즘적 주장이 잡지와 유명 브랜드에서 유행이 되었다. 2014년 헤어 제품 회사인 팬틴은 여성들로 하여금 매순간 '미안'을 붙이지 않도록 격려하는 광고를 냈다(머리카락뿐 아니라 말하기에도 변신이 필요하다 이거다!). 일 년 뒤, 《타임Time》과 《비즈니스인사이더Business Insider》 같은 매체는 여성들이 말꼬리를 올리는 것이 자신 없어 보이고 자기를 너무 의식하는 것 같아 보인다고 말하기 시작했다. **"아가씨! 직업이든 남편이든 얻고 싶다면 그렇게 말하는 걸 멈춰야만 해!"** 인터넷에서는 이렇게 소리를 지른다.

이렇게 미디어가 야단일 때, 나는 이십몇 살 먹은 여성이었다. 온갖 기사와 광고가 주된 목표로 삼는 딱 그 대상이었다. 그리고 나는 세 가지 질문거리를 갖고 있었다. 1) 보컬 프라이와 업토크, 즉 말꼬리를 올리는 행위가 정말로 젊은 여성에게서만 나타나는지 2) 그렇다고 한다면 그 행위의 목적은 무엇인지 3) 왜 모두가 이걸 이렇게나 싫어하는지.

이 헤어 제품의 광고 문안 작성자와 잡지 기자들은 자신들이 이런 메시지를 창안해 냈다고 생각하겠지만, 사실 젊은 여성들이 어떻게 말해야 하고 말하지 말아야 하는가에 대한 이야기는 이미 40년 전부터 나왔다고 UC 버클리의 로빈 레이코프가 밝힌 바 있다. 레이코프의 1975년 책 『언어와 여성의 자리』가 이룬 공헌 중에 가장 잘 알려진 것은 '여성의 발화'로 관찰되는 목록을 만들었다는 사실이다. 이는 이전에 오토 예스페르센이 '여성' 장을 썼던 데 대한 페미니스트 비슷한 관점에서의 비틀기라고 할 수 있다. 레이코프는 숙녀들의 언어 목록을 다음과 같이 작성한다. 과도하게 사과하는 경향, '속 빈' 형용사("이 초콜릿 무스 엄청나"), 무지막지하게 정중한 태도('이렇게 한다면 혹시 실례가 될까요'), 강한 강조('나 이 쇼를 완전 사랑해'), 간접적 요구('소포 좀 가져다줄래?' 대신 '소포가 아직 아래층에 있는 거 같아'), 문법의 과잉 정정('나랑 너가' 대신 '나와 네가'), 헤징

('아니', '있지'), 부가의문문('영화 좋았다, 그치?'), 그리고 욕설의 회피('이런 씨발' 대신 '맙소사').

레이코프는 여성들이 남성보다 이런 언어적 특질을 더 활용하는 이유가 여성들은 공손하고 불확실한 존재로 자신을 드러내야 한다는 문화적 기대가 있으며 이에 맞춰 사회화됐기 때문이라고 주장한다. 레이코프의 주장에서 좋은 점은 언어와 사회적 권력의 관계에 전례 없던 초점을 맞췄다는 데 있고, 발화가 젠더 스테레오타입을 영속화할 수 있다는 발견에 이르도록 길을 밝혀 주었다는 데 있다. 이전에는 어떤 언어학자도 사람들이 사용하는 어조나 질문의 유형이 발화자의 젠더에 대한 메시지를 주며, 발화자에게 존중과 권위에 대한 접근을 허락하거나 막는다고 논한 적이 없었다. 그러나 레이코프가 틀린 점은, 여성들이 남성과 동등해지고자 한다면 남성의 발화 방식대로 순응해야 한다고 제안한 데 있다. 레이코프에 따르면, 연약함은 여성적인 것과 강하게 연합된다. 언어적인 차원이 아니라 전반적으로 그러하다. 그렇기 때문에 여성들이 다른 방식으로 인식되고 싶다면, 여성적인 행동으로 조건화된 것으로부터 분리되어야 할 필요가 있다. 이 말은 앞서 언급한, 여성을 불안정하게 들리게끔 만든다고 레이코프가 주장한 특질들을 하나도 발화하지 않도록 노력해야 함을 뜻한다. 40년 뒤 광고와 기사가 떠들게 되는 내용처럼 말이다.

다행히 사회언어학자들은 레이코프의 책으로부터 먼 길을 걸어왔다. '밸리 걸'식 발화가 실제로 무엇인지를 밝혀낼 만큼 이를 진지하게 접근하는 21세기 언어 전문가들이 많이 있다. 이들 중 한 학자는 카먼 포트Carmen Fought로, 피처컬리지Pitzer College의 언어학자다(내가 들은 가장 느끼하고 부드러운 목소리를 가진 사람이다). 포트가 말하길, "여성들이 보컬 프라이나 업토크를 하게 되면, 이는 곧장 불안정하고, 감정적이고, 심지어는 멍청하게까지 보인다. 하지만 진실은 이보다 흥미롭다. 젊은 여성들은 이러한 언어적 특질을 분별없는 가식으로 표출하는 게 아니라, 관계를 쌓고 강화하기 위한 권력적 도구로 활용한다. 보컬 프라이, 업토크, 심지어는 '있잖아'에 이르기까지, 이는 구체적인 사회적 효용이 있고 고유한 역사성이 있다. 그리고 여성들만 이를 사용하는 게 아니다.

세계의 많은 언어에서 보컬 프라이는 그저 무작위로 등장하는 이상한 현상이 아니며, 언어의 음운체계 안에 자리 잡고 있다. 예를 들어서, 아메리카 선주민 언어 가운데 '날'을 의미하는 '콰콸라'라는 단어는 보컬 프라이를 쓰지 않고는 발음할 수 없다('날'에서 리을을 발음하지 않는 것과 똑같다). 영어권 화자의 보컬 프라이가 흥미로운 지점은 초기 연구에서 이 특징이 주로 남성들에게서 나타난다고 밝혔다는 것이다. 영어의 보컬 프라이를 처음 공식적으로 살핀 건 1960년대 영국 언어학자였다. 그는 영국 남자들이 더 높은 사회적 기준으로 소통하고자 할 때 보컬 프라이를 쓴다는 결과를 보여 주었다. 또한 1980년대 미국 연구에서는 이 현상을 '과잉 남성적'이고 '남성 발화를 확고히 보여 주는 표지'라고 했다. 많은 언어학자들은 문장 끝에서 약간 갈라지는 소리를 내는 일이 수십 년간 모든 성별 영어권 화자들 사이에서 아무런 문제도 악영향도 없이 일어나고 있다는 데 동의했다.

하지만 2000년대 중반, 사람들은 대학생 나이의 미국인 여성이 보컬 프라이를 쓰는 비중이 높아지고, 남자들에게서는 그렇지 않다는 데 주목했다. 연구자들은 흥미를 느껴서 이들의 관찰이 정확한지를 확인해 보고자 했다. 간단히 결과만 말하자면 정확한 게 맞았다. 2010년에 언어학자인 이쿠코 퍼트리샤 유아사Ikuko Patricia Yuasa는 미국인 여성이 남성보다 보컬 프라이를 7퍼센트 더 쓴다는 걸 발견했다. 그리고 문장 끝의 소리는 그 뒤로 점점 더 갈라지고 있다.

그런데, 아니, 왜 그러는 걸까? 보컬 프라이가 어디에 좋기에? 연구 결과로 말하자면 여러 이유로 좋다. 먼저 유아사는 보컬 프라이가 음역을 무척 낮게 내기 때문에, 여성들로 하여금 남성들의 목소리와 겨루어 더욱 권위적으로 느껴지게 할 수 있다고 한다. 유아사는 이렇게 적었다. "끝음이 갈라지는 목소리는 일종의 성취를 드러내는 이미지를 연상케 하면서도 여성으로서 매력적으로 보이게 한다." 개인적으로 나는 이런 방식의 권위를 전달하고 싶을 때, 발표를 하는 동안 무의식적으로 목소리를 낮춰 보컬 프라이를 한다는 걸 인식한 적이 있다. 회의를 하는 동안 상사에게 내가 너무 불안해 보이느냐 물었더니 상사는 이렇게 말했다(상사도 이십 대 여성이었다). "네가 하려는 말을 정확히 알고 있는 것처럼 들려."

반면 펜실베이니아대학교의 언어학자인 마크 리버먼Mark Liberman은 2012년 《뉴욕타임스》에 보컬 프라이가 주제에 관심이 없다는 사실을 나타낼 수 있다고 분석했다(십 대 소녀였던 나는 정말 그렇게 하는 걸 좋아했다). "성대에 힘이 풀려 있을 때 일어나는 진동으로서 (…) 어떤 사람들은 이완되어 있거나 지루할 때 이런 행동을 한다." 그는 말했다. 상대가 흥미롭지 않음을 은근히 암시하는 행위라는 것이다.

요약해 보자면, 21세기의 첫 20년 동안, 여성들은 더 낮은 음역을 썼고, 지배적인 태도와 지루함을 더 많이 드러냈으며, 이 두 가지는 중년 남성들이 여성들에게서 보고 싶지 않은 어떤 것이었다. 밥 가필드가 그렇게 보컬 프라이를 싫어한 까닭을 설명해 주는 게 아닐지?

'그니까like'와 업토크는 밸리 걸이 사용하는 습관 중 가장 잘 알려진 현상일 것이다. 십 대 여자아이들을 놀릴 때, 사람들은 이런 문장을 쓴다. "난, 그니까, 영화를 봤거든? 그리고 나는, 그니까, '나 슈퍼우먼 보고 싶어.' 그러니까 브래드가, 그니까, '안 돼.' 그래서 우리는, 그니까, 나갔어." (나는 왜 사람들이 이렇게 십 대 여자아이들을 풍자하는지 모르겠지만, 내 생각엔 그들이 그렇게 하는 건 그저 유쾌한 일에 끼고 싶은 핑계 같다.)

맥락을 해친다는 말을 듣고는 있지만, '라이크like'는 무척 유용하고 다재다능하다. 캐나다 빅토리아대학교 언어학자인 알렉산드라 다시Alexandra D'Arcy는 '라이크'의 기능을 규명하고 이해했다. 다시는 빅토리아대학교 유튜브 채널에서 자신의 작업을 소개했다. "'라이크'는 우리가 정말이지 좋아하지 않는 단어입니다. 그리고 우리는 어린 소녀들을 탓하고, 그들이 언어를 망치고 있다고 말하지요." 하지만 진실은 '라이크'가 200년 넘게 우리 영어의 일부가 되었다는 사실이다. "영국 작은 마을에 사는 칠십 대, 팔십 대, 구십 대를 예로 들어 보지요." 다시는 미소를 지으며 말한다. "그들은 오늘날 어린 소녀들이 말하는 것과 같은 방식으로 '라이크'를 씁니다."

다시에 따르면, '라이크'는 여섯 가지 두드러진 기능을 한다. 영어에서 가장 오래된 유형은 형용사 '라이크(같다)'와 동사 '라이크(좋아하다)'가 있다. '네 수트가 마음에 들어, 제임스 본드 같아 보이네I like your suit, It makes you look like James Bond"라는 문장에서, 첫 번째 '라이크'는 동사이고 두 번째는 형용사이다. 가장 심술궂은 영어권 화자들도 이 두 가지엔 이견이 없다. 오늘날 이 두 '라이크'는 완전히 똑같이 들리기 때문에 대다수 사람들은 두 단어가 별개의 역사를 가졌다는 생각을 하지 못한다. 그들은 동음이의어다. 마치 시계를 뜻하는 '워치watch'와 보다를 뜻하는 '워치watch'처럼 말이다. 『옥스퍼드 영어 사전』에선 동사 '라이크'가 고대 영어 '리시안lician'에서 왔고, 형용사 '라이크'는 고대 영어 '리치lich'에서 왔다고 한다. 두 가지가 지난 800년간 어떤 지점에서 합류하면서 우리에게 익숙해지게 되었다.

그러나 다른 네 가지 '라이크'는 보다 최근에 등장했다. 다시는 이 '라이크'들이 쓰임새가 다른 별개의 단어들이라고 말한다. 이 중 두 가지 '라이크'만 여성에게서 많이 등장하고, 그중 한 가지만 1990년대 남부 캘리포니아 소녀들에게서 많이 나타난다. 하나는 인용 어법으로서의 '라이크'다. "나는, 그니까, '나 슈퍼우먼 보고 싶어'I was like, 'I want to see Superwoman'"에서 들을 수 있는 용법이다. 풍자도 많이 당하지만 이 '라이크'는 내가 가장 좋아하는 것이기도 하다. 왜냐하면 이야기를 할 때, 어떤 일이 일어났다는 것을 다른 인용구를 삽입하지 않더라도 곧장 소개할 수 있기 때문이다. 예를 들어서, "그니까 내 상사가, '월요일까지 이 보고서 줘'라고[33] 한 거야. 그니까 나

33 역주: 영어에선 'like'가 인용구를 가리키는 역할도 한다.

는, '존나 장난하세요?' 한 거지My boss was like, 'I need those papers by Monday,' and I was like, 'Are you fucking kidding me?'". 정말로 뭐라고 했는지를 다시 반복하지 않더라도, '라이크'를 쓰면 그때 어떻게 말하고 싶었거나 혹은 그 상호작용에서 어떻게 느꼈는지를 말할 수 있게 된다. 밸리 걸들아, 고마워! 인용구문으로서의 '라이크'의 유용함 덕에 이 용례는 일상 대화에서 폭발적으로 등장하고 있다.

여성들이 많이 쓰는 다른 '라이크'는 담화 표지로서 "그러니까, 이 정장은 새 것도 아니었어"와 같은 문맥에서 나타난다. '필러filler' 단어로도 불리는 담화 표지는 사람이 자신의 발화를 특정한 방식으로 표현하거나 연결하거나 조직할 때 쓰는 표현이다. 다른 담화 표지들로는 지난 장에서 배운 '그러니까, 있잖아, 아니' 같은 헤지가 포함된다.

나머지 두 가지 '라이크' 가운데 하나는 부사이다. 예를 들어서 "이걸 대략 5년 전에 샀어Like, this suit isn't even new"와 같은 문장에서 쓸 수 있다. 1970년대 '라이크'는 일상 대화에서 '어바웃about'의 자리를 대체했다. 그리고 남성과 여성 둘 다 이 기능으로 '라이크'를 사용했다(그러니까 사람들은 이 말을 그리 미워하지 않았다). 그리고 마지막으로는, 회화체 보조어로서 '라이크'가 있다. 예를 들어서 "이 수트가 그니깐 내가 제일 좋아하는 옷인 거 같아I think this suit is like my favorite possession"와 같이 말할 수 있다. 담화 표지와 비슷하지만 통사나 의미 관점에서 보면 같은 방식으로 쓰이지는 않는다. 남성들도 이것을 여성들만큼 많이 쓴다(다시는 왜 그런지는 모른다고 한다). 담화 표지에서와는 달리 이 '라이크'는 우습게 여겨지지 않는다.

객관적으로, 같은 문장에 나오는 하나, 둘, 혹은 모든 '라이크'가 본질적으로 나쁜 건 아님을 볼 수 있을 것이다. 사실 어떤 연구들은 발화 안에 '라이크'나 '유 노' 같은 단어가 부족하면 마치 로봇같이 느껴지거나 불친절하게 들릴 수 있다는 것을 밝혀냈다. 따라서 누군가가 '라이크'를 너무 많이 쓴다고 당신에게 불평한다면, 이렇게 말해 보아라. "오 정말? 여섯 개 중 어떤 거?" 왜냐하면 다시는 보통 발화자들이 '밸리 걸'에 대한 고정관념을 너무 많이 받아들이고, 젊은 여성들을 '라이크'로 비난하는 이유가 막상 이 다른 용법들 사이에 차이가 있다는 사실을 알아차리지 못해서라고 보기 때문이다.

업토크는 사람들이 싫어하는 십 대 소녀의 말하기의 또 다른 특징이지만, 사실 자세히 보면 꽤나 실용적이다. 언어학자들은 업토크가 1980년대에서 1990년대—〈리치몬드 연애 소동Fast Times at Ridgemont〉과 〈클루리스Clueless〉의 시대—일상 대화에 퍼져 있다고 보았다. 이 타임라인이 업토크를 밸리 걸이 만들었다는 유명한 믿음에 공헌했다(이 작은 집단에 너무 많은 공을 돌리네). 사실 이 업토크는 우리가 호주에서 빼앗아 온 것이다. 끝을 강조하는 건 호주 방언의 특징이다. "구다이, 마이트?G'day, mate?"라고 잘 알려진 문장이 사실상 질문이 아니라는 걸 잊은 것이다.

지난 20년 동안, 기업 중역부터 고등학교 영어 선생님에 이르기까지 업토크가 불확실성을 나타낸다고 비판했다. 심지어 뉴욕대학교 교수인 루이즈 버스바리는 말했다. "안타깝지만 나조차도 업토크를 별로 좋아하지 않아요." 그는 나와의 통화에서 약간의 죄책감을 드러내면서 이렇게 말했다. "이렇게 말하면 안 되겠지만 질문을 하는 것처럼 들리면서 여성들이 하는 말이 불안해 보이게 만든다고 생각해요."

그러나 사람들이 개인적으로 업토크를 어떻게 생각하는지와 관계없이, 연구들은 실제로는 특정 맥락에서 업토크가 불안정과 '반대' 관계에 있음을 보여 준다.

1991년 펜실베이니아대학교에서 텍사스의 여학생클럽을 연구한 결과를 보자면, 선배들이 후배들에게 힘을 확인시킬 때("내일 중요한 그리스어 행사가 있지? 다들 참여하지?") 업토크를 사용했다. 레이코프는 권위를 드러내는 소통에서 여성들이 의문문 비슷한 억양을 사용하는 이유가 그렇게 해야 한다고 스스로 훈련됐기 때문이라고 본다. 일부러 그러거나 무의식적으로 그러거나, 업토크를 통해서 '보스' 같지도 '썅년' 같지도 않게 보이려는 것이다. 레이코프의 설명에 따르면, 업토크는 여성들로 하여금 '여자답지' 않게 들린다고 공격당할 여지를 줄이면서 자신감을 드러내게 한다. 나는 말을 할 때, 확정적인 문장의 어조를 완화하기 위해서 업토크를 사용하며, 특히 약간 논쟁적인 주제에서 그렇게 한다. 그게 과연 덜 썅년 같아 보이는 효과를 줄 거라고는 생각하지 않는다. 하지만 다른 이들의 대답에 조금 더 개방적으로 보이면서도 자신감을 표명하게 하기는 한다. 그렇게 나쁜 기능은 아니지?

업토크는 여성들의 발화에서만 등장하는 게 절대 아니다. 2005년 홍콩에서 진행된 연구를 보면, 영어를 사용하는 사업과 학술회의의 억양 패턴을 분석한 결과 그곳의 장(말하자면 그 방에서 가장 높은 사람)은 하급자보다 업토크를 일곱 배 더 사용했다. 여기서도 업토크는 힘을 드러내고 사람들로 하여금 주의를 기울이게 하고, 같은 곳을 바라보게 하고, 대답하게 한다. 하지만 이때 누구도 업토크를 불안정의 표시로 오해하진 않는다. 화자가 대부분 남자이기 때문이다.

여성이 남성보다 업토크를 자주 쓰며 업토크가 늘 불안정을 표현한다는 착각은 여성들이 '있지, 그니까, 알잖아'를 통해 헤징을 하는 이유에 관한 신화와도 관계가 있다. 20세기 후반 있었던 헤징에 대한 연구들은 여성과 남성의 헤징 빈도에 별다른 통계적 차이가 없다는 걸 나타냈다. 게다가 모든 헤징이 같은 목적을 지니는 것도 아니다. '유 노'의 경우를 들어 보자. 언어학자들은 남성과 여성이 거의 비슷한 빈도로 이 단어를 사용하지만, 여성들은 적극적인 '자신감'을 드러내기 위해 이 말을 쓴다는 걸 알아냈다. 1980년대에 뉴질랜드의 언어학자인 재닛 홈스는 수많은 발화 코퍼스를 분석하고, '유 노'가 끝이 올라가는 억양에서 쓰일 때는 실제로 머뭇거림이나 의심을 담고 있지만("그건, 그렇잖아, 공정하지 않아.") 평서문 어투에서 쓰이면("그건 공정하지 않아, 그렇잖아.") 그 반대를 뜻한다고 밝혔다. 홈스는 젠더와 무관하게 '유 노'가 수집된 횟수가 같다는 연구 결과를 보였다. '유 노'를 평서문에서 사용하는 비율은 여성들이 남성들보다 20퍼센트 더 높았다. 그런데 대다수 사람들은 그렇게 듣지 않는다.[34] 여성이 헤징을 하면 자동적으로 불안정을 나타낸다고 생각하는 것이다.

34 부가 의문문의 경우도 마찬가지다. 1980년, 옥스퍼드대학교 연구에서 데버라 캐머런은 부가 의문문이 뉘앙스를 많이 담고 있으며 참여자들 간의 역동과 상호작용에 따라서 여섯 가지 이상의 기능을 할 수 있다고 밝혔다. 젠더는 그들이 얼마나 많은 부가 의문문을 쓰는지와 거의 관계가 없었지만, 어떤 종류의 부가 의문문을 쓰는지와는 관계가 있었고, 상호작용에서 그 사람이 가진 힘의 수준과 연관이 있었다. 그런데 여성들이 사용하는 부가 의문문의 특정한 예시는 '더 많은' 힘과 관련이 있지, 더 적은 힘과 관련이 있는 건 아니었다. 연구는 여성들이 흥미, 연대를 표현하고, 다른 참여자들을 대화로 초대하고자 대화를 수월하게 하는 부가 의문문을 사용함을 보여 주었다("어제 왕좌의 게임 재미있었지, 안 그래?"). 이러한 기능을 하는 부가 의문문은 젠더와 관계없이 소위 힘 있는 위치에서 상호작용을 할 때 드러난다. 예를 들어서 판사들이나 토크쇼 진행자들에게서 나타나는 것이다. 그러나 남성들은 '형태상 modal' 부가 의문문을 많이 사용하고, 이때의 기능은 정보를 요구하는 역할을 한다("존 퀸시 애덤스가 미국 제4대 대통령이었어. 맞지?"). 이때에도 '힘이 없는' 발화자들이 형태상 부가 의문문을 사용하는 경우가 젠더와 무관하게 많았다(예를 들어 교실에서의 학생이라거나 증인석에 있는 피고인).

젊은 여성들이 남성보다 헤징을 정말로 더 많이 사용하는 경우는 담화 표지로서의 '라이크'뿐이다. 그러나 이때에도 불안정하기 때문은 아니다. 청소년 발화에 대한 연구 결과는 젊은 사람들이 '라이크' 같은 헤지를 쓰는 이유가 "긍정적이든 부정적이든 자신에게 가해지는 평가로부터 멀어지기 위해서"라고 한다. 젠더어 전문가 제니퍼 코츠는 남성들은 대화 종류로 인해 이런 '라이크'를 쓸 일이 적을 거라는 가설을 세운다. 코츠는 "여성 화자들과는 달리, 남성 화자들은 민감한 주제를 전반적으로 피한다"라고 말한다. 남성들은 자기를 개방하거나 개인적인 문제에 대해 자유로이 말하지 않는다. 따라서 이런 식의 특정한 헤징이 적용되지 않는다.

그렇다면 여성들은 왜 그렇게 업토크, 보컬 프라이, '라이크', 기타 헤징으로 비난을 받을까? 언어학자들은 이러한 발화 특징이 내용보다는 발화자와 관계가 있는 것으로 받아들여진다고 말한다. 언어학에 대해서 이러쿵저러쿵하는 평가는 발화자에 대해서 우리가 느끼는 바를 더 잘 보여 준다는 것이다. 2010년 스탠퍼드대학교와 캘리포니아대학교 샌타크루즈 캠퍼스에서 두 언어학자가 진행한 연구에 따르면, 정치 '전문가' 위치에 있는 누군가의 말을 들은 연구 참여자들은 이들의 업토크를 불안정함으로 받아들이지 않았다. 하지만 업토크를 하는 사람이 스스로를 '비전문가'라고 하자, 청자들은 그들의 능력을 의문시했다. 펜실베이니아대학교 언어학자인 마크 리버먼은 심지어 미국 대통령 중 한 사람도 업토크로 잘 알려져 있다고 말했다. "조지 부시가 그랬지요." 그가 말했다. "그리고 누구도, 오, 부시는 어린 소녀처럼 너무 불안정해, 하고 말하지 않아요." (솔직히 그건 부시의 가장 작은 문제 중에 하나였다.)

지난 20년 동안, 보컬 프라이, 업토크, '라이크'는 젠더와 세대를 가로질러 나타났다. 내가 듣기로 2017년의 인기 팟캐스트 〈에스타운S-Town〉을 이끈 삼십 대 진행자 브라이언 리드Brian Reed는 어떤 여성 진행자보다 업토크를 많이 썼다. TV 출연자와 잠바 주스에서 일하는 남성들에 대한 공식 연구는 요즘 남성들도 업토크를 엄청나게 쓴다는 걸 보여 준다. 내 아버지는 61세 신경과학자인데, 쉴 새 없이 보컬 프라이를 한다. 그리고 2003년 리버먼은 통화 대화를 분석하면서, 남성들이 여성들보다 '라이크'를 더 쓴다는 걸 발견했다.

사람들은 남성이 그렇게 말하는 건 신경조차 쓰지 않는다. 그저 여성이 말할 때 신경을 긁는 일이 된다. 우리 문화가 보컬 프라이, 업토크, '라이크'에 대해서 드러내는 억하심정은 사실 그 발화 특질과 그리 관련이 없다. 현대에 여성들이 그 특질들을 먼저 사용했다는 사실이 문제가 된다.

몇십 년 동안 언어학자들은 젊은 도시 여성들이 언어학적 선구자라는 사실에 동의해 왔다. 한국이 뷰티 제품에서 그러하고 실리콘 밸리가 앱에서 그러하듯이, 십 대, 이십 대, 삼십 대 여성들은 미래의 언어를 선도하거나 만들어 내거나 둘 다 한다(여성들의 경우는 돈 때문에 그러지는 않지만). "어떤 소리가 변하는 과정을 알아차린다면, 젊은 사람들이 나이 든 사람들을 이끌고, 여성들이 남성들보다 반세기 앞서 있다는 사실을 알 수 있어요." 리버먼이 말했다. (재미있는 사실: 언어학자들은 가장 혁신적이지 않은 언어 사용자가 잘 움직이지 않고, 나이 많고, 시골에 사는, 기본적으로 '규범'과 같은 의미의 남성들이라는 점을 밝혀냈다.)

여성들이 '왜' 언어를 선도하는가는 그다지 확실히 밝혀지지 않았다. 우리의 가설은 여성들이 사회에서 더 활기차게 말할 수 있는 자유를 가졌다는 정도다. 인터넷 은어에 대한 연구들에서는 여성이 언어를 표현상 더 풍부하게 사용한다고 나타난다. 창의적인 구두점, 묘사적인 해시태그나 이모티콘, 재미있는 약어 들을 사용한다. 다른 이론은 여성들이 사회적 상호작용에 익숙하기 때문에 미묘한 언어학적 단서들을 더 잘 집어 들 수 있다는 점이다. 그러나 내가 보기에 가장 말이 되는 주장은 젊은 여성들이 보통 자신의 힘을 주장하기 어려운 문화 속에 사는 와중에, 언어가 그렇게 할 수 있는 도구가 되기 때문에 언어에 혁신적이라는 것이다.

언어는 세상을 움직이고자 하는 여성들에게 힘을 주는 자원이 될 수 있다. 이는 몇 세대에 걸쳐 일어났다. 가령 1978년 언어학자 수전 갈Susan Gal은 헝가리어를 쓰지만 1차 세계대전으로 오스트리아 영토가 된 작고 빈곤한 마을을 연구하러 오스트리아로 갔다. 헝가리어를 쓰는 마을 사람들에게 국경 변화는 좋지 못한 일이었다. 독일어를 쓰는 나라에서 헝가리어를 쓰면서 살도록 강요당한 셈이기 때문이다. 그래서 여성들은, 적어도 젊은 여성들은 독일어를 배웠다. 똑똑한 움직임이었다. 독일어를 배움으로써 마을을 떠나고, 조금 더 좋은 직업을 얻고, 멋진 오스트리아 남편을 얻을 수 있었다. 그렇게 함으로써 그들은 사회경제적 사다리를 올라가게 되었다. 갈은 나이 많은 여성들이 그런 시도를 하기엔 너무 늦었지만, 기회를 가진 이들에게는 언어가 공동체 바깥으로 나가 더 나은 삶으로 향하기 위한 길이었다는 데 주목했다.

이 이야기는 루이즈 버스바리의 이론, 즉 가난한 공동체에 있는 젊은 여성들, 이주자 여성들이 사회적 이동성을 위해 언어를 더 필요로 한다는 관점과 부합한다. 왜 그럴까? 일반적으로 남성들은 블루칼라 직종에 대한 접근도가 높다. 이 직종은 노동자 계층의 여성들이 택하는 직업보다 보수가 높다. "역사적으로, 석탄을 캐는 지역에서, 광부는 웨이트리스로 일하는 여자 친구가 벌어들이는 월급보다 많은 주급을 받았다." 버스바리는 이렇게 설명한다. 여성들은 이론상 광부가 될 수 있고, 그런 여성들도 있겠지만, 이 일은 험하기도 하고 사회적 환경이 여성들을 그리 환영하지 않는다. 따라서 여성들이 보다 수용적인 환경에서 돈을 더 벌기 위해서는, '핑크칼라'라 불리는 직업을 가져야 한다. 접수처에 있거나 은행원이 되는 것이다. 그리고 이런 종류의 직업은 새로운 언어 스킬을 요구한다. 더 '고고한' 말씨를 배우거나 완전히 새로운 언어를 배워야 하는 것이다. 버스바리가 말한 것처럼 "스페인에서 여성들이 카탈루냐어를 배우는 이유가 바깥으로 나가 비서 일을 구하기 위해서인데, 남성들은 그 여성들을 이중언어 사용자라는 이유로 놀리곤 했다는 연구가 있다".

오토 예스페르센과 밥 가필드처럼, 사람들은 여성들이 언어를 쓰는 방식을 몇 세기 동안 깔봤다. 그들은 여성들의 소통 방식이 한심하고 짜증난다고 말해 왔다. 하지만 젠더와 외국어를 관찰한 이들은 여성과 남성 사이에 말하는 방식의 차이가 실제로 존재하지만, 여성들이 어떤 단어, 소리, 쓰기 체계를 금지당했고, 그렇기 때문에 혁신적일 수밖에 없었다고 말한다. 예를 들어서, 남아프리카의 반투어에서는, 결혼한 여성들이 시아버지의 이름이나 그 비슷한 단어, 혹은 같은 어원을 가진 단어를 말할 수 없게 되어 있다. 반투족 여성들은 다른 지역어에서 동의어를 따오는 방식으로 이 규칙을 우회한다. 어떤 언어학자들은 반투어의 흡착음에 대해, 반투 여성들이 서아프리카 코이산어로부터 빌려 온 흡착음이 결국 모두가 말하는 주류 반투어 안에 자리 잡게 되었다고 말한다. 비슷한 이야기가 중국에도 있다. 중국에는 뉘슈女書라고 불리는 글쓰기 방식이 있는데, 이는 '여성의 언어'라고 일컬어지고, 표준 중국어와는 완전히 다르게 취급된다. 그렇지만 사실 뉘슈는 그저 다른 방식, 표준 중국어 글쓰기의 좀 더 음성학적인 방식일 뿐이다. 여성들이 읽거나 쓰지 못하도록 강요당하는 동안 여성들이 개발한 방식이기 때문이다.

데버라 캐머런은 이 두 사례를 "여성의 독창성을 입증하는 것이자 역사적으로 종속당한 지위의 산물"이라고 일컫는다. 여성들에게 언어는 억압을 견디거나, 저항하는 복잡한 방식이었다.

뉘슈, 독일어를 말하는 헝가리 사람들, 카탈루냐어를 말하는 스페인 사람들과 같은 상황에서 왜 젊은 여성들이 언어학적으로 혁신적인지는 명확하다. 가진 기회가 그것뿐이기 때문이다. 왜 그들이 보컬 프라이를 하는지에 대해서는 아직 확실한 결론이 내려지지 않았다. 그러나 버스바리는 언어가 상징적 기능을 할 수도 있다는 관점을 갖고 있다. 여성들만 언어를 이렇게 사용하는 유일한 집단이 아니다. "얼마나 많은 은어와 새로운 언어 용법이 흑인 영어에서 왔는지 보라." 버스바리는 '팻phat', '퍽보이fuckboy'와 같은 대중적인 단어들이 아프리카계 미국인 방언에서 왔음을 언급한다. "왜 힘없는 집단이 쓰는 단어가 중심을 차지하게 되는지 의아할 수도 있다. 하지만 이는 언어를 권력의 형태로 사용하는 이들이 언제나 힘없는 사람들이었기 때문일 수 있다. 유럽에서 뿔뿔이 흩어진 유대인들을 떠올려 보라. 그들은 '유대인 농담'의 원조다. 그리고 이 농담은 모든 농담의 원조가 되기도 했다."

여성과 다른 사회적으로 억압받은 이들이 언어를 통해서 힘을 얻는 방식은 연결되어 있다. 주변화된 집단이 언어를 창의적으로 사용하여 스스로를 일으킨 역사는 길다. 그리고 그들은 이에 무척 능하다. 왜냐하면 그들이 멋진 새 은어, 발음, 억양에 대해 누구에게 공을 돌릴지 알든 모르든, 세계 나머지 지역도 예외 없이 그들처럼 말하게 되기 때문이다.

왜 사회가 업토크나 '라이크', 혹은 다른 여성적이라 여겨지는 발화의 특징을 이토록 욕하고 싶어 하는지—결국은 따라서 쓰게 되면서도—에 대한 또 다른 이유가 있다. 간단히 말하자면, 사람들은 현상이 자신의 통제를 벗어나면 펄쩍 뛴다. 밥 가필드와 같은 '규범남'들이 젊은 여성들의 보컬 프라이를 들으면, 그들은 존재론적 위기를 느낀다. UC 버클리의 언어학자인 오번 배런러츠로스Auburn Barron-Lutzross는 말한다. "그들은 무척 비판적이면서 심지어는 이렇게 말하게 되지요. '언어를 이렇게 소리 내서는 안 되는 거야!'" 보통 이 사람들은 책임 권한을 가진 경우가 많기 때문에, 누군가 새로운 일을 벌이면, 종말이 가까웠다고 여기곤 한다. 저널리스트 가브리엘 어레나Gabriel Arana는 《애틀랜틱》에 이렇게 썼다. "이 '규범남'이 보컬 프라이, 업토크, '라이크' 같은 현상을 만들었다면, 우리는 그들이 언어를 풍요롭게 만들었다고 찬양했을 것이다. 《더 뉴요커The New Yorker》 대신 《더, 라이크, 뉴요커》를 읽고 있을지도!" 그러나 중년 남성들은 그렇게 하지 않았고, 미국은 늙은 백인 남성의 말을 듣기 때문에, 우리 모두가 새 현상을 따라잡기에는 시간이 걸린다.

언어학의 미래를 비판하는 대신 그 흐름의 일부가 되는 간단한 방법이 있다. 새로운 경향을 앞두고 젠체하고 변덕스럽게 구는 대신에, 호기심을 가지고 열광해 보는 것이다. 이런 언어 습관을 이유로 여성이나 누군가(심지어 자기 자신)를 비난하고 싶은 충동이 든다면, 언어학자처럼 생각하기를 기억하고, 체계적인 발화 패턴이란 멍청하거나 아무 생각 없이 나타나지 않는다는 걸 상기하자.

여성의 목소리, 즉 억양, 통사, 단어 선택을 감시하는 행위가 여성의 외모를 감시하는 행위와 같다는 걸 생각해 보자. 기사와 광고는 여성들이 더 예뻐야 한다고 말한다. 그리고 여성들이 지금과는 다르게 말해야 한다고 말한다. 나는 심지어 여성들에게 핸드백을 들고 하이힐을 신게 해서 신체적으로 느리게 만들었다는 풍자적인 주장도 들어 봤다. 이 말을 그대로 받아들이지는 않지만, 여성들의 주장에 담긴 내용을 무시하고 목소리를 비판하는 시도와 비교해 볼 수는 있을 것이다. 여성들이 자신의 목소리가 어떻게 들릴지 생각하게 만들며 신경을 흩뜨리고 불안하게 만드는 것이다. 목소리가 얼마나 갈라지는지 신경 쓰고 몇 번을 사과했는지 되짚어 보게 하는 것은, 이마에 기름이 떴는지 신경 쓰고 보정 속옷 사이로 살이 삐져나왔나 걱정하게 만드는 것과 똑같다.

그리고 여성들에게 담화 표지를 쓰지 말고 보컬 프라이를 하지 말고 더 '또박또박' 말하라고 지적하는 건 의도가 어떻든 도움이 되지 않기는 마찬가지다. 2016년 나는 젊은 사람들이 '있잖아', '그니까' 없이 말하게 도와주는 목소리 인식 앱을 시험해 보라는 할인 코드를 받았다. 그렇게 해서 더 '권위적'으로 들릴 수 있도록 말이다. 하지만 이런 조언을 임파워링으로 위장하는 것은 여성에게 더 긴 치마를 입을수록 성공할 수 있다는 말과 비슷하다. 여성이 당하는 억압을 이유로 여성을 벌주는 방식이다. 우리 문화에서 가장 도움이 되지 않는 조언은 여성들에게 '덜 여성처럼' 들리도록(혹은 퀴어에게 일반인처럼 들리도록, 유색인에게 백인처럼 들리도록) 말하는 방식을 바꾸어야 한다는 것이다. 이 사람들이 말하는 방식 안에 존중을 받을 수 있는 요량이 더 혹은 덜 들어 있는 게 아니다. 그저 그 말들이 우리 문화에서 누가 더 많은 힘을 가지고 있느냐에 대한 근본적인 가정을 반영하기 때문에 그렇게 들릴 뿐이다.

데버라 캐머런이 말했다. "젊은 여성들이 로펌과 엔지니어링 회사를 운영하는 남성들의 언어학적 선호, 말하자면 편견에 길들여지도록 가르치는 건 가부장제에 복무하는 일이다." 이는 성차별적인 태도에 대항하게 하는 게 아니라 여성적 말하기가 문제가 된다는 생각을 수용하게 한다. 캐머런은 이렇게 말을 잇는다. "페미니즘의 일은 분명 성차별적 태도에 도전하는 것이며 편견에 맞추는 게 아니라 맞서는 것이다."

그러니까 문장 끝에서 목소리를 누른다고, 미안하단 말을 많이 한다고, 혹은 마음에 들지 않는 언어적 특징을 보인다고 누군가 당신을(또는 다른 누군가를) 바보같이 여기게 만든다면, 기억하라. 규범남들이 당신을 이해하지 못한다 해도 언어학자들은 이해한다. 결국 혐오자들은 그저 당신이 자신이 컨트롤하거나 이해할 수 없는 방향으로 세상을 바꾼다는 사실에 그저 씁쓸한 것뿐이다.

드라마틱하게 들린다는 건 안다. 그니까, 음, 그게 중요한가?

5장

당신의 문법을 고치려 드는 사람들을 당황스럽게 하는 법

5

내가 아는 사람들은 저마다 특히 신경이 곤두서는 문법을 하나쯤은 가지고 있다. 2013년 〈버즈피드〉는 '당신을 열 받게 하는 잘못된 단어 17선'이라는 포스트를 올렸다. "상관 안 써", "추측하건데"와 같이 흔히들 하는 실수나, 하늘에다가 소리치고 머리를 쥐어뜯는 움짤과 함께 쓰이는 "다 됬어"라는 문장 등이 있다. 스물다섯 살 된 내 남동생은 제일 거슬리는 문법 실수가 "어떻게 지내?"라는 질문에 "아임 굿I'm good" 대신 "아임 웰I'm well"이라고 답할 때라고 했다.

"너무 멍청하게 들려." 동생은 킬킬 웃었다. 별로 자랑스럽게 말할 일은 아니지만 나도 이런 문법적 오류를 들을 때마다 반사적으로 움츠리게 된다. 하지만 나는 화자를 비난하지 않으려고 애쓴다. "아임 웰"은 과잉 정정에 해당하는데, 특정한 문법 규칙을 과도하게 적용함으로써 듣기에는 맞는 문법 같지만 사실상 틀리게 되는 상황을 일컫는다. "이건 너와 나만 아는 걸로 하자.Let's keep this between you and I." 문장에서 "너와 나me and you"가 와야 할 자리에 "나와 네you and I"가 온다거나, "내 다이어트 코크 마신 사람을 누가 됐든 내일까지 가져다 놔.Whomever drank my Diet Coke needs to replace it by tomorrow, or else." 문장에서 "누who"가 와야 할 자리에 "누구Whom"가 온다거나 하는 게 한 예이다.[35]

모두들 문법적 실수를 저지른 사람을 '요놈' 하고 잡아내는 순간을 사랑한다. 특히 화자가 똑똑해 보이려다가 그런 실수를 할 때는 더 그렇다. 그렇지만 과잉 정정의 의도는 기본적으로 훌륭하다. 언어학자들은 과잉 정정이 중하층 여성들에게서 가장 흔하게 나타난다고 한다. '웰well'이라는 부사를 예로 들자면, 이 부사는 더 높은 사회적 계층이 많이 쓰는 표지이다(골드만삭스 중역은 "그는 시장을 잘 알아"라고 말할 때 굿good보다 웰을 쓰는 경우가 더 많다). 이전 장에서 배웠던 것처럼, 더 고급 언어로 통용되는 언어를 배우는 기술은 사회경제적 특권이 낮은 여성들에게 힘 있는 도구가 되어 주었다. 상향 이동하고 싶은 열망을 나타내기 위해서 이들은 더 높은 계층의 문법적

35 실제로 이전 직장에서 냉장고에 붙어 있던 것이었다(내가 마신 건 아니다. 진짜다).

형태를 적용했으나, 때로는 도가 지나친 경우도 있다. 앞서 언급한 두 오류는 사회경제적 계층을 이동하여 존중을 얻고자 하는 시도였다. 그러나 매번 제대로 작동하지 않았을 뿐이다.

"음, 그렇게 말하니까 기분이 이상하네." 내 남동생은 이 설명을 듣고 이렇게 말했다. "그냥 생각해 보라는 거지." 나는 답했다.

사람들을 부사 사용에서의 오류로 판단하는 내 남동생과 같은 경우는 흔하다고 할 수 있다. 사실, 문법을 지적하는 것은 서구 문화에서 가장 보편적으로 허용되는 속물근성의 표현이다. "주제가 언어일 때에는 속물이라는 데 자부심을 가질 수 있다." 데버라 캐머런은 말했다. "심지어는 자신의 민감한 감수성을 말하기 위해서 인종 학살을 일삼은 파시스트에 스스로를 비교할 수도 있다(나는 문법 나치야. 사람들이 말을 똑바로 안 쓰는 걸 참을 수가 없어)."

그렇지만 어떤 사람의 문법을 절대 고치지 않는 유형의 사람이 있다. 바로 언어학자다. 직관적으로 틀린 말 같게 느껴질지 모르지만, 언어학자들은 언어가 어떻게 작동'해야' 하는지에는 별 관심이 없다. 그들은 그것이 어떻게 작동'하고 있는지'에 관심이 있다(캐머런은 사람들의 문법을 감시하는 건 '멍청한 짓'이라고 한다). 사람들은 규범 문법—국어 선생님이 배우라고 하는 그것—이 막강하고, 영원히 작용하는, 그러니까 중력이나 해와 같이 변치 않는 힘이라고 생각한다. 우리는 문법이 인간의 발명품이며, 그렇기 때문에 꾸준히 진화한다는 사실을 잊어버린다. 오늘날 '좋은 문법'이라고 간주되는 것들은 50년 전에는 절대로 용납되지 않았다. 물론 반대의 경우도 있다. 에인트ain't를 떠올려 보자. 이 말은 윈스턴 처칠이 무척 즐겨 쓴 말이며 상류층 영국인들이 사용한 것이었다. 그리고 21세기 초 영어의 역사에서 가장 낙인찍힌 영문법으로 전락한다.

사회학적으로 말하자면, 세상에 있는 많은 언어들을 가로질러 존재하는 문법 규칙들이 있다. 이 규칙에 담긴 용례는 어떤 문법책보다도 두껍다. 화자들이 매일 사용하고, 당연하게 쓰는 문법 형태들—명사, 형용사, 접두사 등—은 그들의 의식과 젠더에 대한 정보를 은밀히 제공한다. 그러니 다음에 동료, 상사, 자매, 혹은 트위터에서 만난 얼간이가 여러분이 부사를 실수한다고 놀리면, 아래에 준비한 정보를 써먹고 싶어질 수 있겠다.

세계의 언어 가운데 사분의 일에는 젠더와 젠더 고정관념이 문법 체계 속에 녹아 있다. 여러분은 명사에 아예 성별이 부착되어 있는 언어와 친숙할지도 모르겠다. 영어는 이 경우가 아니지만, 프랑스어, 스페인어와 같은 수많은 언어가 그렇다. 이 언어들은 모든 명사를 남성 혹은 여성형으로 분류하고, 이 분류는 접두사, 접미사에 영향을 준다. ('중성' 명사가 있는 언어도 있다. 먹을 수 있느냐 없느냐, 이성적이냐 비이성적이냐, 생물이냐 무생물이냐 등 스무 개도 넘는 범주를 가진 언어들도 있다.) 명사의 젠더는 형용사나 과거형과 같이 다른 문장의 구성 성분에도 영향을 주기 때문에, 이 구성 성분의 젠더는 명사와 '일치'되어야만 한다.

프랑스 문장인 'Le diner est sur la table verte'는 '저녁 식사가 녹색 테이블 위에 있다'는 뜻이다. 이때 저녁은 남성이지만 테이블은 여성이고, 이를 수식하는 녹색도 여성이다. 스페인어 문장인 'El nuevo jefe necesita una recepcionista'는 '새 상사가 안내 직원을 필요로 한다'는 뜻인데, 이때 '상사'는 남성이기 때문에 이를 수식하는 '새'도 남성이고, '안내 직원'은 여성이다(스페인어 문장 속에 젠더 할당이 눈에 들어왔다면 제대로 본 것이다).

이 성별 분류 체계는 '문법적 젠더'라 불린다.

영어에서는 명사에 성별을 두지 않는다. 그런데 예외적으로 우리는 자연재해, 나라, 자동차에 '그녀'라는 대명사를 사용한다(이 세 가지는 우연이 아니게도 전부 남성들이 정복하거나 컨트롤할 필요가 있는 위험한 것들이다). 하지만 우리는 '자연적 젠더'라고 부르는 체계를 가지고 있다. 이 말은 우리 언어에서 유일하게 젠더화된 명사들(남성, 여성, 형제, 자매, 왕, 여왕, 남배우, 여배우 등)이 삼인칭 단수 대명사인 '그'나 '그녀'[36]처럼 표면상 우리가 말하고 있는 사람의 성별에 따라서 달라진다는 의미다.

사람들은 문법상 젠더와 '자연적' 젠더가 서로 관련이 없다고 생각하는 경향이 있다. 왜냐하면 프랑스어나 스페인어에서 남성으로 분류된 명사가 실제로 남성이 아니기 때문이다. 많은 경우, 맞는 말이다. 누구도 스페인어에서 눈을 가리키는 'ojo'가 남성형이고 턱을 가리키는 'barbilla'가 여성형이기 때문에 스페인 사람들이 눈은 마초이고 턱은 숙녀라고 인식할 거라고는 생각지 않기 때문이다.

하지만 20세기 말쯤, 언어학자인 수잰 로메인Suzanne Romaine은 문법적 젠더와 '자연'적 젠더의 관계가 그리 동떨어져 있지 않다고 분석했다. 1997년 로메인은 획기적인[37] 「젠더, 문법, 그리고 그 사이Gender, Grammar, and the Space in Between」라는 보고서를 발표했다. 다이애나 왕세자비가 사망하고 마이크 타이슨의 경기가 있었던 해, 로메인은 옥스퍼드대학교에서 모든 언어에는 문법적 젠더와 실제 삶에서의 인간 젠더를 인식하는 방식 사이에 부인할 수 없는 '누수'가 발생한다는 이론을 만들어 냈다. 로메인의 요점은 남성과 여성을 분류하는 언어

36 코넬대학교의 언어학자 샐리 매코널지넷은 영어에서 '자연적 젠더'라는 말이 사실상 잘못된 이름이라고 지적했다. 왜냐하면 많은 경우 우리가 누군가를 묘사하기 위하여 쓰는 단어가 그 대상의 '자연적 성별'이 아니라 그 젠더 해석을 가리키기 때문이다. 그런 이유로 매코널지넷은 이 말을 '개념상 젠더'라고 바꿔 부르기를 제안한다. 나도 이 말에 동의하지만, 일단은 이 책의 목적을 위해서 온갖 의심스러운 물음표로 둘러싸여 있을 '자연적 젠더'라는 말을 쓰겠다.

37 이 단어seminal가 얼마나 남근 중심적인지 생각하며 잠시 묵념.

(스페인어부터 산스크리트어까지)에서 단어에 담긴 젠더가 이 단어가 무엇을 말하는지에 대한 화자의 인식에 조금씩 스며들 수 있다는 것이다.

'의사'와 '간호사'에 각각 남성과 여성을 부여하는 언어의 화자들은 무의식적으로 그 직업에 대해 근본적으로 젠더화된 방식으로 생각하게 된다. 로메인이 주장하길, 문법은 페미니스트적인 관심사이며, 그렇기 때문에 미국과 달리 접미사와 명사 일치가 프랑스 페미니즘 운동에서의 주요 의제가 되었다. 문법적 젠더를 가진 언어에서, 성차별주의적인 함의는 발화의 모든 순간에 끼어들기 때문이다. 영어에서는 그것을 파악하기가 쉽지 않다. 하지만 두 언어 모두에서 우리는 이를 극복할 수 있다.

왜 어떤 언어들은 문법적 젠더를 갖게 됐을까? 이에 대해 답하기 위해서는 젠더가 단어를 분류하는 데만 쓰이고 사람에게 쓰이지 않던 수천 년 전으로 돌아가야 한다. 영어 단어인 '젠더'는 라틴어 '제누스genus'에서 왔다. 이 단어는 '종류'나 '유형'을 말하던 단어로, 원래 사람에게는 전혀 쓰이지 않았다. 수 세기 동안 남성명사와 여성명사는 '명사 1', '명사 2' 정도로만 불렸을 것이다. 이들은 그저 언어를 구조화하는 유용한 단위로서, 누구도 사람의 성별과 이것이 관계있다고 보지 않았다. 그때에는 영어를 포함해서 더 많은 언어에 문법적 젠더가 있었다. 실제로 고대 영어에서는 명사를 남성, 여성, 중성으로 나누었다. 이 체계는 오늘날의 러시아어, 그리스어, 독일어와 같은 인도유럽어족[38] 언어에 여전히 남아 있다. 1066년 미친 정복자 윌리엄이 영어권에 등장해서 고대 노르만 불어를 유입시키면서, 우리의 3젠더 체계는 사망하게 된다. 젠더를 표기하는 접미사도 그때 거의 사라진다. 결국 영어권 화자들은 문법적 젠더가 별로 필요 없다고 생각하게 되고, 우리가 오늘날 '자연적' 젠더 체계라고 부르는 곳에 안착한다.

'젠더'가 사람을 묘사하는 데로 뻗어 나가게 된 건 몇백 년 전이다. 그렇게 되자 섹스와 젠더는 호환되었다. 그때는 아직 신체 대 문화의 이분법이 생겨나기 전이다. 여러 세기 동안 의미가 겹치고, 짜잔! '젠더'의 문법적 의미와 인간에 관련된 의미가 온통 혼잡하게 섞이게 된다.

오늘날 스페인어와 불어가 그러하듯 모든 단어를 남성 혹은 여성으로 나누는 것은 영어권 화자에게 너무 복잡하게 보일 수 있지만, 우리의 자연적 젠더 시스템도 이게 없는 언어가 보기엔 마찬가지로 복잡하다. 헝가리어, 핀란드어, 한국어,

38 인도유럽어족은 러시아에서 유럽과 중동, 인도의 일부에 이르는 수백 개 언어가 속한 커다란 군이다. 언어군은 같은 모부를 가지고 있는 친척 언어들이라고 보면 된다. 인간의 46퍼센트가 이를 모국어로 삼고 있다. 영어, 펀자브어, 페르시아어, 그 외의 많은 언어들이 결국 그 고조-고조-고조-고조할머니의 먼 친척들이다.

스와힐리어, 터키어는 '그', '그녀'와 같은 젠더화된 대명사가 없는 몇 안 되는 언어이다. 젠더를 모르고 어떻게 누굴 가리키는지 알 수 있느냐고? 그저 맥락의 문제이다. 하지만 어떤 언어는 더 창의적인 젠더 중립적 해결 방안을 뽐내기도 한다. 북미의 토착 알곤킨어에는 젠더를 지칭하지 않는 삼인칭대명사가 두 개 있다. 이는 어떤 사람이 대화의 중심에 더 와 있느냐에 따라서 결정된다. 이 언어에서 대명사는 어떤 주제로 이야기를 하는지에 따라서 결정된다. '오브비에이션obviation'이라고 불리는 이 체계는 엄청나게 똑똑한 것 같다.

또한 대명사를 제외하고는 기본적으로 젠더프리이고, 사람의 '자연적' 젠더를 거의 지칭하지 않는 언어도 있다. 요루바어는 나이지리아에서 쓰이는 말인데, 대명사는 고사하고 아들, 딸, 남자 주인, 여자 주인, 남자 영웅, 여자 영웅과 같이 우리가 영어에서 쓰는 젠더화된 명사도 쓰지 않는다. 대신 요루바에서 가장 중요한 구분은 화자가 말하고 있는 사람의 나이다. 그러니 형제나 자매에 대해서 말하는 대신에 손위egbun와 손아래aburo를 말해야 한다. 요루바어에서 사람의 젠더(혹은 섹스)를 언급하는 단어는 오비린obirin과 오코린okorin으로, '질을 가진 사람'과 '음경을 가진 사람'이라는 뜻이다. 따라서 정말로 자기 언니를 부르고 싶다면, '질을 가진 내 손윗사람'이라고 말해야 한다. 이렇게나 구체적으로 말한다면, 영어에서 사람의 성기를 즉각 구별해 내고자 하는 집착이 얼마나 징그러운지 알게 될 거다.

고등학생 때 나는 이탈리아어를 외국어로 배웠다(문법적 젠더가 있는 언어다). 그리고 여성과 남성에 대해서 배울 때, 나는 정확히 어떻게 이 명사들이 젠더를 부여받는지 알고 싶었다. 왜 테이블, 의자, 포크는 여성이고, 냅킨, 음식, 칼은 남성일까? 표면적으로는 완전 무작위로 보였다. 하지만 언어학자들은 명사와 젠더가 복잡한 과정을 거쳐 짝지어진다고 한다. 언어형태학자인 그레빌 코벳Greville G. Corbett은 젠더를 부여하는 방식이 언어마다 다르다고 쓴 바 있다. 어떤 언어에서 젠더 할당은 단어의 소리나 구조에 따라 만들어진다. 다른 언어에서는 의미에 따라 달라진다. 그리고 많은 경우 구조와 의미가 같이 간다. 더 나아가면, 젠더 할당이 (그리고 그 이유가) 시간에 따라 바뀌기도 한다.

역사상 문법적 젠더와 인간 젠더의 관계를 남성과 여성에 대한 자신의 개인적 관점으로 연결시키는 조작을 행한 남성 학자들이 몇 명 있다. 1800년대, 독일 문법학자인 야코프 그림Jakob Grimm은 문법적 젠더 할당이 생물학적 성별의 직접적인 연장이라고 보았다. 그에게 생물학적 성별은 세상의 의미를 만들어 내는 데 필수적인 개념이었다. "그림은 문법적 성별을 모든 물체에 부여되는 '자연적' 질서의 연장이라고 말했다." 로메인은 이렇게 설명한다. "그림의 의견에 따르면, 남성으로 이름 붙여진 물체들은 더 초기에 생겼고, 빠르고, 단단하고, 크고, 더 경직되고, 활동적이고, 움직일 수 있고, 창의적이다. 여성명사는 더 뒤에 생기고, 작고, 부드럽고, 조용하고, 고통을 받고/수동적이며, 반응적이다."

그림에게는 카를 렙시우스Karl Lepsius라는 프로이센 언어학자 친구가 있었다. 그는 이 주먹구구식 해석에 동의했다. 렙시우스는 심지어 젠더화된 명사가 있느냐 없느냐를 두고 '인류 역사를 이끄는' 가장 문명적인 나라만이 이를 갖고 있다고 했다. 그가 보기에, 문법적으로 젠더화된 언어를 사용하는 사람들은 인간의 두 성별에 대해 가장 정교한 이해를 가지고 있었다. 문법적 젠더가 없는 언어들은? '쇠락하는' 언어다.

문법 젠더 이론이 발전하면서, 그림과 렙시우스는 돌대가리였음이 밝혀졌다. 영어가 계속 잘나가고 있는 걸 보면 일단 알 수 있다(오, 19세기 프로이센 남자의 자신감이란). 그리고 모든 사람이 '자연적' 젠더가 언어에 반영되어야 하는지를 두고 그들과 같은 극단적인 관점을 공유하진 않는다. 많은 학자들은 사실 연결도, '누수'도 없다고 결론 내렸다. 하지만 그림과 렙시우스가 맞았던 게 하나 있다. 문법적 젠더와 화자가 여성 혹은 남성에 대해 보이는 태도가 늘 별개는 아니라는 점이다. 이 태도는 객관적이지도 본질적으로 진실되지도 않았다.

때때로 이 태도는 끔찍하게 성차별적일 수 있다.

문법적 젠더를 가진 언어에서, 여성과 남성에 대한 말은 '규범 문법'을 가지고는 '문법적으로 올바른' 방식으로 소통할 수 없다. 예를 들어 프랑스어에서는 선망받는 직업 대다수가 남성이다. 경찰, 의사, 교수, 엔지니어, 정치학자, 변호사, 외과의사 등 수많은 직업이 남성 성별이다(간호사, 돌봄노동 종사자, 하인에 대한 단어는 모두 여성이지만). 따라서 '그 의사가 용감하다'고 말하고 싶은데 의사가 여성이라면, 운이 없는 상황에 처하는 셈이다. 문법적으로 '의사le docteur'와 '용감하다courageux'는 둘 다 남성형을 써야 하기 때문이다.

프랑스 페미니스트들은 의사le docteur의 여성형으로 여러 대안(la docteur, la docteure, la doctoresse)을 만들었다. 그러나 프랑스에는 진짜로 문법 경찰이 있다. 아카데미프랑세즈라고 불리는 공식 언어 위원회는 이 단어를 사전에 올리는 걸 꺼렸다(지금 시점에 아카데미프랑세즈의 36명 중 4명만 여성이다. '장'이라는 동명이인 남성은 6명이나 있는데 말이다).

이탈리아어에서 '세그레타리오segretario'라는 말은 장관처럼 정치적으로 중요한 위치에 올라 있는 남성을 말한다(대체로 남성이 전통적으로 맡은 역할이다). 그런데 여성형인 '세그레타리아segretaria'의 경우는 저임금 안내 직원(전통적으로 여성이 맡은 역할)을 나타낸다. 오늘날 여성이 관공서 '세그레타리아'로 시작해서 정치가까지 올라간다면, 자기 직업의 접미사를 남성형으로 바꿔야 하는 것이다.

이런 문법상의 성별은 사람들이 실제 세계를 인식하는 데 얼마나 영향을 미칠까? 상당한 영향을 주며, 이를 뒷받침하는 연구도 있다. 1962년, 학자들은 이탈리아어 화자들에게 'o'와 'a'(각각 이탈리아어의 전형적인 남성과 여성 접미사)로 끝나는 가짜 명사들을 보여 주었다. 연구자들은 화자들에게 이 가짜 명사들이 각각 무슨 뜻일지 유추하게 하고, 좋은, 나쁜, 강한, 약한, 작은, 큰 등의 형용사와 연결시키도록 했다. 그러고 나서 여성과 남성을 똑같은 형용사를 통해서 묘사하도록 했다. 결과는 어땠을까? 여성과 같은 여성명사는 착한, 약한, 작은 것으로 묘사되었고, 남성명사와 남성은 나쁜, 강한, 큰과 연결되었다. 연구는 화자가 문법적 젠더로부터 영향을 받지 않을 수 없음을 보여 준다.

또한 명시적으로 젠더적이지 '않은' 명사 분류체계가 존재하는 언어들도 많다(렙시우스 주장처럼 이런 언어의 화자들이 성별에 대한 '더 낮은 의식'—이게 뭘 의미하든—을 갖고 있는 게 아니다). 인도 남부의 타밀어에서, 명사는 카스트에 따라 분류된다. 아메리카 토착 언어인 오지브와어는 생명력 유무에 따라서 명사를 구분한다(이 체계가 남성과 여성 분류보다 더 논리적으로 보인다).

타밀어와 오지브와어는 단어 분류체계가 자의적이지 않

고, 그 단어가 무엇을 의미하는지에 직결되는 사례다. 사람, 동물, 나무, 영혼은 오지브와어에서 생명력이 있는 단어에 속하지만, 문화적 배경으로 인해 눈雪과 요리 냄비도 여기에 들어간다. 문법상 남성과 여성의 분류가 존재하는 언어의 경우 명사 분류에서 문화적 중요도가 문제가 된다. 이런 언어들이 몇 가지 있다. 이론상으로는 문법적 성별과 인간의 성별에 대한 문화적 인식이 분리되어 나타나지 않기 때문에, 여성과 남성에 대한 화자의 인식은 언어의 영향으로부터 벗어날 수 없으며 말을 배우는 시점부터 공고해지는 것이다.

그런데 호주 선주민인 지르발 부족의 언어는 이론과 맞지 않는 예이다. 지르발어의 명사형은 네 가지다. 하나는 남성, 또 다른 하나는 여성, 다른 것은 먹을 수 있는 과일과 채소, 다른 하나는 그 나머지다. 이는 제법 직관적일 수 있지만 약간 이상한 데가 있다. 지르발어에서 동물은 특별히 위험하거나 해롭지 않은 한 남성 젠더를 받는다. 위험하거나 해가 되는 경우는 여성으로 불린다. 예를 들어서, 지르발어에서 물고기는 남성에 해당하지만, 맹독이 있는 왕퉁쏠치나 주둥이가 길고 날카로운 동갈치는 여성으로 불린다. 다른 잠재적으로 치명적인 생물뿐 아니라 불, 물, 싸움과 관련이 있는 위험한 것들도 똑같다. "이 범주에 깃든 논리는 지르발족 사람들이 어떻게 세상을 인식하며 세상과 상호작용하는지를 보여 준다." 로메인은 이렇게 말했다.

지르발족의 언어는 남성 성별을 기본으로 삼고 있는 또 다른 예시이다. 이 언어에서 남성은 남성이 아니어야 할 이유가 아닌 이상 남성으로 취급된다. 기본형이 남성인 이런 패턴은 수백 가지 언어에서 보인다. 프랑스어에서 뒤에 'e'가 오는 경우에만 여성형 명사로 취급된다거나, 이탈리아어에서 남자와 여자 아이들이 전부 '소년들'(여성만 있을 경우에 소녀들로 불린다)로 불린다거나 하는 경우가 그러하다. 그런데 남성형이 기본이 되는 형태는 에티오피아의 지지어에서도 보인다. 이 언어에서 모든 명사는 남성형이다. 오직 '자연적으로' 여성(소녀, 여자, 암소)인 경우에만 다르다. 혹은 작은 크기의 명사도 그러하다(작은 빗자루, 작은 냄비). 궁극적으로, 언어는 모든 여성적인 것을 뻔뻔스럽게 타자화하는 도구가 될 수 있다.

지르발어 체계에서, 명사는 그것이 정말로 당신을 죽일 수 있지 않고서야 남성으로 남아 있다. 위험 여부로 성별을 나누는 방식은 우리 문화와 멀어 보일 수 있지만, 영어권 화자들도 비슷한 언어를 가지고 있다. 사람이 아닌 것에 '그것' 대신 '그녀'를 붙여서 부르는 모든 예를 생각해 보라. 예를 들어서 차, 보트, 배, 대양, 나라, 네스호의 괴물, 허리케인과 같은 것들이 있지 않은가. (1950년대에, 미국 기상청은 해군 기상학자들이 선박에 여성의 이름을 붙이던 전통을 빌려 와서 허리케인에 이름을 붙였다. 다행히 1979년에는 허리케인에 남성과 여성의 이름이 번갈아 붙는 방식으로 체계가 바뀌었다.) 이 모든 것들은 크고, 도전적이며, 남성에게 정복되었던 긴 역사를 가지고 있다.

1995년, 유나이티드 에어라인은 기내지에 '보잉 뷰티'라는 제목의 기사를 실었는데, 이 기사 속 조종사는 보잉 727을 다음과 같이 표현했다. "나의 아내 조애나는 오늘 경쟁에 나섰다. 우리의 31년 결혼 생활 동안 '다른 여자'가 있다는 사실을 아내는 알고 있었다. (…) 물론 나는 지금 비행기에 대해서 말하는 것이다. (…) 하지만 그 비행기가 어떤 비행기냐." 남자는 코팅이 싹 된 자기 비행기를 자랑한다. "이 여자 예쁘지 않아?" IT업계 남자는 당신의 노트북이 잘 굴러가지 않는다면 책상 앞에 와서 이렇게 말할 것이다. "그녀를 열어 봐!" 2011년 언어학자들은 《대중문화저널Journal of Popular Culture》에서 허리케인 카트리나가 덮쳤을 당시 팔린 티셔츠에 담긴 성차별주의를 조사했다. 문구는 다음과 같았다. "카트리나, 이 썅년!", "카트리나는 나를 날리고, 삼키고, 잡아먹었다. 걸레 같으니", "카트리나는 나를 삼킬 수 있다."

1920년대에 남성 언어학자들은 물체에 인칭대명사를 붙이는 과정을 '업그레이딩'이라고 불렀다. 물체를 '그녀'라고 부르면 인간의 위치로 격상되었다는 뜻이다. 그 언어학자들은 이것이 여성을 장난감이나 재산으로 격하하는 행위이기

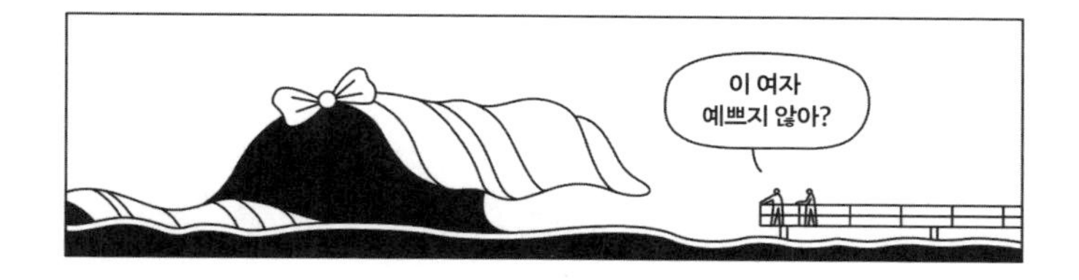

도 하다고 보진 않은 것 같다.

현실에서 여성을 자연, 영토, 기술에 비유하는 행위는 여성이라는 성별을 '타자'라는 범주로 묶는다. 로메인에 따르면, 바다와 해양과 같은 자연에 여성을 비유하는 행위는 "여성은 자연과 문명 간의 갈등, 아름다움으로 남성을 유혹하고, 끌어당기지만, 위험하기 때문에 정복해야 하는 무언가"라는 뜻을 지닌다. 여성은 식민화해야 하는 대륙이고 포위해야 하는 성채이다. 이런 감정은 그저 영어에서만 나타나지 않는다. 이탈리아어부터 시작해서 태국어에 이르기까지, 한 국가의 정부에는 '건국의 아버지'가 있는 반면, 땅은 '어머니 대지', '처녀지'라고 불리며 여성화된다. 삶에서의 비유처럼 문법에서도, 여성은 문명화된 남성 세계 바깥에 존재하는 통제되지 않는 땅이다. 우리가 여성에게 전통적으로 비유하는 약하고 여린 꽃으로 길들여져야 하는 야생적인 것이다.

어떤 학자들은 문법상의 성별이 화자의 태도에 더욱 노골적인 영향을 미친다고 믿는다. 히브리어와 같이 문법적으로 젠더화된 언어를 배우면서 자라나는 아이들에 대한 1982년 연구에서는, 이 아이들이 영어나 핀란드어를 말하는 아이들보다 젠더 정체성을 더 빨리 눈치챔을 시사한다. 이 결과에 대한 해석은 히브리어 같은 언어가 이념적으로 젠더 고정관념을 화자에게 더 빨리 심어 줄 수 있음을 보여 준다. 하지만 로메인은 그렇게 생각하지 않는다. 문제가 더 잘 보인다면, 더 잘 이야기할 수도 있기 때문이다. 로메인은 이렇게 말했다. "문법적 성별을 가진 프랑스어와 이탈리어와 같은 언어에서는, 영어에서보다 젠더로 초점이 더 잘 집중되곤 한다." 주의를 더 기울일수록, 해답을 더 빨리 찾을 수 있다.

특히 프랑스에서는 언어가 페미니스트에게 가장 강력한 저항의 도구가 되었다. 프랑스 여성들은 남성명사 대신 그 자리에 여성명사를 쓰곤 한다. 이야기나 대화의 주제를 설명하기 위해 남성인 '르 쉬제le sujet' 대신 사람이란 의미의 여성명사 '라 페르손la personne'을 쓰는 식이다. "비록 이론적으로 (…) ['주제'라는 단어는] 남성과 여성을 모두 아우르게 되어 있지만, 프랑스 페미니즘 이론의 주요한 신조 가운데 하나는 가부장제가 남성을 주제로 설정하고 여성을 효과적으로 배제한다는 것이다." 로메인은 이렇게 설명한다. "모순적이게도, 여성을 명시적으로 포함하는 문법이 여성에 대한 배제를 당연시하게 된다."

영어에서는 '사람person'과 같은 더 포괄적인 단어를 '남자man'를 대체하는 데 쓴다. 예를 들어서 '체어퍼슨chairperson'과 '세일즈퍼슨salesperson' 같은 단어가 있다. 그러나 이때 차이가 있다. 영어가 단어로부터 젠더를 없애 버리려고 한다면, 프랑스어의 '라 페르손'은 명시적으로 여성이라는 점이다. 영어의 '퍼슨'은 적극적으로 주제의 위치를 여성형 토양으로 바꾸는 변화를 줄 때만큼 극적이지는 않다. "프랑스 여성들이 '페르손'을 쓰는 일의 정치적인 중요성은 영어로 들어오면 사라지게 된다." 로메인은 말했다. 그리고 영어 속에서 페미니스트들이 이 문제에 관심을 갖게 하는 것도 마찬가지로 그리 중요해 보이지 않게 된다. 그저 '허스토리herstory', '워민womyn', '쉬어로shero'와 같은 언어유희 혹은 다시 쓰기 정도가 된다.

이 문제가 주목받지 못하는 이유는 이미 젠더 중립적인 어휘를 '여성화'하는 것이 모두에게 멋진 생각으로 보이지 않기 때문일 수 있다. 많은 여성 코미디언들은 '코미디엔comediennes'이라 불리는 걸 싫어한다. "싫어요." 2016년 〈브로드 시티〉의 스타인 일라나 글레이저는 《엘르Elle》에서 말했다. "여자 의사를 '닥터레스'라고는 안 하잖아요?" 마거릿 조가 그 말에 동의했다. "나는 스탠드업 코믹이 좋아요. 그냥 코믹."

심리언어학 연구는 영어에서 '-엣-ette', '-에스-ess' 같은 접미사가 적극적으로 부정적이거나 최소한 축소적인 함의를 가지고 있다고 밝혔다. 결국, '-엣'은 여성형 접미사로 시작한 게 아니었지만, 결국 더 가치가 작고 적은 것을 지칭하게 되었다(키치넷kitchenette, 시가렛cigarette 등). 여배우를 뜻하는 액트리스actress나 여종업원을 뜻하는 웨이트리스waitress와 같은 단어는 일상에서 쓰이지만, 그보다 더 많은 젠더화된 명사가 존재했었다. 여성 이웃neighboress, 여가수singeress, 여자 하인servantess, 여성 배우자spousess, 여자 친구friendess, 여자 농부farmeress, 심지어 실제로 중세 영어에는 여자 의사인 닥터레스doctoress도 있었지만 이 언어들은 어둠 속으로 사라졌다.

많은 여성들은 여성화된 접미사에 반대하지만, 어떤 이들은 이를 좋아한다. '여자 작가', '여성 과학자'와 같이 자신의 젠더를 강조하고 싶은 여성들이 적극적으로 그렇게 한다. 이들은 노골적으로 '여자다운' 문법구조를 기뻐하고 이에 자신을 등치한다. 얼마전에 나는 소셜미디어에 이탈리아어에서는 암컷과 수컷 코끼리를 구분한다는 내용을 올렸다. '엘레판테elefante'는 '남자 코끼리'를, '엘레판테사elefantessa'는 '여자 코끼리'를 말한다. 이때 내가 받은 코멘트 중 절반은 이것이 쓸모없거나 이상하다는 것이었지만, '-에사-essa'라는 접미사가 매력적으로 여성스러우며 하나도 사소한 느낌을 주지 않는다고 생각한다는 여성들의 메시지도 있었다.

많은 여성들은 여성형 접미사를 매력적으로 생각한다.

소녀들이 과학, 기술, 공학, 수학을 추구하도록 격려하는 영국 단체는 단체 이름을 '스테멧STEMette'이라고 지었다. 나는 자신을 '엔터프러너레스enterpreneuress'라고 부르는 여성 기업가의 웹사이트도 보았다. 이 단어가 성차별적인지 아닌지에 대해서는 결론이 나지 않았다. 하지만 이 언어들을 왜 그렇게 생각하게 되는지를 우리 인식과 연결 지어 볼 만하다.

문법적 젠더를 비판함으로써 여성들만 혜택을 보는 것이 아니다. 트랜스와 젠더 비순응적인 이들에게도 이는 정치적으로 의미 있고 분명 실용적이다. 스스로를 여성 혹은 남성으로 정체화하지 않는 사람들은 프랑스어와 같은 언어에서 난감할 거라고 생각하지만, 그들은 이 문제를 해결하기 위한 꽤나 창의적인 방안을 만들어 냈다. "사람들은 이분법적인 젠더 체계를 통해서 스스로를 이분법 바깥에 위치시킬 수 있다." 샌타바버라의 언어학자인 랄 지먼은 이렇게 말한다. 그는 이분법 체계를 가지고 어떻게 젠더 통합적인 교육을 제공해야 하는지를 주제로 교사들에게 워크숍을 연다.

예를 들어서 히브리어권의 퀴어들은 남성과 여성형을 혼합하거나 완전히 새로운 형태를 만들어 내서, 영어권 화자들에겐 없는 표현 방식을 통해 자신의 젠더 정체성을 표현한다. 2016년, 매릴랜드에서 열린 히브리어 여름 캠프에서 젠더화된 접미사를 고쳐서 아이들로 하여금 모두가 포용된 느낌을 경험하게 했다는 뉴스가 있었다. 히브리어는 이탈리아어와 같이, 집단 내 소년이 한 명만 있어도 '아이들'을 남성형으로 쓰게 되어 있다. '아이들'을 나타내는 히브리어 단어는 끝이 '-임-im'으로 끝나고 여성 버전은 접미사 '-옷-ot'으로 끝난다. 이 모샤바 캠프에서는 소년과 소녀 모두에게 이 둘을 합쳐 완전히 새로 발명한 접미사 '-이못-imot'을 사용했다. 심지어 히브리어에서는 '캠퍼'라는 단어도 젠더화되어(남성은 chanich, 여성은 chanichagh) 있어서 스스로 어디에도 속하지 않는다고 여기는 사람들은 배제된다. 그러나 캠프에서는 논바이너리 아동도 젠더 중립적인 새로운 단어chanichol를 사용할 수 있었다.

사회언어학자들은 새로운 언어들이 매력적이고 흥미롭다고 생각하지만, 모두가 그렇게 신나게 여기는 건 아니다. 내가 아는 사람들은(혹은 〈레딧〉을 보라)—그러니까 '적절한 문법'에 대해서 전혀 생각하지 않거나 관심도 없는—누군가가 원한다고 그들 마음대로 단어를 바꾼다는 사실에 무척 불편해한다. 그들이 보았을 때 문법은 그렇게 자유롭게 도전할 수 없는 지고의 권위이다.

미국에서 이 문제는 대명사와 관련이 많다. 트랜스젠더와 논바이너리 정체성이 더욱 가시화되면서, "선호하는 대명사"[39]가 더 많이 논의되고 있다. 여성이나 남성 정체성을 갖지 않은 많은 사람들이 단수의 '그들they'을 사용한다. 그러나 모두가 여기 동참한 건 아니다. '그들'을 싫어하는 사람들은 이 말이 복수로 읽힐 수 있다는 이유로 저항감을 표한다. 그렇게 하면 문법적으로 올바르지 않다는 것이다.

하지만 이 논리에는 두 가지 결함이 있다. 우선 복수형 대명사를 통해서 단수를 의미하는 방식은 영어권 화자들에게 새로운 방법이 아니다. 몇백 년 전, 이인칭대명사인 유you는 오직 복수에만 쓰였다. 단수형 다우thou는 따로 있었다('살인하지 마라Thou shalt not kill', '거짓말하지 마라Thou shalt not lit'). 결국 '유'는 이전의 단수형 이인칭을 완전히 밀어내면서 단수로서의 의미까지 갖게 되었다. 그러니 누가 '그들'에도 같은 변화가 일어나지 못할 거라고 말할 수 있을까?

다른 문제는 많은 사람들이 인지하지도 못한 채 이미 단수로서의 '그들'을 쓰고 있다는 사실이다. 다만 너무 자연스러워서 모를 뿐이다(나는 이 장에서 단수로서의 '그들'을 한 번 썼다. 찾는 사람에게 100점 드린다). 영어권 화자들은 중세 시대부터 젠더가 확실하지 않은 사람을 가리킬 때 단수형으로서의 '그들'을 썼다("누군가가 문루에 '그들의their' 잔을 두고 갔다"). 문법 규칙에 대해

39 "선호하는 대명사"를 인용부호로 표기한 까닭은 논바이너리 친구들은 그 명칭을 잘못되었다고 보기 때문이다. 대명사란 선호되거나 말거나 하는 게 아니라, 맞거나 틀린 것이기 때문이다. 논바이너리에게 젠더화된 대명사는 내 엄마를 '그 남성'이라고 말하는 것만큼이나 잘못됐다. 선호가 아니라 정확도의 문제라는 것이다.

서 말하는 거라면, 단수로서의 '그들'은 18세기 후반까지 일반적인 삼인칭 단수로 완벽하게 받아들여졌다. 18세기 후반에 이르러서야 문법학자들은 '그he'를 써야 한다고 말하기 시작했다. 어떤 논리였을까? 라틴어에서 그렇게 하기 때문이다(영어권 화자들의 라틴어 집착은 우리가 헷갈리는 많은 문법 규칙에 영감을 제공했다). 그 결과, '그'가 받아들여지고, 교육자들이 이를 쓰고, 그러면서 '그들'이 문법적으로 받아들여질 수 없을 뿐 아니라 기본적으로 '비논리적'이라는 주장이 생기게 되었다.

그러나 당시 일상에서 수없이 많은 사람들—존경받는 많은 작가들을 포함해서—은 '그' 규칙을 버리고 '그들'을 썼다. 제인 오스틴은 여섯 권의 소설에서 단수로서의 '그들'을 75번 쓴다. (『오만과 편견Pride and Prejudice』을 보라. "그들their의 현재 감정이 어떤지를 알지 못하고서 누군가any person가 이전에 했던 잘못을 드러내는 건 정당치 않게 보였다.") 이후 '그'가 성차별적이라는 제2물결 페미니스트들의 주장에 더해서, 문법적 권력을 가진 이들이 이 말을 듣게 되었다. 오늘날 『AP통신 스타일북AP Stylebook』을 비롯한 많은 권위 있는 문법 자료들, 그리고 페이스북이나 캐나다 정부 같은 영향력 있는 기관까지도 단수형으로서의 '그들'을 공식적으로 받아들이고 있다. 책이 무엇이라 하든 간에 실제 용법에서 많은 사람들이 '그들'이 '그'보다 낫다고 생각해서 쓰고 있기 때문이다.

근래 '그들'을 단수로 쓸 때 문제는 그저 누군가가 '그'인지 '그녀'인지 식별할 수 없기 때문에 '그'나 '그녀'를 사용해 달라고 요구받을 때에만 일어난다. 그럴 때면 '그들'이 기본적인 문법 규칙을 얼마나 무시하며 귀찮고 혼란스러운지에 대한 주장을 듣게 된다. 나는 완전히 새로운 대명사를 쓰면 지칭하는 사람이 복수형이 아니라 단수형일 테니 문제가 전부 해결될 것이라 말하는 사람들을 알고 있다. 하지만 시도를 해도 먹히지 않았다는 게 문제다. 20년 전, '그들'은 젠더퀴어 공동체에서 지금처럼 가장 흔히 쓰이는 논바이너리 대명사가 아니었다. 그전에 '지ze'가 있었다. 이 젠더 중립적 대명사는 단수였지만, 마찬가지로 반대에 떠밀리게 된다. 영어권 화자들에게 새로운 단어를 배우는 일은 기존에 있는 단어를 약간 새로운 맥락에서 쓰는 일, 즉 '그들'을 쓸 때 요구되는 것보다 더 어려웠다. (그렇지만 현대사에서 완전히 새로운 대명사가 먹힌 일이 하나 있었다. 2014년 7월 스웨덴의 젠더 중립적 삼인칭 단수인 '헨hen'은 '한han'과 '혼hon', 즉 그와 그녀를 말하는 대명사에 더해서 사전에 등재된다. 많은 이들은 약간 불평을 하면서도 '헨'을 받아들였다.)

고백하건대, 타인을 지칭할 때 '그들'을 쓰는 일은 어려울 수 있다. 새로운 기술이 다 그렇지 않은가. 연습을 요한다. 많은 사람들은 그럴 때 일어나는 정직한 실수를 개의치 않는다. 나도 단수형 '그들'을 쓰는 동안 많이 넘어지면서 배웠다.

하지만 그때의 실수는 진정한 배움에서 일어났고, 누구도 화를 내지 않았고, 단수형 '그들'은 자연스럽게 스며들었다.

이런 대명사 게임으로 넘어가고 싶지만 여전히 약간 혼란스러운 이들에게, 랄 지먼은 엄청난 팁을 주었다. 사람들의 대명사를 그들의 이름처럼 여기는 것이다. 다른 사람들을 보기만 해서는 이름을 알 수가 없다. 만일 이름을 알고 싶다면, 물어보아야 한다. 그리고 이름에 대해서 논쟁한다는 건 이상하고 무례해 보인다. 모두가 자신의 고유한 이름을 가지고 있다. 기억하거나 발음하기 어렵기는 하겠지만, 이것을 배우고자 노력하는 건 기본적인 예의이다. ("이름이 크리센서멈이라고요? 너무 길어서 싫은데. 그냥 밥이라고 부를게요." 이게 말도 안 되는 소리이듯 그들의 것이 아닌 대명사를 사용해서 사람을 부르는 일도 똑같다.) 사람들은 그들이 원하는 대로 이름을 바꿀 수 있다. 처음에는 새 이름이 어려울 수 있다. 그건 괜찮다. 하지만 사람들은 받아들여야 한다. 그렇지 않다면 마찬가지로 이상하고 무례할 것이다. 실제로, 지금으로부터 20년 뒤엔 이름과 대명사를 소개하는 게 새로운 규범이 될 수 있다. "안녕, 나는 어맨다고 '그녀'라고 부르면 돼. 넌?", "나는 샘이고 '그들'이야. 만나서 반가워." 이게 그렇게 펄쩍 뛸 일인가?

누군가는 그렇게 여기지만, 새로운 대명사를 배우지 않겠다고 완강하게 나오는 사람들에게, 문법은 방어 논리가 될 수 없다. 언어학자들은 그게 그다지 문제가 되지 않는다고 말하기 때문이다. 만일 여러분이 논바이너리 정체성을 인정하지 않거나 그것을 인정할 필요성을 느끼지 못한다면, 젠더 중립적 언어를 쓰는 것을 피할 이유를 찾으려 할 수도 있다. "이건 사람들이 결론을 내려놓고 뒤로 돌아가 주장을 찾는 일이죠." 랄 지먼은 '그들' 대명사를 쓰는 자기 파트너가 어머니와 대명사를 놓고 부딪히는 일에 대해서 내게 이렇게 말했다. "어머니는 '그들'이 본인에겐 복수형이기 때문이라고 계속 주장해요. '지'를 쓰면 더 낫겠다.' 그래서 결국 파트너는 '알았어요. '지'를 쓰는 게 정말 더 쉽겠다면 그렇게 하세요.' 그렇지만 어머니의 정확성은 결코 더 나아지지 않았죠."

언어학적 구조를 변화시키는 이런 시도가 이토록 큰 반응을 불러일으키는 건 이해가 된다. 그저 젠더화된 대명사가 문제인 것만도 아니기 때문이다. 논바이너리 정체성과 단수로서의 '그들'이 주류 문화 대화의 일부이기 한참 이전부터, 영어권 화자들에게 어떤 문법적 기준은 높게 평가받았다. 수 세기 동안, 그리고 역사적으로, 젠더는 여기 결부된 일이 거의 없었다. 대신 돈과 사회적 계급이 문제였다.

유럽 봉건제 시대—군주, 숙녀, 농민의 시기—에는 가난하게 태어났다면 계속 가난했다. 이때는 '적절'하게 말하기를 배운다는 게 아무 의미가 없었다. 삶에서 어떤 것도 바꿀 수 없었다. 그렇지만 15세기 봉건제가 끝나면서 계층 이동에 대한 새로운 기회가 열렸다. 그러면서 인쇄매체가 만들어지고, 문법 지침이 발행되었다. 이제 더 높은 사회계층의 일원이 될 수 있었고, 사람들은 어떻게 높은 계층 사람들처럼 말할 수 있는지 관심을 갖게 되었다. 그러면서 언어의 '표준적' 형태가 국가와 교육체계에 의하여 승인되고, 언어학적 위계로 인해 강화됐다. 지난 몇 세기 동안, 위계의 사다리를 올라가는 일의 중요성은 문화적으로 점점 더 고착화되었다.

미국에서는 영문법을 숙달하는 일이 아메리칸 드림과 연결되었다. 1세대 미국인인 내 친구의 일본인 아버지는 은어를 쓸 때마다 항아리에 1달러씩 벌금을 넣게 했다고 한다. "그렇게 하면 하층민 같아진다고 생각했지." 그는 말했다. "아버지는 이민자였어." 내 친구 아버지와 같은 사람들에게는 '적합한' 영어를 쓰는 일이 흰 울타리가 둘린 큰 집에 살 수 있는 길이었다. 최고경영자가 되고 싶다면 그들과 비슷한 말씨를 써야 하고, 문법에 신경 쓰지 않는 건 자신의 미래에 대해서 신경 쓰지 않는 셈이었다.

물론 언어 순수주의자들이 다 같은 배경을 갖고 있거나 같은 어젠다로 빨간 펜을 휘두르는 건 아니다. 많은 이들이 '그들'을 사회적인 보수주의 때문에 반대하지만, 미국에서 가장 열렬한 문법 속물은 좌파에서 나오기도 한다. 데버라 캐머런은 2014년 트위터를 하면서 교육받은 진보주의자들이 그들의 문법적 스킬을 활용해서 얼마나 자주 편협한 사람들과 맞서는지 알게 됐다고 했다. 2016년 트위터를 보자.

> A: **이성애자 남자로서 니는 니 애 선생님이 동성애자면 어떻겠냐?! 매일 그들의(their) 함께 8시간이나 보내게 될 텐데!**
>
> B: **게이 선생님이 내 아이에게 그들은(they're)과 그들의(their)와 그곳에서(there)의 차이점을 가르쳐 준다면, 난 좋을 거 같아.**

목소리 대부분이 온라인으로 표출되는, 지극히 양분된 정치적 세계에서 이 트윗[40]과 같이 문법에 기반해 비꼬는 것은 인종주의, 동성애 혐오, 외국인 혐오 발언에 대항하는 데 도움이 되었다. 2016년 영국에서는 백인 남성이 이주자 여성에게 치근덕대자, 그 여성이 "나 너보다 영어 잘해!"라고 맞받아친 이야기가 돌았다. 당시 희롱을 당했던 여성은 기자에게 그 남성의 "문법이 엉망진창이었다"고 말했다.

어떤 상황에서 자신을 어떻게 방어했는지를 두고 누군가를 비난할 수는 없다. 하지만 왜 적보다 문법을 잘 안다고 주장하는 것이 자주 무기로 선택되는지를 물어볼 수는 있다.

40 '그들은, 그들의, 그곳에서'와 '너의your, 너는you're, 옛날yore'을 뒤섞는 것은 문법이 아니라 맞춤법의 문제다. 하지만 결국 현학적인 체하는 건 똑같다.

언어학자들은 편협한 사람들이 부패했을 뿐 아니라 멍청하며, 그 둘이 연결되어 있다는 개념이 전제되어 있기 때문이라고 한다. "이는 지적으로, 문화적으로, 또한 도덕적으로 우월하다는 감정을 느끼도록 허용해 준다." 캐머런은 이렇게 설명했다. 이는 만족스러운 감정이지만, 문법과 도덕은 사실상 별 상관이 없다. 그리고 적들의 형편없는 문법을 지적하는 일은 당신이 더 나은 사람이라는 걸 입증해 주지 못한다. 이 말은 당신이 교육받을 기회를 더 가졌음을 의미하고, 더 많은 시간을 표준 영어를 배우는 데 들였다는 의미를 지닌다. 하지만 누군가가 하는 말의 도덕적 중요성은 내용에 있지 문법에 있지는 않다. 캐머런이 말하기로, "히틀러가 문법적 일관성을 지켰다고 해서 덜 파시스트인 건 아니었다."

전치사 사용이나 한정어를 감시하는 또 다른 문제는 많은 경우에 '형편없는 문법'이 그저 비표준적 영어를 사용하는 사람들을 향한 비판일 수 있기 때문이다. 예를 들어서, 아프리카계 미국인 방언을 사용하는 사람들은 이중 부정을 쓴다("나 아무 말도 안 했어I didn't say nothing"). 그런데 이 언어가 체계를 가진 방언이라는 걸 깨닫지 못하고, 이중 부정이 실수가 아니라 그들이 가진 문법의 정당한 일부라는 걸 모른 채 이를 지적할 수 있다. 이중 부정은 우리가 표준 영어에서 사용하지는 않지만 이전에는 활용했던 것이었다. 초서부터 셰익스피어까지,

그리고 당시의 모든 화자들이 일상에서 이중 부정을 구사했다. 영어의 표준화가 진행되던 시기에 문법학자들이 라틴어를 따라 하자고 하면서 이중 부정을 무효화하고, 이것이 '옳지 않다'고 말하기 전까지는 그랬다.

언어학자들은 언어의 비표준적 형태가 객관적으로 '나쁜' 것이 아니라는 걸 알고 있다. 예를 들어서 '히 이즈he is' 대신 '히 비he be'[41]라고 말하는 것처럼, 문법적 형태 자체는 우리가 영어 시간에 배운 것에 비해서 본질적으로 더 나쁘거나 좋은 게 아니다. 그저 우리가 그 언어를 사용하는 사람들에 대해서 어떻게 느끼느냐를 두고 낙인을 찍는 것이다.

교육을 많이 받은 이들이 문법 경찰로 나설 때, 그들은 여성들이 업토크나 보컬 프라이를 할 때 여성 혐오자들이 하는 일과 같은 걸 하는 셈이다. 누군가가 어떻게 말하는가에 비추어서 그 사람을 평가하는 것이다. 식견 있는 청자라면 오히

41 아프리카계 미국인 방언에서는 '관습적인 be'라고 불리는 독자적인 문법적 시제가 있다. 이 화자들이 동사 변화를 하는 대신 be동사의 원형을 모든 상황에서 사용한다는 게 이 용례에 대한 흔한 오해인데, 사실상 그 두 가지는 다른 의미를 갖는다. 관습적 동사 원형은 반복되거나 일상적인 행위를 말한다. 그런데 현재형으로 변화를 하게 되면 '지금' 그 행위를 하고 있다는 뜻이 된다. 2005년 있었던 유명한 실험 중에, 각각 표준 영어와 아프리카계 미국인 방언을 쓰는 젊은 화자들에게 쿠키 몬스터가 지켜보는 동안 엘모가 쿠키를 먹는 장면을 보여 준 것이 있었다. 두 그룹 아이들은 엘모가(is) 쿠키를 먹고 있는 데 동의했지만, 아프리카계 미국인 방언의 화자들은 쿠키 몬스터가(be) 쿠키를 먹는다고 말했다. 그것이 쿠키 몬스터의 습관으로 잘 알려져 있기 때문이다.

려 누군가의 문법에 대해 언급하는 행위가 그저 메시지를 피하려는 것임을 안다. "언어를 가지고 현학적인 척하는 건 속물 행위이고 속물 행위는 편견에 근거하죠." 캐머런은 말했다. "그리고 그건, 장담하건대, 자랑스러울 일이 못 돼요."

단수로서의 '그들'부터 트위터 문법충, 그리고 프랑스의 아카데미프랑세즈에 이르기까지 문법을 지적하는 이들에게는 공통점이 있다. 정치적 신념이 무엇이든 간에, 발화에서 일어나는 변화를 교정하거나 멈추고자 하는 깊은 열망이 있다는 것이다. 모든 사람에게 이는 실제로 존재한다. 언어가 변화하면, 삶에서 어떤 것이 변화할 때와 마찬가지로, 사람들은 어쩔 수 없이 귀찮아진다. 언어의 변화는 더 큰 사회적 변화의 신호이기 때문에 이는 사람들을 불안하게 만든다. 그래서 사십 대 이상의 사람들이 십 대의 은어에 그토록 치를 떠는 것이다. 새 세대의 등장을 의미하기 때문이다. 어머니의 친구 중 하나인 오십 대 후반 남성은 그가 요즘 은어들을 얼마나 '싫어하는지' 말해 주었다. 그 이유는 "영어의 발전에 도움이 되지 않기" 때문이었다. 이 말이 재미있는 까닭은 40년 전 그의 부모님 역시 '쿨cool'이나 '버머bummer', '프리킹 아웃freaking out'과 같은 은어들을 두고 똑같은 반응을 보였기 때문이다. 이 말들은 이제 적합한 영어로서 자리를 꿰찼지만 처음에는 똑같이 짜증나는 십 대 은어로 출발했다.

이런 언어의 변화 가운데 평가가 가장 나쁜 건 정치적 올바름과 관련된 것이다. 보수적인 미디어는 이 개념을 부정적으로 묘사하고, "이제 무슨 말도 못 한다"라는 생각을 퍼뜨린다. 미스터Mr., 미세스Mrs.를 쓰는 대신에 단수로서의 '그들'과 '믹스Mx.'를 쓰고, '소년 소녀' 대신에 '친구들'을 쓰는 일이 발언의 자유를 침해한다는 것이다.

그런데 현실에서는 누구도 그렇게 말해야 한다고 강요할 수가 없다. 정치적 올바름은 우리의 표현의 자유를 전혀 해치지 않는다. 정치적 올바름으로 인해 정말 위협받는 건 단어 선택과 정치학을 분리할 수 있다고 생각하는 개념이며, 어떤 소통 방식을 택하느냐가 우리가 누군지 더 잘 말해 주는 건 아니다. 미국 영어를 쓰는 화자로서, 우리는 원하는 언어를 택할 자유가 있다. 우리는 우리 언어가 사회적, 도덕적 신념을 반영한다는 사실을 알아야 한다. 그래서 '코믹' 대신 '코미디엔'을 쓰거나 페라리를 '그녀'라고 묘사한다면, 그저 단순한 성차별 때문이 아니라 젠더 평등에 대한 무관심을 표했다는 사실로 지적을 받는다는 걸 알아야 한다. 정치적 올바름 때문에 무슨 말을 못하는 것이 아니고, 정치적 중립이 더 이상 선택 사항이 아니란 것이다.

언어 변화를 반대하는 방어 논리 가운데 하나로, '머리가 그렇게 돌아가지를 않는다'는 말을 하기도 한다. 그들은 젠더 중립적인 대명사와 같은 새 규칙을 '다룰 수' 없다고 한다. 그에 대한 내 답은 이렇다. 다음 세대가 그런 머리를 가질 수 있도록 하면 어떨까? "가장 필요한 것은 초기에 언어를 가르치는 방식을 바꾸는 겁니다." 랄 지먼은 말했다. 만일 대명사를 쉽게 바꾸어 쓰는 것이 유용한 스킬이라고 한다면, 언어교육에 이 내용이 포함되어야 한다. 문법 수업을 할 때 젠더 통합적 언어를 포함할 수도 있다. 언어학적 유연성을 습득하는 것이 '웰'과 '굿'을, '유어your'와 '유아you're'를 구별할 줄 아는 것만큼 인정받지 않을 이유가 없다.

그러는 사이에 우리는 최선을 다해서 새 흐름에 합류할 수도, 하지 않을 수도 있다. 하지만 우리가 무엇을 택하든지 간에, 언어는 상관없이 즐거운 길을 찾아갈 것이다. 편협한 사람들과 속물은 역에 남을 것이고, 유연하고 젠더 통합적인 재주꾼들은 석양 속으로 사라질 것이다.

그곳에서 당신을 만나기 바란다. 꽤 재미난 일이 생긴다고 들었으니까.

6장

캣콜링 하는 놈을 혼란스럽게 만들기

그리고 가부장제를 언어로 깨부수기

인도에 '이브 티징Eve teasing'이라는 말이 있다. 제법 시적인 단어라고 생각한다. 지구 최초의 남성이 미풍에 무화과나무 잎을 펄럭이며 살금살금 지구 최초의 여성에게 다가가는 모습을 상상한다. 시리아에서는 '탈티시taltish'라고 한다. 그렇게 순진무구한 어감은 아니다. 한 쌍의 거친 't'가 주는 어감은 매우 팔팔해서 마치 얼굴에 마티니를 끼얹는 모양새를 생각하게 한다. '피로포스pyropos'는 라틴아메리카에서 인기 있게 쓰이는 단어다. 이 단어는 고대 그리스어인 '피로푸스pyropus'에서 왔는데, '불 같은 색'이라는 뜻이다. 로마인들은 이 말을 심장을 상징하는, 루비와 비슷한 '붉은 보석'이란 의미로 썼다. 이런 이유로 남성들은 여성에게 구애할 때 이 보석을 주었다(보석을 줄 돈이 없는 사람들은 대신 멋진 시구를 선물했다). 하지만 내가 이 현상을 묘사하기 위해 쓰는 단어는 18세기 영국에서 발명된 것밖에 없다. 당시 그 말은 형편없는 공연을 한 연기자들에게 야유를 퍼붓는 일을 가리켰다. "옷 멋지네, 신사 양반!", "무대에서 내려가!" 영어로 이 단어는 '캣콜링catcalling'이다.

매우 많은 언어에 어떤 사람이(대체로 남성이다) 길거리에서 모르는 사람(여성 혹은 여성으로 보이는 사람)에게 성적인 언사를 외치는 행위를 묘사하는 표현이 있다. 거의 모든 나라에서 이 현상이 나타나기 때문이다. 캣콜러들은 자신의 언행이 여성에 대한 칭찬일 뿐이라고 주장할 수 있다("어디 가, 자기야?", "와, 저 엉덩이 좀 봐!"). 하지만 사회과학자들과 캣콜링을 당하는 사람들 모두 실제로 그런 의도가 아님을 안다. 대학생 때, 모두가 나를 섹시하다고 느낀다는 데 신이 날 수 있는 나이에, 미니드레스와 하이힐에서 핼러윈 파자마에 이르기까지 무슨 옷을 입어도 나는 캣콜링을 당했다. 파자마에는 '까꿍!'이라고 쓰여 있었고 캣콜러도 똑같이 말하면서 청혼을 했다.

그 남자는 나와 결혼을 하고 싶었던 것도 내 기분을 좋게 해 주고 싶었던 것도 아니다. 그가 원한 건 내가 자기 말을 듣고 그저 나에 대한 통제권을 쥐었다고 생각하는 거였다. 단 몇 초라도 말이다. 캣콜링은 섹스에 대한 문제가 아니라 권력에 대한 문제다.

가부장제가 시작될 때부터 언어는 남성들이 여성 및 여

타 억압받는 젠더에 대해 지배권을 행사하는 주된 도구였다. 그들에게 벌어지는 일에 대한 통제권이 남성에게만 있었다. 그러니 공공장소에서 모르는 사람에게 추접스러운 말을 하는 건 가장 외설적인 전략 중 하나일지 몰라도, 유일한 전략이 될 수는 없다. 마찬가지로 여성들에게 '과하게 감정적이다', '호르몬에 좌우된다', '미쳤다', '히스테리컬[42]하다'고 꼬리표를 붙여서 여성들의 경험을 믿을 수 없게 만들거나, 혹은 (대체로 무의식적인) 종속의 형태로서 전문적인 여성 동료들을 '자기', '숙녀'라고 부르는 것은 권한을 박탈하는 행위다. 나는 한때 모든 여성 직원들을 머리색으로 부르던 회사에 다닌 적이 있었다. "오늘 일찍 왔네, 블론디", "핑크, 글은 어떻게 되어가?" (머리에 지그재그를 넣은 남자 직원과 함께 일을 했지만, 사장은 그를 대니얼이라고 불렀다.)

젠더에 기반해 여성에게 말하는 방식 중에는 '훈계', 맨스플레인mansplain이라고도 불리는 태도도 있다. 최근 사건 가

42 '히스테리아'는 몇천 년에 걸쳐서 젠더화된 단어다. 고대 그리스어로 '포궁'을 일컫는 이 단어는 이유 없이 감정적 불안정성을 띠는 '여성의 정신장애'를 묘사하는 단어였다. '히스테리컬한 격발'이라 불리는 이 증상에 대한 흔한 치료법은 남성 의사가 여성 환자를 오르가슴에 이르게 하는 것이었다. 오늘날 정신의학 전문의들은 히스테리가 다행히도 진짜 질병이 아니라는 걸 이해한다. 하지만 '히스테리컬'하다는 단어는 남아 있다. 정당한 병을 가지고 있는 여성이라고 하더라도, 의사가 당신의 상태가 정상이라고 볼 때 그런 단어를 써서 타당성을 무효화하려 들 수 있다. 사람을 진짜로 미치게 할 수 있는 좋은 조건이라고 할 수 있겠다.

운데 가장 노골적인 맨스플레인 사례는 2017년 캘리포니아 대학교 데이비스캠퍼스 교수인 베로니카 휴비니Veronika Hubeny를 비롯해 물리학 패널 총 여섯 명이 모였던 자리에 대한 영상이었다. 한 시간 정도 논의를 한 뒤, 남자 사회자(물리학자가 아니다)가 휴비니에게 드디어 질문을 하게 되었는데, 휴비니가 말을 시작하자마자 말을 끊더니, 그녀의 연구를 자기가 직접 소개하려고 시도하다가 실패했다. 결국 한 청중이 "제발 휴비니가 말하게 둬!"라고 소리를 질렀다. 객석에서 박수가 터져 나오고, 드디어 사회자는 입을 다물었다.

여성이 말하는 동안 계속 끼어드는 행위는 통제의 수단이다. 많은 연구에서 여성들이 남성보다 더 많이 방해를 받는 일상을 살아간다는 사실을 보여 주었다. 일을 할 때에도 그렇고 사회적인 상황에서도 그렇다(1975년 진행된 소규모의, 그러나 무척 중요한 연구에서 밝히길 혼성 대화 상황에서 말을 끊는 사람이 98퍼센트의 경우 남성이다). 최악은, 아예 대답을 하지 않는 상황도 있다는 점이다. 로빈 레이코프는 말을 끼어드는 행위는 상대가 말할 권리가 없다고 보거나, 그들이 말하는 게 중요치 않다는 의미이지만, 무응답은 이를 당하는 피해자로 하여금 아예 말을 시작할 수 있는 존재 자체를 부정하게끔 한다고 보았다. 여성이 의미 있는 기여를 할 수 있다는 생각 자체가 너무나 무의미한 나머지 여성의 말은 그저 바람소리와 비슷하게 취급되어서 어떤 응답도 필요로 하지 않는다는 점이다. 나는 어떤 집단에서 프로젝트 제안 발표를 한 적이 있다. 보스는 육십 대 영국인이었다. 그는 회의 내내 아무 말도 하지 않더니, 내가 말을 끝내자, 내가 그곳에 오기 전에 동료와 하던 대화를 이어 갔다. 마치 내가 말을 하던 45분이…… 존재한 적 없던 듯 말이다.

그리고 여성이 이런 공격에 대해서 이야기할 때 여성의 증언을 기각하는 행위도 존재한다.

남성이 여성을 지배하기 위해서 언어를 정규적으로, 일상적으로 사용한다는 사실은 새로운 일이 아니다. 여성들이 최근까지 법적으로나, 정치적으로나 사람으로 고려되지도 않았다는 사실을 잊기 어렵다. (미국 여성들은 1800년대 후반까지 재산을 소유하지도 못했고, 그로부터 반세기가 지나도록 자유롭게 투표하지 못했으며, 그나마도 백인 여성들만 해당되었다.) 여성이 비즈니스와 정치에서 점진적으로 대표성을 띠게 되었지만, 그럼에도 상황이 전체적으로 자연스레 나아지지는 않았다. 오히려 여성들이 더 많은 자유와 통제권을 가질수록 남성들이 언어를 휘두르는 경향도 높아졌다. 남성들은 긴 세월 동안 모두를 향해서 말하는 데 너무나 익숙했고, 여성들이 조금씩 그들의 영역으로 들어갔기 때문에, 그들은 자신의 권한이어야 마땅하다고 오랫동안 생각해 왔던 힘을 휘두르기 위해 뭔가 해야 한다고 느꼈다. 캣콜링, 방해, 여성이 미쳤다며 무시하기, 혹은 다른 방식의 침묵하기는 권력을 향한 점진적인 도전에 대응하는 방식들이다. 이는 모두 여성이 말하거나 생각하는 것이 부적절하다고 하면서, 그들이 갓 요구하기 시작한 권한으로부터 그들을 멀리하게 만드는 정당화의 방식이다.

"침묵은 언제나 정치적이다." 로빈 레이코프는 1992년 보고서에 이렇게 썼다. "목소리를 잃는 일은 어떤 일이 일어났는지에 대해서 '말'할 수 없고, 재현할 수 없는 것이다. (…) 발화를 빼앗기는 일은 자신이 바라보는, 그리고 다른 사람들이 바라보는 자신으로부터 인간성을 빼앗기는 일이다." 인간성을 빼앗기면, 그들을 동등하게 대해야 하는 의무도 사라진다. "따라서 모든 형태의 여성을 침묵시키는 행위는 남성으로 하여금 대화를 더욱더 즐기게 해 주는 편리함 이상을 의미한다." 레이코프는 말했다. "이는 정치적 불균형을 만들어 내고, 강화하고, 불가피하게 만드는 기본 도구이다."

희망적인 진실은, 이 불균형이 사실은 불가피하지 않다는 데 있다. 이를 고쳐서 말해 보자면, 우리에게 필요한 것은 현재 마이크를 독점하고 있는 사람들—따라서 사회적, 정치적으로 독점하는 사람들—에게 초등학교 선생님들이 우리에게 말했듯이 차례대로 돌아가면서 말해야 한다는 사실을 깨닫게 하는 것이다. 또한 우리에게 필요한 사실은 자신들에게 마이크가 돌아갈 만하지 않다고 믿는 사람들이 마이크를 쥘 수 있도록 믿게 하는 것이다. 하지만 왜 이런 방식으로 언어적 지배가 일어나는지 이해하기 전까지 둘 중 어떤 일도 일어나기 어렵다. 우리는 캣콜링, 방해, 다른 방식의 언어적 희롱의 사회적 기능에 대해서 이해해야 한다. 이러한 이해는 우리로 하여금 왜 언어학적 힘을 다루는 현재의 전략이 그다지 효과적이지 않았으며, 앞으로 어떻게 해야 하는지를 깨닫게 해준다.

최근의 역사에서, 언어적 지배와 관련된 상황은 점점 더 나빠지고 있다. 2017년 연구에 따르면, 1990년, 2002년, 2015년 대법원의 구두 진술을 분석한 결과 여성 법관이 더 늘어날수록, 여성에 대한 방해가 나아지기는커녕 더 심해졌다. 더 많아진 여성 법관들로 여성의 권력이 정상화되기는커녕, 오히려 반대 결과를 낳은 것이다. 연구자들은 이렇게 썼다. “방해는 지배하려는 시도이다. (…) 그리하여 여성이 힘을 가질수록, 여성은 방해를 덜 받는다.” 그런데 1990년, 샌드라 데이 오코너가 유일한 여성 대법관일 때, 그를 향한 방해는 약 35.7퍼센트 일어났다(대법관 아홉 명이 받는 방해를 따져 보면 이미 높은 수치다). 12년 뒤, 대법관에 루스 베이더 긴즈버그가 더해지자 이 두 대법관을 향한 방해는 45.3퍼센트로 올라갔다. 그리고 2015년, 세 사람이 대법관이 되었을 때(긴즈버그, 소니아 소토마요르, 엘리나 케이건), 이들의 발화가 가로막혀지는 일은 65.9퍼센트에 달했다.

"여성이 많아질수록 문제는 더 심각해졌다." 연구의 저자는 이렇게 적었다. 또한 이들은 이 방해가 젠더와 분명 관계가 있다고 말했다. 여성 대법관들은 그저 동료 남성 대법관뿐 아니라 자신보다 직급이 낮은 변호사들에게도 방해를 받았다. 변호사들은 대법관의 말에 끼어들어 설득하려 했다. "대법관은 나라에서 가장 권력이 센 개인이나, 젠더는 그들의 직급보다 30배나 힘이 셌다." (2015년, 재판에서 벌어지는 가장 흔한 방식의 방해는 남자 변호사들이 소토마요르 대법관의 말을 막는 경우였다. 무려 전체 방해 중에 8퍼센트를 차지했다. 소토마요르는 유일한 유색인 여성 대법관이다.)

여성들은 대부분 대법관으로서 말을 방해받은 경험은 없겠지만, 캣콜링은 겪는다. 여성을 종속하려는 모든 언어적 방식 가운데, 길거리 성희롱에 대해서 많이 듣게 되는 까닭은 1) 그것이 여성 혹은 여성으로 보이는 모든 사람들이 겪어 본 젠더화된 예속의 형태이며 2) 대부분이 이걸 아주 싫어하기 때문이다. 2014년 비영리단체 '홀라백!Hollaback!'과 '길거리 성희롱을 멈춰라Stop Street Harassment'에서 진행한 조사에 따르면, 모든 미국 여성 가운데 65퍼센트에서 85퍼센트 정도가 17세부터 캣콜링을 당했다. 모든 연령, 인종, 소득 수준, 성적 지향, 지리적 위치의 여성들을 전부 포함한 결과였는데, 여기에는 남성도, 특히 이성애자나 시스젠더가 아닌 남성이 포함되어 있었다. '길거리 성희롱을 멈춰라'가 발표한 수치에 따르면 레즈비언, 게이, 바이섹슈얼, 트랜스젠더 정체성을 가진 응답자들이 길거리 성희롱을 특히 많이 겪고 있었다. 흑인과 히스패닉 역시 더 큰 위험에 처해 있었다.

〈디스 아메리칸 라이프This American Life〉라는 팟캐스트의 한 에피소드에서, 오스트레일리아 기자인 엘리너 고든스미스Eleanor Gordon-Smith는 북적이는 시드니 거리에서 그를 캣콜링한 사람들과 전부 인터뷰를 시도한다. 기자는 그중 한 남성에게 여성들이 이런 방식의 원치 않는 성적 언설을 낯선 사람으로부터 듣고 싶어 하지 않는다는 사실을 설득하기 위해서, 여성 67퍼센트가 캣콜러와의 상호작용이 폭력적이라고 생각한다는 수치를 동원했다. 캣콜링을 당한 후 85퍼센트는 화가 났고, 78퍼센트는 짜증이 났고, 80퍼센트는 긴장하고, 72퍼센트는 역겨워했다. 2017년 나는 혼자서 작은 조사를 한 적이 있었다. 소셜미디어에서 내 친구들에게 캣콜링 경험을 한 단어로 말해 달라고 한 것이다. 그 가운데 자주 나온 응답은 '폄하된', '대상화된', '위축된' 등이었다. '홀라백!'에 따르면, 오직 여성 3퍼센트만 캣콜링을 칭찬으로 들었다.

이 3퍼센트란 숫자는 특히나 흥미롭다. 남성 대부분이

캣콜링을 하면서 그것을 그저 칭찬이라고 말하는 걸 생각해 보면 말이다. "어떤 의미도 없었어", "그저 칭찬이야", "우리는 평범한 사람이라고. 그냥 인사하려는 거야." 언어학자들이 수집한 자료에 따르면 이런 말들이 캣콜러들이 주로 하는 말이다. 통계는 그렇다고 치고, 이런 방어기제의 가장 잘못된 점은 모르는 사람에게 휘파람을 불고, 원치 않는 칭찬을 하거나 경멸을 하고, 공중도덕에서 허용되지 않는 방식으로 몸에 대해서 평가를 하는 행위들이 칭찬이라는 행동 규범 자체를 위반한다는 데 있다. 2008년 분석에 따르면, 남성이 여성에게 칭찬을 하는 경우는 외모와 전혀 상관이 없고, 오히려 부탁이나 비판을 하는 약간 인상을 찌푸릴 수 있는 상황을 완화하기 위해서 나타났다. 그리고 이런 칭찬은 이미 서로를 알고 있는 사이에 나왔다. (예를 들면 "케이트, 내가 제일 좋아하는 거 알잖아. 하지만 내일은 제 시간에 와 주면 안 될까?") 2009년 「사회적 전략으로서의 칭찬The compliment as a social strategy」이라는 보고서에 따르면, 언어학자 네사 울프슨Nessa Wolfson과 조앤 메인스Joan Manes는 칭찬의 즉각적인 발화 기능이 무엇이든 간에, "칭찬의 기저에는 발화자와 청자 간의 결속을 강화하거나 형성하는 사회적 기능이 존재한다"라고 말했다. 인간의 상호작용에 익숙하지 않은 외계인에게 칭찬을 통한 결속 개념을 설명하라는 요청을 받는다면, "웃어!"나 "엉덩이 한번 만져 보자" 같은 말은 그다지 좋은 예가 될 수 없다는 데 모두 동의할 것이다.

2017년 코미디언인 피터 화이트는 이런 '칭찬'이 정신 나갔다는 사실을 간결하게 정리했다. "내 생각에는 모든 남성에게 이런 룰이 적용되어야 해요. 남자라면, 감옥에서 남자에게 듣고 싶지 않은 어떤 말도 여자에게 하지 마라."

객관적으로, 모르는 사람에게 몸을 평가당하는 일은 인간 대 인간이 겪을 수 있는 너무나 이상한 상황이기 때문에 어떻게 반응해야 할지 아는 게 거의 불가능하다. 십 대 내내 나는 캣콜링 때문에 너무나 괴로워서 그 일이 생길 때마다 고

개를 숙이고 반응하지 않았다. 그러나 이십 대가 되었을 때, 젠더와 언어 수업을 한두 개 수강한 무렵 내 안의 혁명가가 깨어났다. 그래서 나는 그들과 맞서려 손가락을 들었다. 많은 남성들은 그저 잠깐의 반응을 보고 싶어 한다고 들었기 때문에, 웃거나, 중지를 쳐드는 게 모두 승리일 수 있다고 생각했다. 그들이 생각하지 못했던 걸 주고 싶었다.

"너네들이 왜 이러는지 알아." 모자를 뒤로 쓰고, 그저 내게 "좋은 시간을 보내게 해 주고" 싶다고 소리치는 남자아이들이 있는 유니언 스퀘어 파크에서 나는 이렇게 말했다. "너네들이 이성애자 남자라고 너희들끼리 보여 주고 싶어서 그러지. 너네 같은 애들 학교에서 배웠어. 날 엿 먹일 수 없을걸." 내 이야기가 그들 중 누군가의 캣콜링을 영원히 멈추게 했을지는 심히 의심스럽지만, 일부를 당황하게 만들기는 했다. 작은 승리로 여겨진 순간이었다. 한 남자는 실제로 내게서 달아났다. 패배감보다는 그저 짜증나서 그랬겠지만, 어쨌든 먹혔다.

소셜 미디어에서, 나는 친구들에게 캣콜러에 대처하는 기술 중에 제일 좋아하는 것을 알려 달라고 했고, 응답이 차고 넘쳤다. 그중엔 외국어로 된 욕설을 해서 놀라게 한다, 그들을 혼란스럽게 만들도록 괴상한 표정을 짓는다, 노려봐서 불편하게 느끼게 한다는 응답이 있었다. 나는 데버라 캐머런에게 길거리 성희롱을 당할 때 어떻게 대처하는지 물었다. "가끔은 꺼지라고 하죠." 그는 대답했다. "하지만 나는 대다수 여성들처럼 말려들지 않는 편을 택해요. 위험할 수 있으니까요."[43]

안타깝게도, 캐머런은 캣콜링에 시간을 쓰는 일, 그러니까 그들을 논리로 이기려 한다거나 행동을 바꾸려 드는 일이 시간 낭비라고 생각했다. "듣지 않아요. 특히 집단으로 있을 때는요." 그는 말했다. "가정을 해 보자면, 캣콜러에게 가서 '방금 왜 그런 말을 했는지 알려 줄 수 있나요?' 하고 물은 다음에 모든 답에 계속 질문을 하고, 그가 자기 행동에 대해 이유를 대려고 난리 치는 걸 보는 게 흥미로울 수 있죠. 하지만 평범한 길거리 성희롱범이 그런 식의 인터뷰에 응하는 모습을 두고 볼 수는 없을 거 같네요."

그렇게 한다고 해도, 결과는 그다지 멋지지 않다. 〈디스 아메리칸 라이프〉의 고든스미스의 에피소드를 생각해 봐도, 그는 수없이 많은 캣콜러 중에 오직 한 사람만 설득해 인터뷰다운 인터뷰를 할 수 있었다. 연설과 토론에 능한 고든스미스는 캣콜러로 하여금 행동을 재고할 수 있도록 모든 합리적인

43 정말이다. 내가 물어본 사람들은 대체로 무시했다. 그게 가장 현명한 대처라는 것이다. 조지아주 애틀랜타 출신 24세 여성은 인스타그램 메시지로 이렇게 답했다. "다른 데 몰두해서 캣콜링을 듣지도 못했다는 듯이 행동하는 게 가장 효과적인 전략이었어요." 그리고 그는 이렇게 말했다. "그렇게 하면 자기들이 아무것도 아니라고 여겨지게 하는 효과가 있는 것 같아요. 캣콜링을 하거나 말거나. 어쩌라고! 이런 거죠."

논거를 제공했다. 통계, 통찰력 있는 질문, 감정적으로 무게가 실린 개인적 일화까지. 그러나 결국 그는 설득되지 않았다.

그 남성과 120분을 보내고 나서—고든스미스는 그를 다정하고, 친근하며 '그리 나쁜 사람이 아니'라고 말했다—고든스미스가 해낸 일은 그가 더 이상 길거리에서 여성을 물리적으로 공격하지 않겠다고 약속하게 하는 것이었다(그는 여성들의 엉덩이를 때리곤 했다). 말로 희롱을 하지 않겠다는 약속은 받아내지 못했다(그는 타당한 이유도 대지 못했다). 고든스미스가 그 남자에게 여전히 여성의 감정보다 본인의 재미를 택하는 것으로 느껴진다고 하자 그는 이렇게 말했다. "칭찬은 적절하다고 생각하고…… 그래서 계속할 거 같아요." 그 남자는 이어 말했다. "뭐…… 그게 세상의 이기심이라는 거니까."

고든스미스는 마지막으로 지적했다. "왜 이 일이 정말 속상하다고 느꼈는지 말해 줄까요?" 그는 물었다. "나는 사람들이 착하게 굴고 싶어 하고, 좋은 의도에서, 남자들이 그저 웃기려고 하고 사람들을 칭찬하려 하는 거라고 믿었던 것 같아요. 그렇지만 사람들에게 그게 얼마나 우리를 화나게 하는지, 슬프게 하는지, 성폭력 통계를 언급하고 할 때 정말 믿을 수 없던 건 그들의 반응이었어요. '오, 정말 문제네. 그만둬야겠다'가 아니라, '그게 나랑 무슨 상관이야'였어요."

불편한 진실은 고든스미스가 옳다는 점이다. 캣콜러나

다른 방식으로 희롱을 하는 사람들에게 그들의 말이 상처가 된다는 정보를 주어도, 그만두게 할 수 없다. 그 사람들이 타고나길 잘못 타고나서가 아니다. 그렇게 단순하다면 얼마나 좋게. 오히려 더 큰 문제는, 우리 문화 속에서 그들이 스스로 어디 속해 있다고 여기는지와 관련이 있다.

길거리 성희롱이 기분을 잡치게 하는 가장 기본적인 이유는 남성 동료가 여성 동료를 '자기'라고 부를 때 기분이 더러운 이유와 같다. 남성이 남성을 만지지 않을 방식으로 여성을 만질 때 느껴지는 기분과도 같다(사람 많은 바에서 옆을 지나쳐 갈 때 엉덩이에 손을 댄다든지 하는 식으로). 기저에 깔린 문제는 남성이 여성의 몸에 대해서 자동으로 권리를 가지고 있다고 여기는 그 가정에 있다. 이는 사회적 통제의 현시이며, 여성들로 하여금 남성이 소유한 세상에 침입했다는 기분을 느끼게 하고, 따라서 사생활을 가질 권리가 없다고 여기게끔 한다.

남성이 자기가 모르는 여성을 만지거나 그에게 내밀한 말들을 할 때, 그는 상대의 섹슈얼리티에 대해서 본질적으로 접근할 권한이 있음을 함의하고 있다. 여성은 장난감일 뿐이며, 더 중요하거나 인상적인 그녀의 정체성은 사라져 버린다. 학자인 베스 퀸Beth A. Quinn은 성폭력에 대한 연구에서, 여성 섹슈얼리티에 초점을 맞추는 행위는 "여성의 능력, 이성, 진실성, 인간성에 대한 시선마저도 거두어 간다"라고 지적했다.

다른 말로 하자면, 여성은 아이큐가 180이 넘고, 회사 최고경영자이고, 사건을 다루는 검사일 수 있지만, 남성 변호사가 그를 '달링'[44]이라고 부를 때 이 모든 것이 날아간다는 뜻이다. (반면, 남성이 이성애자로서 자신의 섹슈얼리티를 드러내려 하면—캣콜링의 의도도 이렇다—그를 '더' 존중받아 마땅한 사람으로 보이는 효과를 불러온다. 퀸이 말했듯이, "섹슈얼리티의 권력은 비대칭적이다. 성적으로 보이는 행위가 여성과 남성에게 다른 결과를 불러오기 때문이다".)

과한 친밀성의 표현은 여성에게만 일어나는 게 아니다. 우리 문화는 유색인, 퀴어, 저소득 계층과 같이 주변화된 집단을 대할 때 우려스러운 습관을 하나 가지고 있다. 이는 건방진 방식으로 친밀성을 드러내는 것이다. 2017년 한 연구에서는 몸에 카메라를 부착하고 촬영을 진행했는데, 경찰의 61퍼센트가 '형씨my man'와 같이 비공식적이고 존중이 덜 담긴 호칭으로 흑인 운전자들을 부르는 경향이 백인 운전자를 부를 때에 비해서 더 높았다. 이런 상호작용은 애정 표현이나 상대가 기꺼워할 만한 행동이 아니었다. 발화자들이 상대를 더 낮은 위치에 두고, 그렇게 대해도 된다는 면허를 발급받았다는 신호이기 때문이다.

44 다행스럽게도, 2016년 미국변호사협회에서는 이런 행위가 금지되었다. 캐나다에서, 변호사들은 서로를 젠더 중립적인 방식의 호칭('친애하는 동료 변호사님my learned friend')으로 불러야 한다. 멋진 대안 같다.

왜 수많은 남성들이 여성의 신체에 대해서 언급할 권리를 본질적으로 가지고 있고, 회의에서 무시하거나, 여성들이 생리를 하고 히스테릭하게 행동한다는 이유로 그들을 폄하하는지에 대한 하나의 이유가 있다. '공감'의 결여가 바로 그것이다. 성희롱을 하는 이들에 대한 연구를 보면, 여성이 남성의 성희롱에 대해 보복을 하려고 할 때(물론 성희롱범은 그렇게 해서는 안 된다고 생각한다. 그에게 여성은 그저 성적 대상이니까) 남성은 그제야 의도에 대한 사과를 한다. 자신이 오해를 했으며 어떤 나쁜 의도도 없었다고 할 것이다. 그는 자신이 '좋은 사람'이며 그런 불평을 받거나 그런 장난을 했다고 해서 자신의 평판에 해가 가서는 안 된다고 본다.

하지만 그렇게 말할 때, 사실은 바보 같은 연기를 하는 중이다. 연구를 통해 이들이 복수를 당할 때 뭐가 잘못되었는지를 꽤 빨리 알아챈다는 게 밝혀졌다. 그들의 의도가 오해받은 게 아니다. 그들은 자신이 가하는 위해를 깨닫고 있다. 그들이 신경을 쓰지 못하게 태어난 게 아니고, 공감이 결여된 것이다. 그리고 이 모든 문제는, 우리 문화가 남성을 어떻게 키우는지와 관련이 있다.

남성성에 대한 우리의 기준은 극단적이고 부적절하다. 우리는 남성으로 하여금 힘이 있어야 하고, 이성애적이어야 하고, 절대로 여성성과 연관되면 안 된다고 가르친다. 남성적인 정체성을 수행하고 이를 보호하기 위해서, 남성은 여성의 관점을 모른 체하고 고통을 무시해야 한다. 베스 퀸이 2002년 썼듯, "남성은 여성에 대한 공감을 드러내는 데 실패한다. 왜냐하면 남성성이 타자인 여성의 관점을 취하기를 가로막으며, 여성에 대한 남성의 도덕적 입장은 이 공감의 결여로 인해 약화되기 때문이다". 여성에 대한 모든 공감의 결여는 남성도 상처받게 한다. 왜냐하면 남성성에 대한 기준이 남성으로 하여금 여성과 비슷할 수 있는 어떤 감정적, 언어적, 신체적 특질도 드러내지 않도록 하기 때문이다. 따라서 그들은 딱딱한 이성애 남성성 안에 스스로를 잠그고, 여성적으로 인식되는 것이 자기를 위험에 빠뜨리고 힘을 앗아 갈 거라는 두려움에 따라 행동한다.

나는 이 공감의 문제가 또한 방해, 무응답, 맨스플레인, 여성을 '히스테리컬'하다고 말하기 등의 언어적인 힘을 과시하는 모든 문제와 관련이 있다고 생각한다. 왜냐하면 남성성은 남성으로 하여금 여성과의 연대를 형성하지 못하도록 하기 때문에, 남성이 여성의 목소리를 모른 체한다면 사회의 기준에 따라 잘하고 있는 셈이다. 자신의 역할을 잘 행사하는 것이다. 그 역할이 위해를 끼친다는 사실은 상대적으로 거의 중요치 않게 취급된다.

페미니스트인 데일 스펜더Dale Spender는 여성 혹은 퀴어의 경험이 이름 붙여지지 않을 때, 이들은 자신의 존재 자체를 의심하게 된다고 보았다. '성차별주의', '성희롱', '동성애 혐오'와 같은 단어가 있지만 이 단어는 1960년대와 70년대에야 등장했다. 여성은 과도하게 예민하고 신경증적('혹은 요구적')이고, 게이는 끔찍했다. 이런 경험에 이름을 붙이고 인정을 하고 나서도, 우리는 이런 문제가 피해자가 고쳐야 하는 책임에서 비롯된 양 취급하곤 한다. 우리는 여성들이 일터에서, 관계 속에서, 혹은 그저 기차에서 집으로 걸어오면서 침묵당한다고 느낀다면, 목소리를 찾는 건 너의 문제라고, 너 혼자 해결할 문제라고 여성들을 가르친다. 2017년 상원에서 미치 매코널이 엘리자베스 워런을 침묵시켰을 때 '그럼에도 불구하고 계속' 워런이 목소리를 냈듯이 하라는 것이다. 소셜미디어에서 공개적으로 말하고, 조직을 만들고, 길을 점거하고, 가해자에게 "싫어"라고 말하고.

나는 잠시, 성적 동의에 대해서 여성에게 "싫어"라고 말하라고 가르치고 남성들에게 "싫어"를 알아들으라고 가르치는 방식이 왜 잘못되었는가를 언어학적으로 비판하는 시간을 갖고 싶다. 실제 상황에서 거부는 '싫어'라는 단어를 포함하지 않는 방식으로, 보다 사회적으로 받아들여지는 방식으로 이루어진다는 분석이 존재한다. 실제로는 '싫어'가 아니라, 머뭇거림+완곡어법+미안함의 표현+문화적으로 수용되는 이유로 구성되는 것이다. "음, 그랬으면 좋겠지만, 숙제를 끝내야 해서." 혹은 "어, 미안, 그런데 나 집에 가서 고양이 밥 줘야 해." 따라서 다른 사람들이 말할 때 그 의미가 무엇인가를 알아듣는 일 역시 청자의 몫이다. 가장 명료한 방식으로 말하지 않는다고 해도 말이다(친구가 커피를 마시자고 하는데 "싫어!!!"라고 말하는 게 얼마나 이상할지 생각해 보라). 성적으로 위해를 가하는 상황에서는 더 그렇다. 무언가를 너무 격하게 거부하면 긴장이나 위험의 정도가 올라간다. "싫다면 싫은 줄 알아라"를 가르치는 문제는 따라서 가해자에게 유리하게 된다. 왜냐하면 그들은 청자로서의 의무를 다하지 않아도 되고, 이렇게 말하면 끝이기 때문이다. "걔가 '싫어'라고 안 하던데. 사람의 마음을 읽을 수는 없잖아." 그리고 우리 문화는 이렇게 말한다. "맞네, 걔 잘못이다." 게다가 실제로는 성적 가해자들이 명시적인 '싫어'를 필요로 하지 않는다는 걸 우리 이미 배웠다. 그들은 뭐가 잘못인지 이미 알고 있다. 그저 신경을 쓰지 않을 뿐이다. 우리 문화는 그들에게 그럴 필요가 없다고 가르치니까.

물론 주변화된 집단의 친구들에게 스스로를 명료히 대변하라고 가르치는 건 중요하다. 필수적인 일이다. 하지만, 그건 문제를 절반만 해결할 수 있을 뿐이다. 우리는 여성과 퀴어가 자신을 대변하기 쉽지 않은 문화에 살고 있기 때문이다.

미네소타 구스타브아돌프컬리지에서 젠더와 철학을 가르치는 페그 오코너Peg O'Connor 교수는 이렇게 말했다. "우리 모두는 기질에서나 상황적으로나 엘리자베스 워런이 아닙니다. 너무 많은 여성들은 목소리를 내기 때문에 직업을 잃습니다. 개인적인 관계에서, 여성들은 말을 했을 때의 결과를 두려워하곤 합니다." 말했다는 이유로 벌을 받는 두려움은 보편적으로 나타난다. 특히 이 행위는 여성의 행동을 자체적으로 검열하게 한다. 여성 스스로는 입을 다물게 된다. "피해자를 비난하는 게 아닙니다." 오코너는 설명했다. "오히려 지배당하거나 억압받는 사람들이 '자기검열' 혹은 '유순함'을 띠게 됨을 시인하는 문제입니다."

여성이 과도하게 감정적이고, 예민하고, 권력을 쥐기에 적합지 않다는 메시지를 몇 세기 동안 들은 덕분에, 많은 여성들은 자신이 목소리를 가지는 게 자연스럽지 않다는 믿음을 내면화하게 되었다. 말하지 않는 것이 여성다움의 일부이며, 너무 시끄럽거나 단언적인 것이 여성이라는 정체성을 잃게 하는 것이라고 무의식적으로 느끼는 것이다. 정체성은 개인이 누구인가를 알려 주는 중요한 부분이다.

완벽한 세상에서라면, 사람들은 길거리에서 청바지를 입은 내 엉덩이가 어떤지 말하는 이들을 향해 얼굴을 어떻게 찡그릴지, 혹은 그들을 쫓아가 어떤 인터뷰 질문을 할지 전략을 세우지 않아도 될 것이다. 그런 세상에서는 섹스와 플러팅이 성별에 관계없이 갈망하고 동의할 만한 것이 되며 "응/아니" 따위 동의를 얻으라는 이야기가 더 이상 적용되지 않을 거다. 서로의 파장을 이해하고 공감을 얻기 위해서 서로가 서로에게 시간을 들일 테니까. '히스테리컬'은 '노처녀'와 같이 은퇴한 단어가 되어서 무덤에 묻힐 것이다. 젠더에 상관없이, 누구나 자신이 중요하다고 생각하는 것을 말하기 위해서 마이크를 쥘 수 있겠다.

그런 세상을 얻을 수 있으려면 여성들에게 위해로부터 자신을 어떻게 보호해야 하는지 가르칠 게 아니라 남성을, 이상적으로는 굉장히 이른 시기부터 가르치는 데 달렸다. 세상이 전부 그들의 것이 아니라는 걸 가르쳐야 한다. 남자들이 어린아이일 때, 양육자이자 선생님으로서 우리는 남성성에 대한 문화적 상상을 깨부술 필요가 있다. 남성이 여성에게 공감해도 괜찮다. 다른 남성이 언어로나 다른 방법으로 여성을 쓰러뜨리려 할 때 남성이 여성에게 공감하고 동조하고 지지해도 괜찮고, 정말 권장돼야 한다. "이런 원칙을 형제애보다 중요하게 만들어야 한다." 캐머런이 말한 대로다. 그리고 남성이 아닌 사람을 세상의 침입자처럼 대하는 건 괜찮지 '않은' 일이어야 한다.

2015년 셰릴 샌드버그Sheryl Sandberg는 《뉴욕타임스》에서 글랜 마자라Glen Mazzara라는 남성에 대해 이야기했다. 그는 〈더 쉴드The Shield〉라는 TV 시리즈를 히트시켰다. 마자라는 회의를 할 때, 여성 작가 두 명이 절대 말을 하지 않는다는 걸 알게 되었다. 그는 그 둘에게 부끄러워하지 말라고 했지만, 그건 '부끄러움'의 문제가 아니었다. 이후 마자라는 여성 작가 중 누군가 말을 하려고 들면, 방해를 받든지, 입을 다물게 되든지, 아이디어가 빼앗기든지 하는 현상이 일어난다는 걸 관찰하게 되었다. 마자라는 바쁜 사람이었기 때문에 이 여성들을 무시하거나, 그저 잘해 보라고 말할 수 있었다. 그렇지만 마자라는 힘의 역동을 바꾸어서 그들의 목소리가 들릴 수 있게끔 한다. 그는 작가실에 '방해 금지' 규칙을 세우고, 성별이 어떻든 누구도 말하는 동안 방해받지 않게 했다. 새 전략은 잘 먹혔다. 여성들의 아이디어가 들리게 되었고, 팀 전체의 생산성과 창의성이 올라갔다.

권력을 쥔 남성들은 자신의 책임감을 인식하고 행동해야 한다. 그들 역시 한자리에 있는 목소리들을 뒤섞음으로써 무언가를 얻을 수 있기 때문이다. 미국 역사상 큰 권력을 가진 사람의 이야기에서 힌트를 얻어 보자. 2014년 기자회견 때, 버락 오바마 대통령은 질문을 받기 위해 기자 여덟 명을 불렀다. 여덟 모두 여자였다. 이날은 전 세계에 보도되었다. "남성 기자들만으로 기자회견을 했더라면 뉴스가 되지 않았을 것이다. 그냥 평범한 날이었을 것이다." 셰릴 샌드버그는 이렇게 말했다. "만일 오바마식 회의를 우리 모두가 연다면, 가능할 때마다 여성에게 자리를 준다면 어떤 일이 벌어질지 궁금하다."

남성이 이런 일을 하고 있을 동안에, 여성들은 카니발 행진에 참여해서 피냐콜라다나 홀짝이며 혁명이 일어나기를 기다리라는 게 아니다. 오해하지는 말기를. 이 아이디어도 좋아 보인다. 하지만 현실적으로 우리가 할 수 있는 일을 해야 한다. 잘못되었을 때 목소리를 내고, 서로를 믿고, 힘을 가진 자리에 닿으려 하고, 서로를 고용해야 한다. 1992년 로빈 레이코프는 이렇게 적었다. "우리가 우리의 목소리 없음에 대해서 공모하는 한, 공포나 수치심처럼 사람들을 변하게 할 동기란 존재하지 않는다."

사람들이 귀 기울이고 존중할 수 있는 목소리를 내는 과정은 그리 단순하지 않지만, 그렇다고 해서 질질 끌어야 한다는 뜻도 아니다. 언어는 재미있다. 그리고 영화관에서 '불이야!' 하고 소리 지르지 않는 한, 해서는 안 되는 말에 대해서 법안이 규제를 하는 경우도 무척 드물다. '적절하지' 않게 말한다고 욕을 먹었던 사람들에게는 특히나 좋은 소식이지 않은가. 내가 생각할 때에는, 적절하지 않게 말하는 게 언어로 할 수 있는 가장 페미니스트적인 행위 같기도 하다.

자, 이제 군침 도는 장으로 가 보자. 만일 영상위원회가 다음 장의 부적절함에 등급을 매긴다면(그러지 않았으면 좋겠다. 책에는 영화와 같이 등급이 없다는 게 좋지 않은가?), 저속함으로 19세 미만 관람 불가 판정이 떨어질 게 분명하다.

7장

좆까

욕하는 여자를 위한
송가

7

휘파람 부는 선원, 꼬꼬댁거리는 암탉, 욕하는 여성은 지옥에 가야 한다.

– 미국 속담

리처드 스티븐스Richard Stephens 박사와 그의 연구팀은 옳았다. 2017년 《성격과 개인차Personality and Individual Differences》라는 저널에 그들은 성격과 일상적인 습관의 관계에 대한 연구를 발표했다. 참가자 수천 명을 조사한 이 연구에서, 스티븐스는 인간의 특질과 행동 간에 존재하는 상관관계를 보여 주었다. 예를 들어서 외향성과 더러운 농담 간의 친연성, 상냥함과 샤워를 할 때 노래를 부르는 습관 간의 경향성 등이었다. 그런데 내가 발견한 최고의 상관관계는 이것이다. 아이큐가 높은 사람들은 누구보다 욕을 자주 했다.

내게 이 상관관계는 나와 무척 가깝게 여겨진다. 모든 미국 아이들이 그러하듯이, 나는 고등학교 선생님들과 친구들의 융통성 없는 아버지들이 만들어 낸 서사 속에서 자랐다. 욕을 하면 화가 난 것, 세련되지 못한 것, 숙녀답지 않은 것이며, 심지어는 어휘력이 딸린다는 취급을 받는 것이다. 나는 사람들이 나를 똑똑하고 우아하다고 여겨 주기를 바랐지만, 이런 주장이 미심쩍기도 했다. 나는 내가 아는 누구보다 입이 더러움을 자인하는 바이다. 아홉 살 때, 휴식 시간에 한 아이가 내게 여성 급식 도우미에게 '제기랄shit'이라고 해 보라고 했다. 그리고 나는 했다. 문제가 생기지는 않았지만 그 이후로 그 단어에 빠져들었다. 스티븐스의 연구는 내게 너무나 훌륭한 소식이다. 심지어 나는 이 연구를 페이스북에 공유하기까지 했다. 12학년 때 영어 선생님이 이 포스팅을 눌러 보기를 은밀하게 바라면서.

대다수 영어 욕설은 세 가지 의미론적 범주로 나눌 수 있다. 우리 문화가 열광하거나 두려워하는 바를 반영하는 구분이라고 할 수 있다. 이 범주는 섹스(퍽fuck, 딕dick, 컨트cunt), 분비물(쉿shit, 크랩crap, 애스홀asshole), 종교(갓데밋goddamnit, 홀리쉿holy shit, 크라이스트 온 어 크래커Christ on a cracker)[45] 등으로 나뉜다. 나는 여자아이 입에서 나오는 이런 말들이 예의가 없고, 부적절하며, 가장 당황스럽게도 귀엽다는 걸 잘 알고 있었다. 여전히 어떤 말들도 불경한 말에 대해 내가 느끼는 짜릿함을 대체할 수 없다. 아이였을 때, 어머니와 아버지가 보던 19금 영화에서 흘러나오는 말이나 식료품점에서 어른들이 피클 통을 놓쳤을 때 외치는 "제기랄!" 소리에 귀를 쫑긋 세웠던 기억이 있다. 그리고 그 단어들을 조용히 연습했다. 시작음이 터지고 찰싹하면서 닫히는 음으로 이루어진 '비치bitch', '퍽fuck', '딕dick' 같은 단어들은 입속에서 벌어지는 축제 같았다(이 중에서 '퍽'만 입술, 혀, 그리고 이를 전부 다 쓴다). 언어로 하는 에어로빅과도 같았다. 게다가 아이는 범접할 수 없는 '성인용' 단어가 아닌가. 이보다 나를 잡아끌 수 있는 건 없었다.

몇 년 뒤, 대학에 가서, 나는 '음성상징주의phonosymbolism'라는 개념을 듣게 된다. 어떤 발화 소리들은 그 자체로 의미를 갖게 된다는 것이다. 무언가를 써는 '촙chop', '슬랩slap'과 같은 단어에 담긴 가혹함, 미끄러져 나간다는 '슬리더slither'라는 단어에 담긴 미끌거림, '벨벳velvet'이 주는 포근함을 생각해 보라. 욕설에 담긴 찰싹, 쾅, 뻥 하는 어감은 나를 간질였다. 그 문법적 다재다능함은 말할 것도 없다! '퍽fuck'을 예로 들어 보겠다. 이 단어는 하나만 따로 써도 좋지만, 아무 데나 써도 되

45 종교와 관련된 욕설 중 내가 가장 좋아하는 단어는 프랑스어를 쓰는 캐나다 지역에서 왔다. 그들의 욕 가운데 강력한 것들은 가톨릭과 관련되어 있다. 예를 들어서 '타바르낙tabarnak'은 '성막'이라는 뜻이고, '주멍칼리스j'men calice'에는 '성배'가 언급된다.

는 단어 중에 최고다. 감정을 표현하기 위해서 어떤 문법 범주에 넣어도 자연스럽게 맞아 들어간다. 명사로 써도 되고("You crazy fuck!"), 동사로 써도 되고("This traffic is totally fucking me"), 부사로 써도 좋고("I fucking nailed that!"), 형용사("This situation is totally fucked up"), 감탄사로 써도 좋다("Fuuuuuuuck"). 나처럼 이 단어를 많이 쓴다면, '음um'이나 '아니well'와 같은 담화 표지 혹은 말과 말 사이를 채우는 감탄사로 쓸 수도 있다. "그래서 존나, 너 피자 나중에 먹는다고?"

선생님들과 양육자들의 감언이설과는 달리, 나는 영어권 화자 중에 유창하게 욕을 쓰는 사람들이 창의적으로 언어 감각을 키워 갈 확률이 더 높다고 생각한다. 음성학에 대해서 내가 알게 된, 욕설에 대한 사실 중 가장 좋아하는 내용이 하나 있다. 바로 욕설은 삽입사로 쓸 수 있는 유일한 영단어라는 점이다. 삽입사는 단어 중간에, 단어 앞에 붙이는 접두사(예를 들어서 '비'정상적인과 같이) 혹은 단어 뒤에 오는 접미사(자유'롭다'와 같이)와 비슷하게 쓸 수 있는 문법적 단위이다. 외국어에는 삽입사가 많지만, 영어에는 두 개밖에 없다. 퍼킹fucking과 댐damn이다. '캘리-퍼킹-포니아Cali-fucking-fornia'처럼 쓸 수 있다.

욕설은 단어 너드의 꿈이다. 다소 논쟁적이기는 하지만 말이다. 우리 문화가 금기시되는 언어에 대해서 보이는 두려움—TV에서 삐 소리로 욕설을 처리한다거나, 욕하는 아이 입을 비누로 씻기는 어머니라든가—은 내겐 다소…… '청교도적'인 것 같다. 욕설과 모욕 사이에는 차이가 있다. 겹치는 부분이 있기는 하지만, 1장에서 보았다시피 우리는 욕설 없이도 사람을 모욕할 수 있다. 그러니 모욕 없이도 욕을 쓸 수 있다.

언어학 연구는 현대에 들어 욕설을 적대감이나 공격성을 표현하기 위해 쓰는 경우가 거의 없다는 점을 밝혀냈다. 욕설은 감정을 무한대로 전달할 수 있는—유머, 충격, 슬픔, 연대 등—다채롭고 복합적인 범주다. 심지어는 맥락에 따라서 아주 정중하게 쓰일 수도 있다. 욕설은 사회적인 조화를 이루기 위해서도 쓰였다. 예를 들어서, "그거 존나 멋진 생각인데!"라거나, "이 컵케이크 겁나 죽여줘"와 같은 말들을 떠올려 보라. 언어학자들은 욕설이 무례하게 쓰이는 경우는 누군가를 일부러 협박할 때뿐이라고 했다("나한테 씨발, 그런 식으로 말하지 마", "꺼져, 썅년아"와 같이). 혹은 공공장소에서 강렬한 감정을 표현하거나, 특정 상황의 사회적 규칙을 오해할 때에도 그렇다. 그렇기 때문에 21세기의 일상에서, 많은 경우 욕설은 부적절하다고 여겨지지 않는다. 티모시 제이Timothy Jay와 크리스틴 잰슈위츠Kristin Janschewitz라는 연구자가 2008년에 다음과 같은 글을 쓰기도 했다. "욕설을 몇천 건 녹음했지만, 욕설로 인해 어떤 물리적인 폭력도 목격되지 않았다."

그러나 역사적으로, 욕설—특히 여성이 욕설을 할 때—에 대한 태도는 늘 긍정적이지 않았다. 욕설은 본질적으로 공격적이라고 생각되기 때문에, 욕설을 하는 여성들은 여성성에 대한 전통적인 규칙을 깬다고 받아들여진다. 규칙에 따르면 여성은 다정하고, 공손하고, 타인의 감정을 신경 써야 한다. 자연적으로 이런 기대를 망가뜨리는 행위는 비판을 받게 된다. 나는 "남자처럼 욕한다"라는 말을 종종 들었다. 그게 칭찬인지 아닌지는 아직도 모르겠다.

욕설이 남성의 것이라는 생각은 역사가 길다. 언어에 대한 금기가 늘 존재했다는 사실을 전제하는 사람들은 있지만, 저속함은 중세 때까지는 생겨나지 않았던 개념이었다. 중세 시대에 품위 있는 전통이 정중함을 만들어 냈고, '깨끗한' 발화에 대한 새로운 가치를 창출했다. 고상함에 대한 기준이 생겨나면서 언어적인 금기에 대한 내용이 속담의 형태를 하고 여성에게도 부여되었다. 따라서 여성이 하는 욕설, 여성이 있는 가운데 남성이 욕설을 하는 행위는 절대로 해서는 안 되는 일이 되었다.

셰익스피어 역시도 여성의 입과 귀가 욕을 하기에는 너무나 섬세하다는 문화적 클리셰를 조롱했다. 『헨리 4세Henry IV』에 등장하는 핫스퍼는 아내인 퍼시 부인의 저급한 언어 사용법을 놀림거리로 삼는다. "이리 와, 케이트. 당신도 노래를 부르시오." 아내는 답한다. "나는 안 해요, 빌어먹을." 핫스퍼가 말한다. "여보! 그렇게 말하다니! 마치 잼 만드는 사내의 아내 같이 욕을 하는군! 케이트, 당신 같은 숙녀는 좋은 말을 해야만 하오."

핫스퍼가 퍼시 부인에게 저급하게 보이는 욕을 하지 말고 귀부인처럼 굴라고 말하게 함으로써 셰익스피어는 사람들이 그저 젠더뿐 아니라 사회적 계급과도 욕설을 관련시킨다는 사실을 드러낸다. 당시 지배적인 의견은 대중이 부유층보다 더 자주, 그리고 그들과는 다른 방식으로 욕을 한다는 것이었다. 몇 세기가 지난 뒤에도, 영어권 화자들은 이러한 가정을 유지하고 있다. 1997년 젠더와 욕설에 대한 연구를 진행한 결과, 청자들은 입이 걸걸한 여성들이 더 낮은 사회경제적 배경을 가질 뿐 아니라 도덕적 기준도 더 낮다고 평가했다. '존나'를 달고 사는 여성들은 그렇지 않은 여성보다 남편을 속일 확률도 높다는 것이다(이런 결과는 욕을 하는 남성에 대해서는 나타나지 않았다).

심지어 몇몇 언어학자들은 성별에 따라 저속함이 다르게 내재되어 있다고 믿는다. 그리고 이 규칙을 어기는 사람들은 자신의 본성을 거스르는 것이라고도 생각한다. 우리의 늙은 친구 오토 예스페르센은 1922년, 여성들은 "저속하고 거친 표현으로부터 본능적으로 몸을 움츠리며 간접적이고 정제된 표현을 선호한다"라고 적은 바 있다. 로빈 레이코프는 『언어와 여성의 자리』에서 비슷한 말을 한다. 여성들이 너무 오래도록 점잖은 말을 하게끔 사회화되었기 때문에, 남성들이 '젠장', '씨발' 같은 말을 하는 반면에 그들은 '어머', '이런' 같은 방식으로 말을 에둘러 표현하게 되었다는 것이다. 레이코프는 여성들의 점잖은 욕설은 힘이 더 적고, 소통 효과가 덜하고, 따라서 더 숙녀답다고 보았다. 이는 여성에게 할당된, 푸념하는 연약한 자라는 사회에서의 지위를 반영한다. "여성들은 점잖지 않거나 외설적인 표현을 쓰지 않는다"라고 레이코프는 적었다.

여성과 저속함에 대한 오해들은 중요하지 않아 보일 수 있다. 그렇지만 현실에 큰 영향을 불러올 수도 있다. 1991년 탄광의 성희롱을 다룬 연구는 여성 광부들이 직업적으로 성취를 거두는 데 가장 큰 장애물은 그들이 욕설을 하기에는 너무 감수성이 높다는 이유로 남성 동료들이 그들과 사회적 상호작용을 하지 않는 데서 온다고 밝혔다. 모순적이게도, 이 연구에선 여성들이 욕설을 한다 해도 남성 동료들과 같은 사회적 지위를 얻을 수 없다고 했다. 오히려 그들의 여성성을 부각시킨다는 것이었다. 달리 말하면, '남성적인' 저속함이라는 특질을 받아들이면서, 그들이 여성이라는 점이 더욱 가시화된다. 〈미녀 삼총사Charlie's Angels〉에서 긴 머리를 하고, 딱 달라붙는 옷을 입고, 권총을 든 여자 주인공들처럼 말이다. 여성이 총을 쏘거나 시가를 피우는 게 섹시하다고 생각하는 남자를 만나 본 적 있지 않은가? 그와 똑같다. 남성 광부들은 여성 광부들의 욕설을 성적인 초대로 해석하고, 욕을 하는 여성들을 그렇지 않은 여성들보다 더 많이 추행했다. 그렇지만 욕설을 하지 않는다고 해도 좋은 결과는 없었다. 그들은 대화에서 배제되고, 참여하지 못하고, 결국 힘으로부터 소외되었다. 한 여성 광부는 연구자들에게 이렇게 말했다. "더러운 말은 여자와 남자 사이에 존재하는 보이지 않는 경계선과 같아요." 여성 광부들은 욕할 것이냐 말 것이냐를 두고 고민하고 있었다. 어떤 경우에도 이길 수 없는 게임이었다.

평범한 일상생활에서는 욕설에서 드러나는 젠더화된 차이가 광부들의 환경만큼 극단적이지는 않다. 언어학자들은 젠더보다 '문맥'이 사람들이 언제 욕을 하는지를 알려 주는 가장 주요한 요인이라는 걸 밝혀냈다. 아이들이 수학 시간보다 휴식 시간에 욕을 더 많이 하게 된다는 사실을 알려 주는, 저속함에 대한 중요한 교훈이다. 예스페르센, 레이코프, 다른 많은 현대인들은 여성이 남성만큼이나 19금 욕설을 쓸 의향이 가득하다는 걸 깨닫지 못하고 있다. '존나' 대신 '어처구니가 없네'라고 말하는 데는 여성이라는 사실이 근본적으로 관여하는 바가 없다. 현대 욕설을 연구한 결과들은 욕을 하는 모든 이들이 비슷한 힘으로 이를 사용한다는 걸 밝혔다. 여성이 욕설을 사용하는 동기가 약간—그러나 의미 있는 수준으로—다를 뿐이라는 점에서만 차이가 있었다.

사람들이 '왜' 욕을 하는가는 아일랜드 얼스터대학교의 사회심리학자인 캐린 스테이플턴Karyn Stapleton이 연구한 주제다. 2003년, 스테이플턴은 아일랜드 도시에서 여성과 남성이 하는 욕을 조사했다. 그들은 여성과 남성 30명으로 이루어진 집단을 각각 인터뷰하면서 욕하는 습관을 살폈다. 그들에게 욕은 일상적인 발화행위였다. 대체로 욕은 음란함의 징표로 여겨지지 않았고, 여성과 남성은 똑같이 욕을 했다.

하지만 각자가 욕을 하는 의도에는 서로 다른 이야기가 존재했다. 스테이플턴은 연구 참여자들을 각각 앉히고 왜 처음에 욕을 하게 되는지 자기 보고를 하도록 요청했다. 그리고 응답을 모은 뒤, 주제별로 묶고, 표로 분류했다.

이 결과에 대해서 내가 가장 흥미롭게 생각한 지점은 다음과 같다. 우선, 스테이플턴의 연구에 참여한 남성들은 그들이 습관적으로 욕을 하며, 보통 그렇게 하도록 기대되기 때문이라고 했다. 여성들은 거의 이렇게 답하지 않았다. 대신, 여성 연구 참여자들은 자기 성격(내게 물어봐도 똑같이 말했을 것이다) 때문이라고 답했다. 미세하지만 중요하게도, 남성들이 욕설은 '정상이고 그렇게 하도록 기대'된다고 말했던 부분과 차

남성과 여성이 자기 보고한 욕설의 이유

이유	여성의 수	남성의 수	총합	예시
유머, 스토리텔링	15	13	28	"재미있는 이야기를 하면서 웃음을 사고 싶을 때."
강조하기 위해	13	11	24	"메시지가 전달될 수 있게 해 준다."
화/긴장을 풀 때	10	10	20	"정말 화가 났을 때, 긴장을 풀려고."
습관	4	14	18	"그냥 하는데…… 욕하는 줄도 모른다."
정상이니까	2	16	18	"누구나 욕을 한다. 안 하면 더 이상함."
친밀감/신뢰를 보여 주려고	12	0	12	"꽤 가까운 관계에 있다는 걸 보여 주는 것 같다."
두려움이나 취약성을 덮으려고	6	5	11	"방어기제와 비슷하다. 어떻게 느끼는지 감추는 거다."
성격의 일부	6	0	6	"그냥 내가 그렇게 생겼다."
충격을 주려고	2	1	3	"상대가 욕을 아예 안 하면 더 효과적이다. 충격을 주는 요소거든."

이가 나는 지점이다. 왜냐하면 여성들은 욕설이 특이하다고, 혹은 남성들에게 기대되는 바처럼 자연스럽거나 예측 가능한 것이 아니라 일탈적이고 괴상한 일이라 생각하기 때문이다. 따라서 여성들에게 욕설은 특유의 정체성을 형성하는 일부가 된다.

여성이 욕을 하는 이유 중에 순위가 높지만 어떤 남성도 고르지 않은 이유는 친밀성과 신뢰가 있다. 여성들은 욕설을 하는 경우에, 문제가 되거나 적어도 눈총을 받게 될 수 있다는 걸 잘 알고 있다. 스테이플턴은 여성들이 "맥락적으로 남성보다 더 제약을 받는다"라고 말했다. 여성들에게, 욕설을 어떤 평가도 받지 않고 할 수 있는 상황은 사적인 상황이며, 특별한 집단 내에서만 가능하다. 왜냐하면 어느 정도 신뢰가 있어야 필터를 거둘 수 있기 때문이다. 어떤 상황에서 욕설은 연대를 만들어 내거나 여자 친구들 간의 애정을 형성한다. 남성들은 그렇지 않다.

스테이플턴은 여성 참여자들에게 어떤 욕설을 피하는 경우에 대해서도 물었다. 특히 '음란'하다고 여겨지는 욕설의 경우가 그랬는데, 참여자들은 이 단어가 질과 관련이 되어 있다는 생각에 동의했다(컨트, 패니[46]). 여성들이 이런 욕을 쓰지 않는 상위 세 가지 이유는 그들이 이 단어가 성차별적이라 생각해 나쁜 인상을 받고, 불편하다는 것과 관련이 있었다. 남성에게 큰 이유는, 어떤 사람들 틈에서는 이 단어들이 부적절하게 여겨지고, 단어가 성차별적이며, 스스로 성차별주의자처럼 '보일까 봐서'였다. 어떤 여성도 마지막 항목을 답으로

46 정말이지, 미국에서 깨끗한 단어라고 일컫는 단어의 뒤편은 이토록 음란하다.

고르지는 않았다. 두 배가 넘는 여성들이, 성차별주의자처럼 보인다는 동기와는 대조적으로 성차별주의 자체를 이 욕설을 피해야 마땅한 이유로 골랐다.

성차별적인 욕설을 피하는 여성들의 행위는 여성들 간의 상호 지지와 연결에 대한 또 다른 상징이라고 볼 수 있다. 스테이플턴이 분석한 바와 같이, "이런 공격적인 언설을 쓰는 여성들은 남성에게보다 여성에게 더욱더 경멸을 받는 경향이 있었다는 점에서 여성 연대 담화가 두드러졌다". 연구에 따르면, 여성들은 '컨트'와 같은 욕설을 씀으로써 여성 집단을 배신하고 싶지 않아 했고, 다른 여성들이 그렇게 하면 실망스러워했다. 연구 참여자인 26세 여성 켈리는 이렇게 말했다. "그런 말을 쓰면 자기편을 실망시켰다고 느끼게 될 거예요." 여성들은 그 단어 자체가 무엇을 뜻하는지를 생각한 건 아니었다. 여성들은 남성이 자기가 말하는 단어의 잠재적인 위해를 이해하려고 하거나 더 잘 알기를 기대하지 않았지만, 오히려 다른 여성에게는 그렇게 기대했다.

스테이플턴의 연구로부터 얻을 수 있는 또 다른 것이 하나 있다. 여성들은 아무 이유 없이 욕을 하는 경우가 별로 없었다. '젠장', '마더퍼커' 같은 단어는 그렇게 하도록 '기대되거나', 음란함을 표현하기 위해서 사용되지 않았다. 누군가를 웃기거나, 용감하게 보이거나, 누군가와 가깝게 느껴지거나,

자신의 개성을 표현하기 위함이었다. 여성들에게, 어떤 욕설을 받아들이고 거부하는지는 여성성 자체와의 협상 과정의 일부로 보였다. 스테이플턴은 다음과 같이 썼다. "'저급한 말'을 사용하는 것은 여성성에 대한 사회적 규범에 이의를 제기할 뿐 아니라, '여성 됨'의 새로운 양식과 버전을 구성하는 기능을 할 수도 있다."

1990년대에 여성이 '비치'와 '호'를 친구들과 사용하는 방식에 대해 연구한 로럴 서턴은 여성의 욕설이 그저 남성이 욕설을 쓰는 방식의 반복이 아니라고 말한 바 있다. 오히려 여성들은 자신이 선망하는 다른 여성들을 따라 했다. 그 여성들은 전형적인 '숙녀'를 거부하는 여성들로 예를 들자면 트리나와 리애나처럼 못되고 멋진 아이콘이었다. 욕설은 여성으로 하여금 어떤 여성이 될 것인가를 질문하게 했다. 그들의 여성성을 스스로 정의하는 것이다.

그러나 욕설이 재미있고 유용할 수는 있지만, 현재 남아 있는 영어 욕설이 완벽과는 거리가 멀다는 사실을 무시할 수 없다. 욕을 좋아하고 그것이 나를 일부 구성하고 있다고 생각하는 사람으로서—사람들에게 '좆까'라고 말하는 걸 좋아하는 만큼—우리의 언어 가운데 가장 강력한 욕설이라 일컬어지는 것들이 나라는 화자를 위해서 만들어진 게 아니라는 걸 알고 있다. '내 좆이나 빨아'라거나 '니미'와 같은 욕들은 욕설

가운데 아마도 가장 큰 부분인 성적인 부분을 차지할 것인데, 오직 인구의 한 집단의 관점만을 대표한다.

우리 언어가 가진 욕설들은 시스젠더 남성의 관점에서 바라본 여성, 남성, 섹스를 보여 준다. 그들은 섹스라는 행위가 근본적으로 삽입을 중심으로 이루어져 있으며, 남성 성기가 포악하고 힘이 세며, 질은 약하고 수동적이라고 본다. '푸시'라는 단어는 음부의 복잡성을 묘사하지 않고, 실제로 음부를 가진 이들에게 중요한 클리토리스나 지스팟은 포함하지 않았다. 그저 모호하게 표현하면서, 남성 성기가 들어가는 부분만을 대충 묘사했다. 반면, '박아 버린다'나 '빨아'와 같은 단어들은 발기한 남성 성기를 함축하고 있는데, 이때 이런 말들은 남성의 성기가 관여되었을 때에만 언어가 힘을 갖는다는 인상을 주게 되어 있다. 누군가 같은 효과를 내기 위하여 '내 보지나 먹어'라거나 '지스팟에 빠져 죽어라'라고 욕을 한다면 무척이나 이색적으로 들릴 것이다. 누군가는 '좆이나 빨아'를 성적인 함의 없이 유머 혹은 강조를 위해서 쓸 수 있지만, 보지와 관련해서는 같은 효과를 낼 수 없다. 규범적 남성의 관점에서 바라본 욕과 여성의 관점에서 바라본 욕 간에는 의미론적 불균형이 존재한다.

1999년 페미니즘적 저속함에 대한 에세이를 쓴 에리카 프리케Erika Fricke는 욕설이 젠더, 몸, 섹스에 대한 우리의 인식을 비춰 준다고 말한 바 있다. "여성이 섹스를 원하지 않고 남성이 항상 원한다거나, 여성은 '애착'을 갖게 되지만 남성에게 이는 의미가 없다거나, 여성의 성기와 임신할 수 있는 가능성이 이들을 양육에 적합하도록 만든다거나, 남성은 성취 중심적이라거나 (…) 저속함은 양분된 젠더와 관련된 모든 질문을 가진 소우주와 같다." 프리케는 이렇게 썼다. 결국 현대의 욕설은 대부분 남자 성기를 가지고 있지 않은 이들의 몸과 섹스, 판타지에 대해서는 다루고 있지 못하다. 저속함의 힘은 남성을 위해서만 발휘되는 것이 그래서이다.

더 페미니즘적인 욕설을 만들기 위해서 우리에게는 몇 가지 선택지가 있다. 가장 재미없는 방식은 우리의 욕설을 분비물 범주로 제한하는 것이다. 그런 단어들은 완전히 젠더 중립적이니까. 그렇지만 성적인 범주의 욕설이 더…… 재미있다.

자신의 섹슈얼리티를 반영하는 욕설을 만들려고 시도한 여성들이 있었다. 1990년대에 마돈나는 자위행위를 연상케 하는 행위를 하고 쾌락에 겨운 소리를 내지름으로써 페미니스트와 십 대 소년 모두의 환호성을 자아냈다. ("'퍽fuck'은 나쁜 단어가 아니다!" 그는 1990년 블론드 앰비션 투어에서 수천 명의 팬을 앞에 두고 소리쳤다. "퍽은 좋은 단어야! 퍽은 내가 있는 이유야! 너희들이 여기 있는 이유고! 그러니 받아들여, 오-퍼킹-케이o-fucking-kay?!) 그러나 프리케는 여성들에게, 섹슈얼리티로 얻어진 힘이 양날의 검이 될 수 있다고 지적한다. 14세 남자아이에게 마돈나의 표현이 페미니스트적인 행위가 아니라고 (적어도 그 순간에는) 설명할 수 없을 것이다. 그에게 그 행위는 그냥 섹시하게 보일 것이다. 여성으로서 섹슈얼리티를 과감히 드러내는 것은 문제가 아니지만, 남성이 '내 좆이나 빨아'라고 말할 때와 같은 힘을 발휘하게 하지는 못한다.

따라서 내가 가장 좋아하는 전략이 있다. 현재의 욕설이 자신의 몸을 고려하지 않았거나 임파워링을 하지 않는다고 느끼는 사람들이 새로운 욕설을 만들어 내는 것이다. '클릿clit'이 그중 하나다. 이 말은 파열음으로 이루어진 단음이다. '딕'이나 '퍽'과 비슷하다. 남성들이 그러하듯 '내 클릿을 빨아'라고 소리 지름으로써, 여성(혹은 클리토리스를 가진 누군가)은 음성학적으로도 만족스럽게 관점을 전환할 수 있다. 프리케가 지적했듯이, "'클릿'은 활동적인 신체 부분이며, 다채로운 음성으로 결합되어 있기 때문에, 모욕적인 욕설의 기능을 하기에 적절한 효과가 있다."[47] 혹은 재미있거나, 재치 있거나, 유머러스하거나. 모두 욕설의 기능이 될 수 있다. 어쩌면 우리는

47 나는 주로 화가 날 때보다 기쁠 때 욕설을 한다. 그러나 페미니스트 욕설로 공격성을 표현하고 싶다면, 프리케는 여성들에게 남성의 성기를 '피해자화' 하라고 제안한다. "예를 들어서, 소변 줄 꽂아 버려'라는 식이다." 이런 전략의 일환으로, 이런 욕설에서 남성의 성기는 더 강한 소리를 가진 '콕', '딕'보다 '페니스'로 언급되어야 한다고 제안한다.

이제부터 '홀리 클릿'이라고 말하게 될지 모른다.

아니면 더 흥미로운 욕설을 하고 싶다면 프랑켄슈타인도 욕할 수 있도록 여성과 남성을 결합해서 만들어 낼 수도 있다. '클릿퍽clitfuck'이 그 예이다. 혹은 '딕스내치dicksnatch'는 어떤가? 이런 놀이를 몇 시간이고 할 수 있다.

하루아침에 욕설의 규칙을 전부 바꾸자는 게 아니다. 욕설에 얽힌 모두의 역사는 너무나 다양하고 복잡해서, 그저 '컨트'나 '마더퍼커' 같은 단어가 공격적이라고 느끼고, 엉덩이를 들먹이는 동성애 혐오적 욕설을 피하는 정도로도 충분할 수 있다. 혹은 그저 심한 욕설이 여성에게 어울리지 않는다는 생각에 분개하지 말고 욕설을 적극 즐길 수도 있다. 누군가에게는 여성들이 자신의 성격을 만들어 내는 데 욕설을 쓰고 여성성을 강조하는 데도 욕설을 사용한다는 게 문제적으로 여겨질 수 있다. 다른 이들에게는, 임파워링이 될 수 있다. 주류 욕설을 재창조하고 젠더화된 욕설에 대한 연구를 하는 일이 저속함을 없애 버리는 행위가 아니라 오히려 우리가 욕설을 할 때 전달하고 싶은 메시지를 의식적으로 생각해 보자는 제안이라고 볼 수 있다. 의도를 담고 욕설을 하는 걸 재미있는 도전이라 생각해 보자. 리처드 스티븐스 박사는 가장 똑똑한 영어권 화자가 욕을 제일 잘한다고 하지 않았던가. 똑똑하기로는 특히 페미니스트 욕설을 하는 사람들이 제일일 것이다.

어쨌든, 나는 내 욕 사전에 '홀리 클릿holy clit'을 포함할 확률이 97퍼센트에서 99퍼센트쯤 된다. 그리고 그것이 진보를 향한 움직임일 수 있다면, 평생에 걸쳐 걸걸했던 나의 입은 기꺼이 동참한다고 한다.

8장

‘암탉’ 같은 클린턴과 ‘섹시한’ 스칼릿

공적인 자리에서
여성으로 살아남기

가을답지 않게 따뜻했던 2015년 어느 날, 밀레니얼 남성을 위한 블로그 '브로바이블BroBible'(무엇을 다루는지 이미 이름에서부터 느껴진다)은 할리우드에서 가장 섹시한 여성의 목소리를 10위까지 발표한다. '내 귀에 캔디' 같은 목소리를 약속하는 표제도 달았다. 유튜브 영상을 소개하는 이 간략한 포스팅은 여자 배우들의 목소리 가운데 유독 '남자를 미치게 하는 매력을 가진' 이들을 10위부터 소개한다. "이들의 목소리를 하루 종일 들을 수 있다"라고 브로바이블은 적고 있다. "캐서린 제타존스부터 페넬로페 크루스, 언제나 사랑스러운 에마 스톤까지, 이 여성들은 말할 때 무언가 특별한 것이 끓어오르도록 만드는 목소리를 가졌다."

동영상의 내레이터는 여성의 목소리가 가진 특징 가운

데 '브로바이블이 보증하는 섹시 보이스'로 만드는 요인이 외국 억양(특히 영국), 낮게 읊조리는 소리와 쇳소리라고 선언했다. 배우들의 목소리는 부드럽고, 이완되고, 약간 갈라져 있다. 마치 후두염에서 방금 나았든지, 신음소리를 길게 지른 참이든지, 혹은 베드 토크 정도의 속삭임보다 더 크게 말할 수 없는 듯한 인상을 준다.

나도 여성이 쇳소리가 섞인 목소리를 가졌다면 로또에 당첨된 거라고 생각하는 편이다. 그렇지만 왜 그런지 알고 싶다. 블라인드 테스트 결과로는 보통 여성들에게서 더 높은 목소리가 선호된다고 알려져 있다(더 어리고 사이즈가 작다는 신호. 기르기 좋다). 그런데 낭만적인 사회적 상호작용(플러팅이라고 하면 되나?)에 대한 최근의 연구는 여성들이 적극적으로 목소리를 낮춘다는 결과를 보여 주었다. 2014년 펜실베이니아에서 진행된 실험에서, 영어권 화자들은 유혹을 할 때 깊고 쇳소리가 나는 목소리를 냈다(재미있게도, 이렇게 할 때 여성들에게만 '섹시'한 목소리를 내는 효과가 났다. 남자들이 이렇게 하면 듣는 쪽에서 바보 같다고 평가했다). 연구자들은 왜 여성이 쇳소리를 낼 때 이렇게 섹시한지에 대한 결론을 내릴 수 없었다. 개인적으로 난 이것이 아침에 나는 목이 잠긴 소리와 비슷하기 때문이라고 생각한다. 옆에서 자고 일어나(혹은 다른 걸 하고) 깬 뒤의 목소리와 닮았기 때문이다. 친밀감의 표현인 것이다. 사람들은 이 목소리를 듣고 침대에 있는 모습을 상상한다.

친구와 나란히 소파에 앉아 헤드폰을 끼고 샬리즈 세런과 스톤(샤론과 에마 스톤 둘 다)의 영상을 보면서, 나는 친구에게 가장 섹시한 할리우드 배우가 누구라고 생각하는지 물었다. "스칼릿 조핸슨이지." 친구는 말했다. 그렇다. 조핸슨은 허스키한 목소리를 가진 모두의 '이어 캔디'이다. 2013년 〈그녀her〉라는 영화에 오직 목소리로만 출연하기까지 했다. '브로바이블' 리스트에서 1등을 차지한 인물이 바로 조핸슨이다.

스칼릿의 목소리가 할리우드에서 가장 섹시한 목소리로 꼽히기 1년 좀 안 되었을 때, '가장 안 섹시한' 현대 여성의 목소리도 거론된 적이 있었다. 바로 힐러리 클린턴이다(브로바이블은 이 결정에 관여하지 않았다. 정치인은 그들의 관심사가 아니었으니까). 2016년 7월 28일, 힐러리가 사상 최초 여성 대선 후보로 선출되었을 때였다. "겸손과, 결단과, 미국에 대한 무한한 자신감으로 대선 후보 지명을 받아들이겠습니다." 힐러리는 이렇게 외쳤다.

내가 보기에, 힐러리의 목소리에 담긴 열정은 당시 상황의 진중함을 잘 보여 주었다. 그렇지만 어떤 남자들에게는 다른 의미를 지녔나 보다. 바로 미국에서 가장 섹스하고 싶지 않은 여성의 목소리로 들린 것이다. 많은 트윗과 댓글은 클린턴의 연설 내용이 아니라 발언하는 톤을 문제 삼았다. 그리고 그의 목소리가 '새되고', '시끄럽고', '그리 매력적이지 않'다고 평가했다. 스티브 클리몬스Steve Clemons 기자는 클린턴에게 톤을 '조절'하라고 훈계했다. MSNBC 진행자인 조 스카버러Joe Scarborough는 그에게 '미소'를 지으라고 했다. 트럼프는 그의 발화를 두고 '내내 소리를 지른'다고 했다.

2016년 후반, 클린턴의 목소리가 비호감이라는 사실은 카일리 제너의 입술이나 제니퍼 로페즈의 엉덩이만큼이나 문화적으로 널리 언급되었다. 하지만 스칼릿 조핸슨의 목소리는 그와는 다른 이유로 많이 언급되었다. 이 두 여성의 목소리는 대중이 바라보는 여성들이 겪는 현실에서의 난제를 드러낸다. 힘을 갖고 싶어 하는 여성은 여성이라면 으레 그래야 하는, 다정하고 유쾌하고 정중한 톤을 유지하는 아슬아슬한 균형을 지켜야 한다. 그러면서도 터프하고 권위적이어서 충분히 리더의 자질을 보여야 한다. 그래서 이들이 썅년(힐러리 클린턴)도 성적 대상(스칼릿 조핸슨)도 아니라고 믿게끔 해야 한다. "두 가지는 충돌하고, 여성은 둘 중 어딘가로 너무 멀리 갔다는 이유로 부정적인 평가를 얻게 될 수 있어요." 옥스퍼드의 언어학자인 우리의 데버라 캐머런은 말했다. "아주 어려운 길을 걸어야 하지요."

주로 사적 영역에서 계속 존재했던 전통적인 여성성과 공적인 상황에서 자신감 있는 리더십을 두고 나타나는 이 까다로운 협상을 사회과학자들은 '이중 구속'이라 부른다.

커리어를 추구하는 여성들은 대부분 이중 구속의 한쪽으로 혹은 다른 쪽으로 떨어지게 된다. 클린턴의 경우는 말하는 방식을 가지고 제일 많이 비판을 받은 가장 잘 알려진 현대 공인 여성이겠지만, 그런 여성 가운데 처음은 아니다. 전통적 여성성을 잃는 대신에 터프한 리더로 보인 이들은 냉정하고 과도하다는 평가를 받는다. 엘리자베스 1세(버진 퀸), 마거릿 대처(철의 여인), 대법관 소니아 소토마요르, 영국의 수상 테리사 메이(트위터에서는 '사악한 마녀 여왕'이라고 알려져 있다), 그리고 정치인인 재닛 나폴리타노도 있다. 기자인 앤드루 나폴리타노(재닛과 무관함)는 그를 '사악한 사촌 재닛'이라고 이름 붙였다. 누구도 이 여성들의 능력을 언급하지 않고, 그저 호감도로만 평가했다.

이 이중 구속의 다른 쪽에는 '남성적인' 특질과는 전혀 상관이 없는 혹은 자신의 여성성을 강조하는 여성들이 존재한다. 이들은 연약하거나 준비가 부족한 듯이 인식된다. 그렇지만 그들이 규범적인 숙녀성에 많이 기울어 있기 때문에, 무서워 보이지 않는다. 터프함이 줄어드는 대신 호감도는 올라간다.

한 여성의 발화가 어떻든지 간에, 시대와 문화를 가로질러 여성 정치인, 뉴스 앵커, 비즈니스 리더를 비롯해서 공공연하게 말하는 여성들의 입을 다물게 시키려는 전통이 존재했다. 20세기 초, 라디오 청취자를 대상으로 진행한 연구는 응답자 101명 가운데 100명이 남성 진행자를 여성보다 선호한다는 결과를 보였다. 여성의 목소리가 '새됐기'(90년 뒤 클린턴의 목소리처럼) 때문이었다. 그리고 그들의 목소리는 개성을 '너무 많이' 담고 있었다. 2016년 《타임》지가 찾아낸 결과로는, 고대 그리스에서 여성의 목소리는 '창부, 광기, 마녀, 남성' 가운데 하나와 연결되었다. 중세 시대에는 공적으로 말하는 여성에 대한 특정한 영어 단어도 있었다. 이들에게 '스콜드scolds'란 꼬리표가 붙었는데, '부정적'이거나 '반항적인' 단어들을 마음속에 담아 두지 못하는 여성들을 뜻했다.

2016년, 언어학자 닉 숩티렐루Nic Subtirelu는 언론이 공적 인물의 목소리를 묘사하기 위해 '새된, 시끄러운, 날카로운' 같은 단어를 사용하는 데 대한 경험적 연구를 진행했다. 그리고 이 결과 남성보다 여성의 목소리를 일컫는 경우가 2.17에서 3.14배 더 높았다. 이 단어들과 더불어 '갑질하는, 거슬리는, 빽빽대는, 신경질 나는' 같은 단어들은 물론 목소리의 볼륨과 음색을 겨냥하는 말일 수 있다. 그러나 언어학자들은 이 비판이 여기서 조금 더 깊이 들어간다는 사실을 알고 있다. 권력을 가진 여성의 목소리에 대한 편견은 목소리 자체가 아니라 젠더와 권력에 대한 우리의 인상을 반영한다. "역사적이고 사회적인 이유로, 권력의 기본 목소리는 남성의 목소리였어요." 캐머런은 말했다. "여성 정치인의 목소리를 비판하는 건 여성이 통솔할 만한 권위를 가지고 있지 않다는 신념을 반영하는 하나의 방식입니다."

솔직히 고백하건대, 나 역시도 남성의 목소리를 들으면 더 긍정적으로 반응한다(느끼한 목소리의 로먼 마스가 진행하는 건축 팟캐스트, 〈99% 인비저블99% Invisible〉을 듣는 이유 중 절반이 그의 목소리일 것이다. 모건 프리먼의 목소리에 대해서는 아직 이야기를 시작하지도 않았다). 연구자들은 우리가 낮은 음정이 권위와 연결되어 있다고 인식하기 때문에 남성의 목소리를 권위와 연결할 수 있다고 말한다.

목소리의 특질 중에서 음정은 독특한 성격을 띤다. 음량, 톤, 심지어 개인의 모국어와도 달리, 유일하게 생리학에 의해서 좌우된다. 평균적으로, 남성의 성대는 여성 성대보다 조금 더 길다. 언어학자들은 낮은 음정이 더 큰 몸집(치와와와 저먼 셰퍼드를 비교해 보라)[48]과 관련이 있다는 사실을 밝혀냈다. 낮은 음정은 지배나 역량과 관련 있었다(뉴스 앵커 월터 크롱카이트를 생각해 보라). 2012년 연구에서는 여성과 남성의 목소리를 디지

48 연구 결과, 키가 더 커서 기도도 더 길고, 폐도 더 큰 사람들이 소리를 더 깊게 낼 수 있는 공간을 가지고 있었다. 큰 사람들이 항상 더 낮은 음정을 내는 건 아니지만 말이다. 영국의 축구 선수 데이비드 베컴이 말하는 걸 들어 본 적 있는가? 굉장히 남성적이지만 목소리는 무척 가늘다.

털로 조작해서, "오는 11월에 제게 투표해 주세요"라는 음성을 만들어 냈다. 이를 이용해 연구를 진행한 결과, 청자들은 더 깊은 목소리를 선호했다. 누가 말을 하든, 음정이 낮은 목소리에 더 귀 기울일 가능성이 높았다. 바로 그 이유로 남성이 더 권위적으로 들리고 싶을 때 음정을 낮추는 것이다(어떨 때는 의식적으로, 어떨 때에는 무의식적으로).

이와 반대로 높은 음정은 작은 사이즈를 나타낸다(다시 말하지만, 치와와처럼). 혹은 미성숙함을 드러낸다(어린아이의 목소리처럼). 과한 감정(환호성, 흥분, 공포에 질린 비명)도 나타낸다. 캐머런이 말하듯, "여성의 목소리가 '새되다'고 하는 건 '그가 통제될 수 없다'는 뜻이기도 하다".

그래서 영국의 첫 여성 수상이었던 마거릿 대처가 보컬 레슨을 받고 낮은 목소리로 연설을 한 것이다. 2012년 연구에서 여성의 목소리를 디지털로 조작하는 행위가 그러했듯, 대처는 목소리 훈련을 통해서 존중을 얻길 바랐다. 모두가 이 결과를 그리 좋아한 건 아니었다. 하지만 대처의 음정은 클린턴의 '새된' 목소리와 같이, 주요 쟁점이 아니었다. 무엇보다 여성이 권력자라는 사실이 더 문제였다. 발화자가 전통적인 여성 목소리를 낼 때도 여성 목소리에 대한 비판은 사그라들지 않는다. 1995년 《뉴욕타임스》는 일본 백화점 엘리베이터 안내원이 목소리를 더 '귀엽게', '여성스럽게', '정중하게' 내도록 음정을 높이는 연습을 했다는 이야기를 전했다. 《뉴욕타임스》는 다음과 같이 묘사했다. “유럽 여성들은 더 이상 코르셋을 입지 않는다. 중국 여성들은 더 이상 딸의 발을 전족에 넣어 불구로 만들지 않는다. 하지만 많은 일본 여성들은 자신의 자연적인 음정보다 높은 음정으로 말한다. 특히 손님을 대하거나 통화를 하는 등의 공식적인 자리에서 그렇다.” 이런 노력에도 불구하고, 엘리베이터 안내원의 꿀 바른 가성에 대해 질문을 받은 도쿄의 통역사는 이렇게 답했다. “이 여자들은 전부 로봇처럼 훈련이 됐어요. 엘리베이터 걸들은 사람이 아니라 인형 같아요.”

인형 비유는 주로 더 여성스러운 쪽에 가해지는 이중 구속이다. 2016년 기자인 벤 사피로Ben Shapiro는 “그렇다, 힐러리 클린턴은 새된 목소리를 가졌다. 아니, 그렇게 말하는 건 성차별주의가 아니다”라는 내용의 기사를 실었다. 클린턴이 새된 목소리를 가졌다고 묘사하는 건 그것이 단순한 ‘진실’이기 때문에 정당하며, 그 단어가 모든 여성 정치인을 수식하지 않는다는 게 그 증거라고 말하는 기사였다. “누구도 다이앤 파인스타인 상원의원을 그렇게 부르지 않는다. 새된 목소리를 갖지 않았으니까.” 샤피로는 방어했다. “생기 없는 인형 눈을 가지긴 했지만, 상처 입은 갈매기처럼 새된 목소리로 끼룩대지는 않는다.” 생기 없는 인형 눈이라. 그렇지만 성차별주의는 아니라고.

아마 이 언어학적인 이중 구속의 양면을 가장 잘 보여 주는 장면은 2008년 힐러리 클린턴이 존 매케인의 러닝메이트로 나선 세라 페일린과 함께 대선 캠페인에 등장했을 때였을 것이다. 이 두 여성의 대비는 너무나 극단적이어서, 젠더를 연구하는 교수가 이런 장면을 꿈꿨을 정도였다. 1984년 미스 와실라와 대회 우정상을 거머쥔 페일린은 짜 맞춘 듯 클린턴과 정반대였다. 클린턴의 목소리는 어떤 남성들의 말에 따르면 "서부의 사악한 마녀" 같았다. "클린턴의 키득거리는 웃음"이란 표현은 그가 웃을 때마다 흔히 쓰였다. (그리고 이와 비슷한 마녀 비유가 테리사 메이, 켈리앤 콘웨이, 상원의원인 엘리자베스 워런에게도 쓰였다. 엘리자베스 워런의 경우는 대학생이었을 때 나신으로 이교도 의례에 나섰다는 가짜 뉴스의 먹잇감이 되기도 했다.)

정치학자인 엘빈 림Elvin T. Lim은 2009년에 이렇게 말했다. "클린턴은 비호감이지만 유능하고, 페일린은 호감이지만 무능하다고 생각할 만한 객관적인 이유가 있을 수 있겠지만,

2008년 미국 정치에서 가장 유망한 두 여성이 이중 구속의 양면을 이토록 완벽하게 담당하고 있는 건 우연 이상이라고 설명해야 한다."

여러분이 여자 상사를 두고 있다면(특히 갓 직책을 단 이삼십대 여성이라면) 그가 이중 구속을 헤쳐 나가는 모습을 볼 수 있을 것이다. 젊은 여자 상사가 이메일을 어떻게 쓰는지 자주 본 적이 있다. 예를 들어 이렇다. 어시스턴트에게 기한이 밭은 프로젝트를 맡기고 싶은 매니저가 있다고 해 보자. 아마 직설적인 톤으로, 구두점을 딱딱 찍어서 메일을 보낼 것이다. "프로젝트는 내일 오후 3시까지 완료되어야 합니다. 감사합니다." 하지만 우리는 여성이 어떻게 소통해야 하는지에 대한 특정한 기대를 갖고 있다(정중하게, 간접적으로 굴어야 한다). 그렇기 때문에 상사는 냉정한 썅년이라는 평판을 얻게 된다. 반면, 여자 상사가 헤징과 느낌표, 이모티콘을 쓸 수도 있다. "만일 내일 오후 3시까지 프로젝트를 혹시라도 마무리해 줄 수 있다면, 정말 대박! 환상적일 거예요! 고마워요~~~~." 하지만 우리는 상사가 어떻게 소통해야 한다는 기대도 갖고 있다(직설적이고, 직접적으로 소통해야 한다). 그렇기 때문에 상사로서 적합하지 않고 너무 촐싹인다고 느낄 수 있다. 당연하게도, 수많은 남자 상사들이 일터에서 어떤 언어를 구사해야 하는지 고민할 수 있다. 하지만 우리는 남성적이고 권위적인 발화에 대해서 느슨한 시각을 가지고 있기 때문에 그들의 협상은 여자 상사의 경우만큼 까다롭지 않다.

힘이 있는 여성에 대해서 우리가 보이는 복잡한 태도의 원천은 다양하다. 단순한 설명은 물론 없겠지만, 데버라 캐머런은 권위를 가진 여성에 대한 우리의 저항과 그들에 대한 이중 구속이 존재하는 까닭이 우리가 어머니에 대해 가지는 복잡한 감정과 어느 정도 관련이 있을 수 있다고 보았다. "역사적으로 권위를 가진 여성은 어머니의 변주였습니다." 그는 설명했다. "그리고 이는 사람들에게 적어도 어느 정도는 양가적인 형태의 힘입니다. 왜냐하면 우리는 아이일 때 무력감을 경험했었고, 자라나면서 어머니의 힘에 반기를 들게 되기 때문이지요."

지배적인 여성에 대해서 우리가 묘사하는 부정적인 언어들—썅년, 컨트, 바가지 긁는, 마녀—은 엄마가 우리 자동차 키를 빼앗거나 숙제를 하도록 시킬 때 써 보았음 직한 단어가 아니다. 성인들이 여성 정치인을 묘사하기 위해서 이 단어를 쓸 때에는, 여성이 집 밖에서 그들의 권위를 드러내는 게 얼마나 옳지 못하고 미친 짓인지를 함축하고 있다. '암탉'이 어쩌고 하는 단어들은 남성들이 여성들에게 그렇게 하도록 내버려 두는 게 얼마나 미친 일인지를 은근히 드러낸다.

나는 권력을 가진 여성들의 목소리만 비난을 받는다고

말하는 건 아니다. 남성들도 비난을 받는다. 최근 몇 년 동안 언어학자들은 트럼프의 발화를 분석하고자 온 힘을 기울였다. 2016년 《슬레이트Slate》는 「트럼프의 옹알이Trump's Tower of Babble」라는 글을 실었는데, 여기에는 우리의 45대 대통령께서는 '느슨한 문장구조와 극도로 단순화된 어휘'를 사용하시어서 6학년보다 낮은 수준의 발화를 구사한다는 분석 결과가 인용되어 있었다(그의 반대편보다 무려 네 학년이나 낮다). 다른 연구는 트럼프의 어휘 가운데 78퍼센트가 단음절로 되어 있으며, 그가 가장 많이 쓰는 단어는 빈도순으로 '나, 트럼프, 엄청, 중국, 돈'이었다.

이 기사에 아첨의 기색이란 존재하지 않는다. 그렇다고 해서 클린턴의 웃음을 마녀에 비교하는 사람들이 경험적 연구를 진행한 것도 아니다. 트럼프 말고도 권력을 가진 남자가 수도 없다. 그들 중 특이한 발화 스타일을 가진 사람들(버니 샌더스, 빌 마, 존 스튜어트, 존 올리버)을 살펴볼 필요가 있다. 그런데 이들은 공인 여성들이 그토록 숱하게 받는 관심을 대체로 빠져나갔다(그리고 관심이 주어지는 경우가 있다면, 그들의 '열정적인' 발화를 칭찬하는 식이다).

스칼릿 조핸슨의 목소리가 섹시한 것만큼이나 클린턴과 대처의 목소리가 불쾌하게 들리는 근본적인 이유로 주제를 옮겨 보자. 아주 간단하게도, 공적인 여성 인물들은 남성 동료에 비해서 몸, 패션, 섹스어필에 대해 훨씬 더 평가받기 때문이다. 클린턴을 '새됐다'고 말하는 건 그의 발목이 굵다고 비판하는 일과 똑같다. 클린턴의 발목은 그가 바지 정장으로 갈아입기 전엔 언론의 최대 관심사였다(대체 누가 다리 아래 2인치 살이 그렇게 뉴스로 보도할 가치가 있다고 생각한 걸까?). 남성 정치인 가운데 굵은 발목으로 구글 검색 결과가 2만 500개나 나오는 사람이 있는지 찾아보라. 이미 나는 찾아봤는데, 수요일 아침을 현명하게 보내는 방법이 아니었던 것 같다.

당신이 찾을 수 없는 게 또 하나 있다. 수많은 언론을 분석한들, 권위를 가진 남성을 성적으로 비유하는 경우가 나오지 않는다는 점이다. 그런데 권력을 가진 여성을 성적으로 점수를 매겨 비교하는 일은 일어난다. 캐머런은 2016년 영국 총선에 대한 언론 논평을 분석하고, 여성 정치인들이 마치 엄격한 여학교 교장처럼 취급되거나, 〈뻐꾸기 둥지 위로 날아간 새One Flew Over the Cuckoo's Nest〉의 사악한 간호사 같은 전형적인 여자 '전투 도끼'에 얼마나 자주 비교되는지에 놀랐다. 이 인물들은 전부 "나이 들고 대개 추하고, 전혀 성적이지 않거나 도저히 충족되지 않는 욕구로 남성을 질리게 할 만큼 과도하게 성적"이라고 캐머런은 말했다.

이와는 반대로, '브로바이블'의 순위에 오른 여성들은 벨벳 같은 목소리를 가지고 있다. 스칼릿 조핸슨, 샬리즈 세런,

페넬로페 크루스 등이다. 그들의 목소리는 속삭이듯 작고, 절대 크지 않다. 낮고, 절대 새되지 않다. 그리고 약간의 갈라지는 목소리와 외국 억양의 긴 모음을 포함하고 있다. 가장 중요한 사실은 그들이 대통령이나 최고경영자가 되지 않는 쪽에 속하고, 그저 우리를 즐겁게 해 주는 영역에 있다는 점이다. 이 여성들이 정치적으로 공적인 자리를 맡는다고 한다면, 아마도 충분히 권력적이지 못하다고 한소리 들을 게 뻔하다. 웨일스 정치인인 린 우드Leanne Wood의 예를 들어 보자. 그는 부드럽고 감미로운 음색을 가졌다. 스코틀랜드 트위터 계정인 @앵그리스코틀랜드@AngryScotland가 그의 목소리를 '오디오 초콜릿'이라고 묘사하기까지 할 정도였다. 캐머런은 그의 목소리가 '미디어에서 끊임없이 지적을 당했다'고 했다. 스칼릿, 샬리즈, 페넬로페의 목소리는 백악관에 적합하지 않다고 여겨질 게 뻔하다. 하지만 최소한 그들은 성적 매력이 없다는 취급은 절대로 받지 않을 것이다.

이중 구속 양쪽에 가해지는 비판은 모두 언어적 대상화에 해당한다. 여성이 권위를 갖는 게 이상하게 여겨지는 한, 우리는 그들의 옷, 몸, 목소리 그리고 젠더 자체에 추파나 던질 수밖에 없다. 그런 생각이 바뀌기 전까지, 여성들은 이중 구속의 가파른 길을 걷도록 강요받고, 미끄러져 '사랑스러운 눈요깃거리' 혹은 '시끄러운 잔소리꾼' 중 한쪽으로 떨어지지 않기 위해서 노력해야 한다는 소리를 들을 것이다.

나는 데버라 캐머런에게 야심에 찬 여성들이 어떻게 이중 구속에서 길을 찾아 나갈 수 있을지 물었다. 어떻게 새된 소리 혹은 섹시함으로부터 대중의 시선을 돌려서 그가 실제로 말하고 있는 메시지에 집중하게 하느냐는 것이다. 캐머런은 무엇이 잘 안 되는지에 대해 꽤 좋은 아이디어를 갖고 있었다. "슬픈 아이러니지만, 이를 고치고자 했던 여성들은 그 문제를 신경 쓰지 않는 여성(미셸 오바마, 스코틀랜드의 니컬라 스터전, 앙겔라 메르켈)에 비해서 오히려 더 부정적인 평가를 받았어요(생각해 보라, 클린턴은 공격적이라는 이미지를 이겨 내기 위해서 억지로라도 웃으려고 노력하고 트럼프가 자신에게 개소리를 해도 화를 내지 않으려고 했다)."

진정한 감정을 드러내는 건 인터넷에 능통한 현대 청중들에게 너무나 중요하다. 소셜미디어와 24시간 돌아가는 미디어로 인해 일반 소비자들에게는 역량보다 공감과 친밀감이 더 중요해졌다. 2010년 후반에 디지털 미디어 회사에서 일할 때, 나는 윗선에게서 '내용보다 진정성'이라는 말을 자주 들었다. 트위터와 유튜브에 중독된 소비자들의 입맛을 묘사한 문구다. 마거릿 대처가 만들어 낸 목소리가 지금 들린다면, 트위터는 아마 그의 거짓된 목소리를 경멸하는 내용 일색이었을 것이다. 캐머런이 말했듯, "대변인과 라이프 코치가 이렇게 해라 저렇게 해라 하는 말을 듣기 시작하다 보면, 또 '진정성이 없다'는 소리를 듣게 된다". 그러니까 헤비 트위터리안, 트롤, 기분 상한 부하 직원들이 당신을 놓고 이러쿵저러쿵하게 두고, 그냥 자기 자신대로 사는 게 나을 수 있다.

힐러리는 2008년 선거운동 중에 여론조사에서 대패하고 나서 뉴햄프셔에서 공공연하게 눈물을 보인 일로 헤드라인을 장식한 일이 있었다. 이 에피소드는 한 유권자가 힐러리에게 특히 '여성으로서', '매일 문 밖을 나서게 하는' 원동력이 무엇이냐고 물으면서 시작됐다. 처음에 클린턴은 질문을 가볍게 대했지만, 이후 목소리가 바뀌었다. "이 문제는 제게 무척 사적인 일입니다. 그저 정치적이기만 한 것이 아닙니다. 저는 무슨 일이 일어나는지 보고 있습니다. 우리는 이 판도를 뒤집어야 합니다." 힐러리가 이렇게 말할 때, 그의 눈가는 젖었고 목소리는 갈라졌다. "어떤 사람들은 선거가 게임이라고 합니다. 누가 붙고, 누가 떨어지느냐. 그러나 이것은 우리 나라가 걸린 일입니다. 우리 아이들의 미래가 걸린 일입니다. 우리 모두를 위한 것입니다."

이러한 감정 표현은 진실되었다. 대중은 이를 알 수 있었다("나는 진짜 힐러리가 어떤지 알고 싶었다. 그건 진짜였다"라고 익명의 유권자가 말했다). 그리고 이후 몇 주 동안 클린턴의 점수가 올라갔다. 분명 그 에피소드는 힐러리가 뉴햄프셔에서 이길 수 있게 해 주기에는 부족했다. 어떤 이들은 그의 눈물이 너무 늦게 등장했다고 말했다. 그러나 힐러리의 강인함과 감정적 회복탄력성은 그동안 힐러리를 강철 심장으로 자리매김하면서, 애초 선거운동에 나서게 한 자질이기도 했다.

클린턴보다 언어학적인 이중 구속을 유연하게 헤엄쳐 가는 성공적인 여성들이 있다. 소셜미디어 팔로워를 대상으로 내가 집계한 결과, 카멀라 해리스 상원의원, 오프라 윈프리, 방송 진행자 다이앤 소여, 로빈 로버츠, 셰릴 샌드버그, 미셸 오바마, 앙겔라 메르켈 등이 균형을 잘 잡은 것으로 나타났다.

권력을 쥔 모든 여성이 자신의 목소리를 완벽하게 만들고, 윈프리처럼 균형 잡힌 목소리를 낸다 해도, 어떤 것도 해결하지 못한다. 여성 리더가 어떻게 들려야 하는지에 대한 문제는 개인적인 게 아니라 구조적이기 때문이다. 진정한 해결책은 장기적인 방안에 있다.

2015년 《뉴욕타임스》 칼럼에서 셰릴 샌드버그Sheryl Sandberg는 "여성으로서 말하는 일의 이중 억압에 대한 장기적인 해결책"은 간단하다고 적었다. 여성 상사를 더 많이 뽑는 것이다. 이미 배운 대로, 여성들을 일하는 환경에 더하는 것만으로는 그들에게 더 많은 존중이 돌아가도록 할 수 없다. 심지어는 남성 동료들을 위협함으로써 남성들이 더 지배적으로 행동하게 만드는 역효과를 낼 수도 있다. 하지만 여성이

상위 직급의 과반, 혹은 전부를 차지한다면, 이야기는 바뀐다. 텍사스대학교의 교수 이선 버리스Ethan Burris가 감독자 중 여성이 74퍼센트를 차지한 신용조합을 연구한 적이 있었다. "해결 가능하다." 샌드버그는 적었다. "여성이 위에서 이야기하면, 남성의 목소리보다 잘 들릴 수 있다." 여성이 이끄는 회사가 성과를 더 잘 낸다는 연구 결과도 있다. "여성이 이끄는 스타트업이 성공할 확률이 더 높다." 샌드버그는 말했다. "경영 윗선에 여성이 많은 혁신 기업이 수익을 더 많이 창출한다. 또한 젠더 다양성을 갖춘 회사는 더 많은 소득, 손님, 시장 이익을 가져간다."

결국 여성이 이끌고 남성이 따라가는 일이 정상화될수록, 여성이 '새된' 소리나 '날카로운' 소리를 낸다고 말할 일이 없어진다. 왜냐하면 여성과 종속적인 태도가 자동적으로 연합될 일이 더 이상 없기 때문이다. 그렇게 되면 젠더가 어떻게 들려야 하고 권력이 어떻게 들려야 하느니에 대해서 서로 잘못 연결되는 일이 없어질 것이다. 사회언어학자인 보니 매켈히니Bonnie McElhinny가 이렇게 쓴 적이 있다. "남성과 여성이 서로의 영역에 들어갈 수 있게 하고 규범적으로 '남성적' 혹은 '여성적'이라고 알려진 행위를 드러내게끔 허용한다면, 우리는 젠더에 대한 이해를 탈자연화하고 재정의할 수 있을 것이다."

세상을 다스리기 위해서 여성을 기용하는 한편으로, 성소수자도 기용하기를 추천한다. 왜냐하면 여성이 어떻게 말하는지에 대한 우리 생각이 우리를 좋은 삶으로부터 멀찍이 떨어뜨려 놓는다면, 퀴어 언어가 지배하는 멋진 세상에 대해서 지금 우리가 무엇을 놓치고 있는지는 상상하고 싶지도 않을 것이기 때문이다.

하지만 당신은 상상하고 싶을 것이다. 정말, 정말 그럴 것이다.

9장

이 책을 조금 더 게이처럼 만들 시간

데이비드 스로프는 자신의 's' 발음 때문에 난감했다.

그는 자신의 'o'와 'a' 그리고 또 다른 모음들 때문에 난감했다. 그는 자신의 발음이 게이처럼 들린다고 생각했다. 기자인 스로프는 게이라는 사실에 자부심을 가지고 있으며, 다른 기자들처럼 뾰족하게 질문을 던질 줄 알았지만, 왜 게이에게 별도로 게이 목소리라는 것이 존재하는지에 대한 미스터리를 파헤칠 수밖에 없었다. 그리고 자신이 왜 유달리 이 케이스에 속하는지도 궁금했다. 그래서 2014년 〈내 목소리 게이 같아?Do I Sound Gay?〉라는 다큐멘터리의 오프닝 장면에서 스로프는 마이크를 들고 뉴욕에서 여러 사람들을 인터뷰하면서 자신의 영화 제목을 그대로 읊는 질문을 던진다. "안녕하세요, 실례합니다. 저는 데이비드 스로프인데요, 질문이 하나 있어서요. 제 목소리 게이 같은가요?"

스로프는 사람들이 아니라고 답하기를 바라지만, 사람들 대부분은 그렇다고 답한다. 그들은 그가 '게이 같은 혀짧은 소리', 콧소리, 노래하는 듯한 억양을 가지고 있다고 짚는다. 스로프만 그렇게 들리고 싶어 하지 않는 게이가 아니다. 그는 맨해튼 첼시에서 노란색 스터드 귀걸이를 하고 있는 남성에게 이렇게 묻는다. "당신의 목소리가 게이 같다고 생각하세요?" 그는 답한다. "안 그랬으면 좋겠네요."

이 다큐멘터리가 만들어진 지 1년 뒤, 유튜브에는 '내 목소리 레즈비언 같아?'라는 영상이 올라온다. 스로프와 비슷하게, 로스앤젤레스에서 테일러라는 이십 대 여성은 사람들에게 전형적으로 레즈비언처럼 들리는 문장들을 반복하는 목소리를 들려준다. "내가 가장 좋아하는 가게는 홈 디포예요", "나는 챕스틱 없으면 절대 집을 나가지 않아요." (물론 약간의 아이러니를 담아서 말한 문장이다.) 그리고 길 가는 사람들에게 여섯 명의 목소리가 레즈비언일지 아닐지 묻는다.

이 인터뷰이들은 데이비드 스로프의 경우보다 불확실한 대답을 한다. 대부분은 누가 레즈비언인지를 알아내지 못하거나, 알아내기를 거부한다. 심지어 답을 맞추려 하는 사람들도 콧소리나 혀짧은소리와 같은 식으로 근거를 대지 못한다. 한 남성은 여성들의 목소리에 약간 '화'가 담겨 있다고 말했다. 다른 세 사람은 화자가 '대담하거나' '책임감이 있거나' '단언하는' 투라고 말했다. "아, 단언하는 투가 레즈비언처럼 보이는 거군요." 테일러가 스트라이프 셔츠를 입은 친구에게 말했다. "일반적이지 않으니까요." 그는 말했다. "여성에게 자신이 있는 건 일반적이지 않은 거로군요." 테일러는 다시 말했다. 그 남자는 긴장한 듯 테일러를 바라보았다.

사실 여섯 명은 다 레즈비언이었다. 이 사실을 사람들에게 알려 주자, 다들 끔찍이도 어색해했다. "알 수가 없었어요." 구불거리는 갈색 머리를 한 젊은 남자가 인정했다. "이 사람, 이 사람, 또 이 사람한테 놀랐소." 중산모를 쓴 나이 든 남성이 여성들을 가리키며 말했다. "그러니까 우리 같은 사내들에겐 기회가 없다는 말이구만?"

테일러의 조사와 데이비드 스로프 간의 차이는, 레즈비언 발화자들이 자신의 목소리에서 레즈비언 정체성을 파악할 수 없다는 점에 안도하지 않았다는 것이다. "우리는 우리의 퀴어성을 드러내고 싶어요." 한 여성이 말했다. 다른 이도 그랬다. "나는 누가 내 목소리가 레즈비언 같다는 데 공격받는 듯이 느끼지 않아요. 실망하지 않는다고요."

누군가를 목소리로 알아낼 수 있다는 사실은 객관적으로 이치에 맞지 않는다(성대로 섹스를 하지는 않잖나). 그러니 누구도 테일러의 '내 목소리 레즈비언 같아?' 테스트를 통과하지 못했다는 사실이 이해가 된다. 더 흥미로운 사실은 데이비드 스로프가 '게이 목소리'에 대해서 물었을 때, 모두가 (최소한 아는 시늉을 하거나) 그가 무슨 말을 하는지 알았다는 것이다.

여태까지 우리가 많이 배웠다시피, 사용하는 언어나 높낮이 할 것 없이 사람의 발화는 자연이 아닌 양육의 산물이다. 누구도 포궁에서부터 노래하는 듯한 억양 유전자를 갖고 나오는 게 아니다. 언어학자들은 동성애와 혀짧은소리가 되는 's' 발음 간에 어떤 관계도 없다고 했다. 어떤 언어는 심지어 's' 소리가 없다. 그러나 많은 영어권 화자들은 '게이 목소리'가 특별하게 존재한다고 생각한다. 그리고 레즈비언 목소리를 알아채지 못한다.

내가 처음 '게이 목소리'에 대해 자각하게 된 것은 6학년 때 연극 시간에 만난 친한 남자아이가 어느 날 자신의 's' 발음 때문에 따돌림을 당한 뒤 울었던 사건 때문이었다. "내가 혀짧은소리를 낸대." 그는 말했다. "나보고 호모래."

개인적으로, 나는 친구의 's' 발음에서 어떤 차이도 느끼지 못했다. 혀짧은소리를 내는 것처럼 들리지 않았다. 그러나 지금 보면 친구를 괴롭히던 아이들이 무슨 말을 하고 있었는지 알 것 같다. 데이비드 스로프, 그의 인터뷰이, 많은 영어권 화자들이 말하는 '게이 목소리'는 사실상 체계적인 현상 가운데 하나다. 음성학자(발화 소리를 연구하는 사람들)들은 '게이 목소리'라고 일컬어지는 이 음성 변화를 설명할 수 있다. 모음이 더 명확하고 길며, 's'와 'z' 소리가 길고, 콧소리가 들어가고, 't, p, k'를 또렷하게 발음한다(자음으로 끝나는 단어, 즉 캣cat이나 식thick에 약간의 공기를 넣어서 '캐터', '시커'처럼 들리듯이 발음하는 것이다). 학자들은 또한 소위 게이 목소리라고 불리는 데에는 말꼬리를 올리는 음악적인 톤도 관여된다고 보았다. 그리고 흔히 '게이식 혀짧은소리'라고 불리는 것도 밝혀진 바처럼 전혀 혀짧은소리가 아니다.

내 중학교 시절 친구의 누명을 벗겨 주기 위해서, '게이식 혀짧은소리'가 무엇인지를 이제 명확히 해 보려고 한다. '진짜' 혀짧은소리는 어린아이들이 혀를 입에서 너무 앞으로 붙일 때 나곤 한다. 's' 발음이 'th' 발음으로 들리게 된다(〈더 브래디 번치The Brady Bunch〉의 신디를 떠올려 보라. '그 따람들이 내가 아기같이 말한다고 해떠!"). 그러나 우리가 '게이 같은' 's'라고 부르는 건 사실 혀짧은소리가 아니다. 오히려 이 소리는 치찰음이라고 불리는 것으로, 혀끝을 경구개에 올려서 일종의 휘파람 소리가 나게끔 하는 것이다. 발화를 연구하는 학자들은 게이 남성들이 혀짧은소리를 낼 확률은 0에 가깝다고 했지만, 몇십 년 전 치찰음을 내는 소년들이 혀가 짧다고 오해받고 발화 치료로 보내져서 이를 고치게끔 했었던 일이 있었다. "당시에는 혼동이 제법 있었지요." 텍사스대학교의 언어학자 론 스미스Ron

Smyth가 말했다. "치찰음이 너무 여성스럽다는 이유였어요."

남성이 '너무 여성스러운' 소리를 낸다는 개념은 게이 남자 목소리가 어디서 왔는지에 대한 퍼즐을 풀어 줄 수 있다. 그리고 왜 그 말이 데이비드 스로프와 내 중학교 친구를 그토록 슬프게 만들었는지도 알려 준다. 이미 알겠지만, 게이 발화의 다양한 형태는 1970년대에 로빈 레이코프가 처음 구명했던 요소들과 비슷하다. 즉 업스피크upspeak, 파열음을 과도하게 발음하기, 센 억양은 여성들이 어떻게 말하는가에 대한 고정관념이기도 하다는 것이다.

우리는 모든 여성이 이런 식으로 말하지 않는다는 걸 알고 있지만, 이 말은 여성만 이런 말하기를 하는 게 아니라는 뜻도 된다. 같은 논리가 게이 남성에게도 적용될 수 있다. 부가의문문과 보컬 프라이를 쓰는 많은 남성, 콧소리와 노래하는 듯한 목소리를 가진 이성애자 남성이 있다. 또한 '이성애자처럼 들리는' 게이 남성이 있다.

스미스는 우리의 목소리가 얼마나 남성 혹은 여성적인지가 우리가 어떤 의사소통을 하는지와 관련이 있다고 주장했다. 〈내 목소리 게이 같아?〉에서 스로프는 구성원 대부분이 여성인 히피 부락에서 자란 이성애자 친구를 소개한다. 그의 목소리는 전형적인 게이처럼 들린다(그의 목소리는 '소프라노 같죠. 베이스가 아니라.'[49] 하면서 내가 들은 가운데 제일 치찰음이 많이 나는

's'를 내며 웃었다.) 그렇지만 스로프의 또 다른 친구는, 그 역시 게이인데, 운동선수 형제들과 자라서 이성애자 남성처럼 말하고, 풋볼을 사랑한다(낮고 단음조의 스포츠 어휘가 많다).

학자들은 많은 게이 남성들이 게이 목소리를 무의식적으로 '배운'다고 말한다. 자신이 속한 공동체뿐 아니라 TV와 영화에서 배운다. 19세기부터 게이 남성 캐릭터들은 미국의 주류 엔터테인먼트 문화에서 자리를 차지했다. 1990년대까지 그들은 늘 극단적인 스테레오타입을 나타냈다. 예를 들면 부유하고, 맵시를 내거나 혹은 머리가 극단적으로 좋은 교활한 악당과 같이. 〈내 목소리 게이 같아?〉에서 데이비드 스로프는 자라면서 자기가 속한 공동체에서는 게이가 하나도 없었다(최소한 커밍아웃한 게이가 없었다)[50]고 했다. 그렇지만 그는 게이

49 사실, 음정은 게이 목소리에 들어가는 변수가 아니다. 콧소리를 내고, 치찰음을 내고, 업스피크를 하면, '게이'같이 보일 수 있다. 작가 데이비드 시더리스(전화상으로 여성으로 자주 오해받는다고 투덜거리는) 혹은 〈프로젝트 런웨이Project Runway〉의 팀 건(그 중후하고 낮은 목소리에도 불구하고 데이비드 스로프가 TV로 처음 목소리를 듣자마자 '하얗게 질렸'다고 묘사한)처럼 맞든 아니든 상관없다.

50 자신이 자란 작은 마을이나 위 세대에서 '누구도 게이같이 말하지 않았다'고 말하는 사람들의 이야기를 들어 보았을 것이다. 그런데 미네소타대학교 언어학자 벤저민 먼슨Benjamin Munson은 이에 대한 그럴싸한 이유를 제시한다. 더 보수적인 장소 혹은 시간대에서는, 게이로 살아가는 것이 너무나 금기이기 때문에 청자들은 눈앞에서 치찰음이 얼마나 많이 들리든 간에 게이 목소리에 대한 생각을 재미있다고 여기지조차 않았다는 것이다. 덜 코스모폴리탄적인 지역에서는, '게이 목소리'가 무엇인지 알 만큼 게이 문화가 충분히 존재하지 않았다. 그렇기 때문에 누구도 배우거나 사용하거나 들어 본 적이 없었던 것이다.

가 어떻게 말하는지 알고 있었다. 스크린에서 몇 번 스테레오타입을 봤기 때문이다. 여기에는 리버레이스나 트루먼 카포티와 같이 콧소리를 내는 사람들, 혹은 1944년 영화 〈로라Laura〉의 왈도 리데커, 혹은 1950년 〈이브의 모든 것All About Eve〉의 애디슨 드윗과 같은 악당도 있었다. 이들은 완벽하게 옷을 차려입고 독설을 하는 신사처럼 묘사되었다. 리데커나 드윗은 교육을 받고 세련된 남자에게 게이 같다고 할 때, 혹은 게이는 악당 같다는 스테레오타입에 기여했다. 그래서 많은 디즈니 영화에는 악당들이 과시적인 게이처럼 나온다. 후크 선장이나 자파가 화려한 옷을 입고 현학적인 분위기를 뽐내는 모습을 떠올려 보라. 마녀 우르술라는 또 어떻고. 우르술라는 공공연히 드래그 퀸인 디바인에서 영감을 얻어 만들어진 캐릭터라고 알려져 있다. 디즈니의 못된 동물 시어칸과 스카, 〈위대한 명탐정 바실The Great Mouse Detective〉의 래티건 교수에 이르기까지 전부 은근한 퀴어 코드를 담고 있다. 이들은 모두 약간의 영국 억양, 과장된 어휘, 노동계급의 아둔함을 경멸하는 태도를 보인다(스카의 제일 유명한 대사는 "나는 얼간이들에 둘러싸여 있어"다).

여성적이고 배운 사람 같은 말씨를 쓰는 이 캐릭터들은 게이 커뮤니티의 상징이 되었고, 커뮤니티의 구성원들은 이를 서로 배우고 가르치게 되었다. 이런 언어는 일종의 방언처럼, 상황에 따라서 드러내서 쓰는 종류의 것이 되었다. 이를 '코드 스위칭code switching'이라고 말한다. 이는 섹슈얼리티를 제외하고라도 모든 영어권 화자들이 하는 것이기도 하다. 우리는 모두 영어권 방언을 하나 이상 할 줄 안다. 우리가 자라온 인종적 공동체, 지리, 혹은 우리가 새로 이식된 지역(예를 들어서 로스앤젤레스에 사는 텍사스 출신은 캘리포니아인 사이에서는 표준 영어를 하지만, 텍사스인 사이에 둘러싸이면 고향 말을 한다) 등에서 이런 방언을 배웠다. 의식적이거나 무의식적이거나, 우리는 대화의 맥락에 따라서 우리의 코드를 맞추어 살아간다. 코드 스위칭은 무척이나 유용한 도구이기도 하다. 우리가 이야기하는 사람과 더 잘 접속할 수 있도록 도와주기 때문이다.

데이비드 스로프가 말하는 남성 '게이 목소리'와 그에게 질문을 받은 인터뷰이들이 언급한 게이들은 게이 공동체 전체를 대표하지는 않고, 그중 아주 작은 부분일 뿐이다. 바로 백인 코즈모폴리턴이다. 그리고 공동체 바깥에 살다가 상황이 맞으면 이 코드를 구사하는 사람들도 포함된다. 이 코드 스위칭의 좋은 예시는 로스앤젤레스 바깥에 사는 남부 캘리포니아의 라틴계 1세대 게이 남성 집단이다. 2012년 캘리포니아폴리테크닉주립대학교 학자인 앤서니 오캄포Anthony C. Ocampo가 진행한 연구에 따르면, 이 사람들은 집에서는 백인 코즈모폴리턴식 '게이 목소리'로 말하지 않았다. 그들의 가족들이 말하는 남성성의 기준에 맞지 않기 때문이다. 이민자의 아들로 미국에서 태어난 라티노로서, 이들은 굉장히 강한 민족적 정체성을 가지고 있었고, 성적 정체성은 보다 모호했다. 로스앤젤레스 백인 게이들의 여성스러움은 그들의 가족들이 형성한 정체성에 부합하지 않았고, 그들이 표방하고자 하는 마초성에 맞지 않았기 때문이다. 이는 한편으로 서구 할리우드가 낙인화하는 이미지이기도 했다.

가족들과 있을 때, 이들은 남자답고 '이성애자처럼 들리는' 영어 혹은 스페인어를 구사했다. 비슷한 배경을 가진 다른 라틴 게이들과 있을 때에도, 그들의 발화 양식과 어휘가 제법 마초 같았다. 놀림 삼아 욕설을 쓰고, 그들의 성적 능력을 자랑하는(이 공동체에서 '남자다움'은 다른 남성과 섹스를 하고 싶을 때 이를 감추거나 부인하는 것보다 드러내는 쪽이다) 발화를 했다. 로스앤젤레스의 백인 게이들이 있는 곳에서는 이들은 더 여성스러운 방식으로, 치찰음을 내거나 젠더 표현(예를 들어서 서로를 '그녀', '년'이라고 부른다거나)을 하는 방식으로 발화를 바꾸었다. 그들은 서구 할리우드 환경에서 자신의 남성성이 의심받지 않을 걸 알고 있었다.

만일 코드 스위치를 많이 하는 사람이라고 한다면, 자신의 원래 발화가 어떠했는지를 잊을 수도 있다. 한 발화 병리학자는 이것이 데이비드 스로프가 겪는 일일 수 있다고 했다.

그는 뉴욕의 백인 게이 커뮤니티에 너무 오래 있었기 때문에, 전환을 통해서 이전 말투로 되돌아갈 수 없게 된 것이다.

따라서 '게이 목소리'라고 부르고 싶다고 한다면, 그런 목소리는 존재한다. 그저 모든 배경의 게이가 이를 쓰지 않을 뿐이다. 그리고 이들이 이 목소리를 항상 내는 게 아니고, 이런 목소리를 낸다고 게이인 것도 아니다. 스미스의 연구 가운데 하나는 청자들이 남성의 목소리를 듣고 성정체성을 맞추는 실험인데, 정확도가 고작 60퍼센트에 이른다는 결과를 보였다. 게이 남성들이 여성처럼 말한다는 문화적 스테레오타입은 모든 여성이 업토크를 한다거나 생각에 대해 이야기하는 대신에 사람들에 대한 가십을 즐긴다는 것만큼이나 취약하다. 그렇게 간단한 일이 아니다.

우리 문화는 이 문제가 간단하기를 바란다. 모든 게이 남성이 여자처럼 말하는 걸로. 그래야 게이를 특정하고, 그들을 놀리기 쉽기 때문이다. 그렇기 때문에 스테레오타입이 그처럼 만연하다. "왜 게이들이 게이처럼 말하는 다른 게이를 거부한다고 생각하세요?" 데이비드 스로프는 게이 미디어를 운영하는 댄 새비지Dan Savage에게 물었다. "여성혐오죠." 새비지는 답했다. "그들이 남자가 아니라고 말하는 문화에 증명하고 싶겠지요. 자기들은 여성이 아니니 괜찮은 사람이다, 이렇게요. 그리고 어떤 식으로든 여성적으로 인식되는 게이 남성들을 벌하려 하지요."

게이 남성의 말하기와 관련된 수치의 경험은 이런 말하기 방식이 남자라면 어떻게 말해야 하는가에 대한 우리 기대와 어긋나는 데서 비롯됨을 드러낸다. 한편 테일러가 들려준 레즈비언 목소리 중 어느 것도 너무 '단언적'으로 말한다는 이유로 말하기 교정을 받아야 한다는 소리는 듣지 않았다.

게이 목소리와 대응되는 레즈비언 목소리가 있는지에 대해서 언어학자들이 연구를 진행했다. 그러나 그다지 많은 것을 찾아내지는 못했다. 사실 '많이'가 아니라, 하나도 못 찾았다. 1997년 스탠퍼드대학교의 음성학자인 아널드 즈위키Arnold Zwicky는 레즈비언 발화 스타일이 존재하지 않는다고 인식되는 이유를 이렇게 분석했다. 그런 '목소리'를 사용하는 게이 남성은, 스스로 인식하든 못하든, 규범적인 이성애 남성성에서 벗어나고픈 욕구가 있음을 시사하고 있다는 것이다. 그러나 레즈비언들은 그들의 젠더 집단과 더 가깝게 지내며, 서로 대치되지 않기 때문에, 게이와 달리 레즈비언을 이성애 여성들로부터 구분해 낼 필요가 존재하지 않는다. 즈위키가 생각하기로, 레즈비언은 우선 여성이며 그다음 동성애자이지만, 게이는 우선 동성애자이며 그다음 남성으로 인식된다.

나는 레즈비언 여성들이 여성 연대를 강하게 가지고 있다는 관점을 좋아한다(여자가 최고니까! 하!). 그렇지만 "게이 목소리 같은 레즈비언 목소리는 왜 없나요?"라고 묻는 건 애초에 질문을 제대로 시작한 게 아니다. 왜냐하면 이는 게이 남성의 경험을 기준으로 하고 이에 비교해서 레즈비언 경험이 존재해야 한다는 설정을 전제하기 때문이다. 레즈비언의 경험이 독자적으로 존재한다고 보는 관점과는 다르게 말이다.

사회집단의 언어는 그 역사의 직접적인 산물이다. 게이와 레즈비언이 같은 역사를 가지고 있지 않기 때문에, 그들의 언어도 다르다. 각각의 공동체가 미디어에 비치는 양상을 보라. 충격적이게도 레즈비언 캐릭터는 미국 TV와 영화에서 완전히 누락되어 있었으며, 마침내 등장했을 때도 긍정적인 이미지가 아니었다. 가장 두드러지게 레즈비언이 등장하는 이야기는 1961년 영화 〈아이들의 시간The Children's Hour〉으로, 한 기숙학교 학생이 학교의 두 여자 교장이 낭만적 관계에 있다는 이유로 이들을 고발하고, 그들의 개인적인 평판과 직업적 평판을 영원히 망쳐 버리는 내용이다. 이 영화는 구체적으로 레즈비언 발화에 대해서 다루고 있지는 않지만, 레즈비언의 삶을 어둡고, 외롭고, 커리어를 망칠 수 있는 것으로 묘사했다.

그렇다면 더 나은 질문, 그리고 즈위키의 발견과 비슷하게 묻는 방식은 이런 것이다. 게이들은 전형적으로 여성적이라고 여겨지는 언어적 특질을 받아들인 것으로 보이지만, 레즈비언은 반대로 하지 않은 이유가 무엇일까? 왜 게이 남성들은 젠더 전복에 참여하는데 레즈비언은 그렇지 않을까?

답은 간단하다. 레즈비언들이 남성적으로 말하지 않는 게 아니라, 여성들이 남성처럼 말하는 게 남성이 여성처럼 말하는 것보다 덜 끔찍하게 여겨지는 것뿐이다. "누가 여자가 되고 싶어 하겠어요?" 뉴욕대학교의 언어학자 루이즈 버스바리와 통화를 하던 중, 그는 내게 익살스레 물었다. "여자가 되고 싶어 하는 남자는 완전히 다운그레이드 되는 건데요."

다운그레이드, 격하된다는 인식은 우리 문화가 남성의 언어를 중립적이고, 어떤 표지도 없는 기본값으로 보고, 여성성은 그 반대라고 보는 관점과 같다. 기본값에서 두드러지는 표지로 바뀌는 것은 그 반대보다 더 눈에 띈다. 남성이 입을 열어 '여성적으로' 느껴지는 말을 한다면, 우리는 바로 움찔한다. "당신이 권력을 추구할 수 있지만, 당신이 여자처럼 들리는 말을 하는 남성이라면, 권력에서 멀어지고, 마이너스가 되는 거지요." 버스바리가 다음과 같은 비유를 들며 말했다. "교실에서 바지를 입은 여학생이 몇이나 되나요? 거의 다 입었지요. 치마를 입은 남학생은 얼마나 될까요? 없어요."

남성이 치마를 입는 건 여성이 바지를 입는 것보다 더 과감한 사회적 선언이다. 그와 같이, 여성처럼 말하는 남성은 남성처럼 말하는 여성보다 더 과격한 선언을 하는 셈이다. 물론 여성에게도 '너무 멀리' 가는 길은 존재한다. 힐러리 클린턴과 마거릿 대처의 '긁는 듯한' 목소리는 화장을 하지 않은 채 남자용 턱시도를 입고 까만색 넥타이를 두른 여성처럼 느껴질 것이다. 남성이 눈에 띄는 것만큼 눈에 띄기 위해서는 여성은 남성보다 젠더 전복을 더 많이 해야 한다.

게이와 레즈비언 발화 간의 불균형은 목소리에서 멈추지 않는다. 양쪽 공동체가 사용하는 은어에 대해 갖는 인상도 다르다. 몇십 년 동안, 언어학자들은 전 세계 다양한 공동체에 존재하는 게이 남성들의 생생한 은어들을 수집했다. 필리핀에서 게이 남성들은 '스워드스피크swardspeak'라고 불리는 어휘 목록을 쓴다. 이 말은 상상력을 동원한 언어유희, 대중문화에서 따온 말, 언어의 오용, 의성어나 의태어를 활용하는 어휘들로 이루어져 있다. 예를 들어서 '무라이어 캐리Muriah Carrey'는 저렴하다는 뜻인데, 이 말은 타갈로그어로 같은 의미를 가진 '무라mura'를 팝 가수이자 게이 아이콘인 머라이어 케리Muriah Carey와 결합한 단어다. '타루시taroosh'도 있다. 타갈로그어 '타레이taray'에서 온 이 단어는 '썅년 같은'이라는 뜻이다('-우시-oosh'를 끝에 붙여 단어를 조금 더 귀엽게 만드는 건 스워드스피크의 전형적인 특징이다).

영어에서, 첫 게이 은어 용어집은 1941년 거숀 레그먼Gershon Legman의 제자인 한 미국 민속학자가 썼다. 그는 동성애에 대한 의학 사전 두 권을 발간했는데, 여기에는 괄약근의 강도부터 레즈비언의 골반 엑스레이까지 모든 게 다 들어 있었다. 이 부록에는 329개 항목이 있었는데, 이 중 어떤 건 내가 듣도 보도 못한 것이었다. (예를 들어서 '곤경에 빠진 언니'는 주로 경찰과 엮여 곤란한 게이 남성을 말하는 것이다. 혹은 '교회 생쥐'도 있다. 독실한 젊은 남성을 꾀기 위해서 교회와 성당에 드나드는 게이를 말한다.) 그렇지만 어떤 것들은 들어 본 기억이 분명하게 난다. 예를 들어서 '생선'은 굉장히 여성스러운 남성이다('생선'은 질을 묘사하는 문제적인 은유이다).

레그먼은 이 모든 용어가 남성 중심적이라는 사실을 슬쩍 넘어가지 않는다. 그는 레즈비언 은어가 부족하다는 사실이 '굉장히 두드러진다'고 적었다. 레그먼은 이런 은어의 불균형이 여성 동성애가 존재하지 않기 때문일 수 있다고 가정했다. 그에게 여성 간에 서로 관심을 가지는 일은 인생이 지루하거나, 흉내 내고 싶거나, 삶에서 남성에게 심각하게 억압을 받은 부유한 여성들의 취미일 뿐이기 때문이다. "미국의 레즈비어니즘은 인위적인 면이 두드러진다." 레그먼은 이렇게 썼다. "인텔리겐치아 사이에서 도는 일시적인 유행이다. 수줍은 여성들과 난잡하나 성교는 하지 않은 처녀들에게 안전한 은신처가 되며, 독재적인 아버지를 두어 정신적으로 내상을 입은 딸들의 성심리적 분출구이자, 사랑이 없거나, 난폭하거나, 얼뜬 남편을 둔 부인 혹은 전 부인들의 요깃거리다."

이 중 어떤 이유도 은어를 만들어 주지 않았다.

이 말은 성차별주의적인 헛소리지만 일부는 결론에 도달하는 데 영향을 준, 실재하는 요인이기도 하다. 1960년대와 1970년대 성소수자 해방이 일어나기 전에, 게이 남성들은 레즈비언보다 더 많이 잡혀 들어가고 투옥되었다. '동성애 행위(주로 항문성교를 의미함)'는 20세기 전반의 대다수 영어권 국가에서 불법이었다. 가령 스코틀랜드에서는 남성 간의 항문성교를 금하는 법률이 2013년까지 공식적으로 사라지지 않았다. 게이 남성이 되는 리스크는 공적인 소통을 할 때 필요한 독자적인 어휘에 대한 요구를 높였다.

"심지어 '게이'라는 단어가 하나의 옙니다." 아메리카대학교의 언어학자인 윌리엄 리프William Leap가 말했다. 20세기 중반까지만 해도 미국 사회에서 대다수 화자들은 '게이'라는 단어를 '유쾌한happy'으로 알아들었다. 사람들에게 "이 주변에 '게이한' 공간 있어요?Do you know any gay places around here?"라고 물어보면, 게이 남성은 누가 그들 공동체의 일부이며 누구를 믿을 수 있는지 알아낼 수 있었다. 몇십 년 뒤로 거슬러 올라가 보면 이런 식으로 위장한 암호들이 수도 없이 많다. 리프가 내게 게이 남성들끼리 서로를 알아낼 때 쓰던 비유 가운데 유명한 것을 알려 줄 때 나는 이성애자로서의 얼굴을 유지하려고 애써야 했다. "나는 해산물은 좋아. 그런데 생선은 못 참아.” 1940년대부터도 쓰던 말이다.

사실은 영어권 사회에서 가장 박해받는 퀴어 커뮤니티에서 주류 문화가 가장 좋아하는 은어들이 나왔다. ‘스로잉 셰이드throwing shade’(욕하다), ‘워크werk’(칭찬의 표현), ‘슬레이slay’(무언가를 아주 잘하다)는 흑인과 라티넥스[51]의 무도장, 즉 볼룸 문화ballroom culture에서 기원하여 21세기에 사랑받는 은어가 된 단어들의 극히 일부일 뿐이다.

이런 속어의 기원이 된 볼룸 문화는 1980년대 뉴욕 할렘에서 전성기를 맞았던 드래그 퀸 경연 대회를 중심으로 생겨났다. 이런 이벤트에서 유색인 게이와 트랜스젠더들은 여성스럽고 화려한 옷을 입고, 런웨이를 걷고, 친밀한 공동체를 찾고 수용을 경험했다(이들이 원가족에서 배제된 경우가 많았으므로). 수많은 대중문화가 여기서 생겨났다. 예를 들어서 춤의 한 종류인 보깅(마돈나가 만든 게 아니다), 혹은 멋지다werk, 부르다read, 진짜 같다serving realness, 계집애hunty, 최고의extra, 강렬하게 원하다gagging, 가십tea, 남자 성기kiki, 풀 메이크업face beat, 내가 이

51 라티넥스Latinx는 ‘라티노’나 ‘라티나’에 대한 대안으로 등장한 젠더 중립적 용어이다. 《허핑턴 포스트Huffington Post》의 칼럼 「라티노 보이스」는 이 단어가 “라틴계 미국인 후손들의 정체성을 포용하며 젠더 이분법 너머로 나아가고자 하는 ‘언어적 혁명’”이라고 말했다. 모두가 라티넥스를 좋아하는 건 아니다(스페인어를 말할 때는 혀가 잘 굴러가지 않는다). 그렇지만 젠더 중립적 언어는 계속해서 이야기되고 있기 때문에 이번에 이 용어를 넣었다.

책을 쓰고 있는 지금 인터넷에서 너무나 흔하게 쓰여서 모두가 인터넷 용어인 줄 아는 '야스yas'까지도 전부.

캐나다의 언어학자인 그레천 매컬러Gretchen McCulloch는 인터넷 은어와 단순히 인터넷에서 사용되는 은어 간의 차이를 이렇게 구분한다. 인터넷 은어는 채팅방, 소셜미디어, 온라인 게임을 매개로 하여 만들어진다(약어, 이모티콘, 해시태그, 오타, 밈, 디지털 용어 등을 떠올려 보라). 이는 인터넷 이전엔 혹은 인터넷 없이는 만들어질 수 없다. 'ㅋㅋㅋ, 구독 해지' 혹은 '솔까 쟤는 현생에서도 트롤짓 함' 같은 말이 인터넷 은어에 해당한다. 'tl;dr(세 줄 요약)', '엄빠주의', 'ㅁㄴ어라ㅣ;' 등이 진정한 인터넷 은어일 것이다. 그렇지만 이미 오프라인에서 몇십 년 동안 존재하고 있던 은어를 〈레딧〉에 올린다고 해서 인터넷 은어가 되지는 않는다.

삼십 대 이성애자 백인 남자 두 명이 진행하는 〈리플라이 올Reply All〉이라는 팟캐스트의 한 에피소드에서, 그들은 은어인 '야스'가 트위터에서 생겨났다고 자랑스럽게 설명했다. '예스'의 극대화된 버전으로, 〈브로드 시티〉라는 TV쇼 덕분에 널리 알려졌다는 내용이었다. 나를 포함한 많은 청취자들은 심장이 쪼그라들었다. 왜냐하면 '야스'는 트위터 백인 너드들이 만든 은어가 아니기 때문이다. 사실은 그 근처에도 안 갔다.

〈리플라이 올〉을 들은 청취자들은 '야스'의 기원을 실수했다고 제보했고, 다음 에피소드에서는 1980년대 볼룸 문화에서 유명했던 호세 엑스트라바간자Jose xtravaganza가 초대되었다. 엑스트라바간자는 볼룸 커뮤니티에서 '야스'를 발명했고, 그 단어가 만들어진 건 그저 인터넷에서 힙하게 보이려는 이유 이상이었다고 설명했다. 이는 생존의 문제였다. 그들이 마주하는 편견에 맞서기 위한 방식이었다. "우리는 암호를 말했어요." 그는 말했다. "여기 속하지 않은 누구도 이해할 수 없도록…… 우리만 알 수 있게요. 알겠어요? 사회에 대항하는 암호였던 거죠."

손자 레인하트는 백인 이성애자가(혹은 심지어 백인 게이들도) '야스'나 '워크'와 같은 단어를 힙해 보이기 위해서 사용한다고 지적했다. 마치 백인 팝 가수들이 흑인이 하는 머리 스타일을 하고, 금목걸이를 하고, 청바지를 내려 입는 것과 비슷하게 말이다. 억압받는 문화의 '쿨한' 부분만을 들어 옮기는 행위는 사실은 이 '쿨한' 것을 만들어 낸 문화가 어디에서 왔는지를 간편히 뒤에 남겨 놓고 잊는 효과를 가져온다.

너그럽게도 레인하트는 저스틴 비버가 목걸이를 벗을 필요가 없는 것과 마찬가지로 백인 이성애자들이 '야스 퀸'이라는 말을 멈출 이유가 없다고 말한다. 하지만 그들이 계속해서 주변화된 집단의 산물을 사용한다면, 최소한, 그 대가로 그 집단을 인정하고 지지해야 한다. 엑스트라바간자의 볼룸은 이 문제를 간단하게 인스타그램에 올린 적이 있었다. "'야스', '기빙 미 라이프', '리딩', '스필링 티', '워크', '스로잉 셰이드' 와 같은 우리 단어를 쓰면서 동성애/트랜스 혐오자로 남아 있을 수는 없다. 이 말들은 드래그 문화와 볼룸 문화의 직접적인 산물이다. 흑인과 라티넥스 퀴어와 트랜스를 비인간화하면서 우리 걸 전유할 수는 없을 것이다."

퀴어 커뮤니티에서 그 나라가 가장 사랑하는 은어가 생겨난 또 다른 경우가 있다. 영국 영어에 속한 또 다른 강력한 게이 어휘는 '폴라리Polari'라고 불린다. 20세기 초중반 동안, 영국의 많은 게이 남성들은 '슬랭'(외부인을 속이거나 혼란하게 하기 위해 만들어진 어휘)을 능숙하게 사용했다. 이미 1500년대 초기에, 폴라리(이탈리아 동사인 '파를라레parlare', 즉 '말하다'를 비튼 어휘)는 글자 순서를 뒤집고, 집시어, 이디시어, 이탈리아어를 섞어서 만든 런던 은어였다. 이 어휘는 수백 가지 단어를 담고 있는데, 이 말을 알아듣는 사람이라면 배우, 서커스 공연자, 레슬러, 항해사와 같은 수많은 게이 하위문화 집단에서 이를 들을 수 있었다. 하지만 다른 사람들에게는 그냥 아무 말처럼 들렸다. 바로 그게 이 말이 나오게 된 발상이었다.

폴라리 문화는 1950년대와 60년대에 정점을 찍었고, 이 시절에 그 문화를 경험한 사람들에 의해서만 기억된다. 나는 유튜브 클립에서 이 말을 하는 사람들을 발견했다. 한 명은

67세 드래그 퍼포머로 이름은 스탠 무라노Stan Murano였다. 그는 당시에 자신이 좋아하던 말을 떠올렸다. "잘생긴 남자를 보면, '보나 로 메, 디어'라고 말하곤 했어요. 네 손가락은 '마티니', 엉덩이는 '브랜디게이지', 눈은 '오글즈', 머리카락은 '리아', 신발은 '뱃'……" 그는 회상에 젖어 미소를 지었다.

폴라리의 비밀은 1960년대 중반 BBC 라디오에 폴라리를 말하는 사람이 출연하면서 들춰졌다. (주류 미디어가 당신이 제일 좋아하는 음지의 슬랭을 파괴할 때 정말 싫지 않은가?) 1967년 영국에서 동성애를 처벌하던 규정이 사라지자 게이 해방 운동가들은 슬랭이 정치적으로 좋지 않다고 보고 사람들에게 이를 사용하지 말자고 했다. 그러나 여전히 어떤 폴라리 단어들은 현대 영국식 영어(때로 미국식 영어에서도)에서 발견된다. 예를 들어서 베어(bear, 털 많고 큰 남자), 트윙크(twink, 털 없는 젊은 게이), 버밍(bumming, 항문 성교), 코티징(cottaging, 공중 화장실에서 섹스 크루징을 하는 행위), 캠프(camp, 여자 같은), 트레이드(trade, 섹스 파트너), 팬태뷸러스(fantabulous, 자명한) 등의 단어들이 남아 있다.

그러나 레즈비언 슬랭은 폴라리나 볼룸 문화만큼 풍성한 역사를 가지고 있지 않다. 최소한 그것이 기록으로 남아 있지 못하다. 레즈비언 언어가 기록되지 못한 까닭으로 꼽히는 두 가지 주요 이유는 다음과 같다. 우선은 성소수자 해방이 일어나기 전에 동성애자 여성은 체포되는 경우가 적었고,

남성으로부터 독립된 삶을 살기가 너무나 어려웠고, 그렇기 때문에 어휘를 발달시키기가 어려웠다. 우선 사회는 레즈비언들이 서로를 찾기 어렵게 만들었다(거숀 레그먼이 레즈비언이 존재하지 않았다고 믿은 이유 중 하나일 것이다). 레즈비언 페미니스트 언어학자인 줄리아 페넬로페Julia Penelope가 설명했던 것처럼, "레즈비언은 우리 사회에서 사회적으로, 역사적으로 비가시화되어 있고 그 결과 서로 고립되었다". 이러한 이유로 인해서 그들은 "레즈비언 미학이 발달할 수 있을 만큼의 응집된 공동체를 가질 수 없었다"고 페넬로페는 설명했다.

그렇지만 성소수자 해방 전에 레즈비언 은어는 정말로 존재했다. 로즈 지알롬바도Rose Giallombardo라는 사회학자가 1966년 여성 감옥에 대한 연구서를 펴낸 걸 보면 말이다. 그는 낭만적 관계에 있는 여성 수감자들이 서로 서신을 교환한 내용을 연구했다. (그가 밝혀낸 내용은 부치butch/펨femme 관계의 역동을 중심으로 수많은 은어가 만들어졌다는 사실이다. 부치는 '스터드', '킹', '맨티'라고 불렸고, 지배적인 역할을 했다. 반면 펨은 종속적인 역할을 했다.)

일반적으로 말하자면, 슬랭은 '총체적 기관total institutions'이라고 이름 붙은 곳에서 만연하게 생겨난다. 이는 성별 분리적인 특징을 가지고 있다. 가령 감옥, 군대, 기숙사 학교, 여름캠프 등이다. 몇십 년 전, 레그먼과 같은 연구자들은 여성 감옥이 언어적 발견의 온상이라는 사실을 인식하지 못했다(거기 접근할 수도 없었다). 따라서 1960년대에 지알롬바도가 살짝 엿본 레즈비언 슬랭을 우리는 대부분 놓치고 말았다.

레즈비언 젠더 역할에 대한 용어, 폴라리, 스워드스피크, 볼룸 은어가 게이 목소리처럼 존재하고 있고, 한때 존재했다고 하더라도, 모든 성소수자가 이를 알고 있거나 사용하는 건 아니다. 결국 성소수자 집단 역시도 지리적, 인종적, 교육적, 사회경제적 배경이 전부 다르기 때문에, 개별적인 하위문화에 전부 접근할 수 있는 건 아니다. 1970년대 중반, 한 연구 팀은 '게이들의' 은어에 대한 게이 남성들의 지식을 조사했는데, 많은 사람들이 한 번도 이런 단어를 들어 본 적도 없었던 것으로 나타났다. 레즈비언 슬랭에 대해 살폈더라도, 아마 같은 결과가 나왔을 것이다. 레즈비언의 경우는 더 그랬으리라. 그들의 역사는 더욱더 고립되었기 때문이다.

인터넷 시대에 그리고 성적인 유동성이 더욱더 받아들여지고 있는 지금, 이 장에서 논한 언어들은 더 이상 '게이처럼' 여겨지지 않는다. 데버라 캐머런과 또 다른 언어학자인 돈 쿨릭Don Kulick은 's' 발음이나 젠더 대명사를 뒤집는 일을 게이 말하기라고 인식하는 것보다, "성적 지향과 무관하게 모두가 쓸 수 있는" 언어학적 자원으로 여기는 것이 더 논리적이고 생산적일 것이라고 밝혔다. '게이처럼 말하는' 모든 게이 아이콘들을 떠올려 보면, 그들은 특정한 페르소나를 만들었지만 사실상 게이는 아니다(미스 피기, 매 웨스트 등). 오프라나 뱀파이어 살인마 버피를 떠올려 보라. 그들은 여성 퀴어 아이콘이지만 레즈비언이 아니다.

이 말이 이성애자에게 언어를 빼앗기는 성소수자 공동체의 또 다른 예시처럼 보인다면(트위터에 '야스'를 빼앗긴 것처럼), 안심해도 좋다. 이 경우는 '이성애자의 말하기'를 더 이상 기본으로 삼지 않음으로써 언어 유희의 장을 만들어 가는 것이다. 남성이 여성처럼 말한다고 해서 게이 같다거나 희롱을 당해 마땅하다고 느껴지지 않을 뿐 아니라, 사람들의 마음을 움직이는 세상이 더 살기 좋지 않은가? 여성이 '화난', '단호한' 듯한 말하기를 한다고 해서 레즈비언이라고 생각하는(혹은 그 반대) 세상에 살지 않는 게 낫지 않겠는가.

그런 세상에서는 데이비드 스로프의 's'와 테일러의 '거슬리는' 목소리는 그들이 자신의 상태를 드러내기 위한 지표로 사용할 때에만 '퀴어'한 요소로 여겨질 수 있을 것이다. 그렇게 한다면, 언어학적인 젠더 규범을 위반하는 일이 너무나 당연하게 여겨져서 '오, 게이 정체성! 멋지다'라고 생각할 것이다. 누군가가 시카고 억양으로 말할 때 중서부 정체성을 알아보면서 멋지다고 할 때처럼 말이다.

2012년 맨체스터의 두 예술가는 랭카스터대학교 언어학자와 협업을 해서 '폴라리 미션'이라고 불리는 앱을 출시했다. 여기에는 500가지가 넘는 폴라리 단어 사전과 폴라리로 처음부터 끝까지 번역한 킹 제임스 성경이 실려 있다. 이걸 생각한 사람은 상을 받아야 마땅하다. 문서는 이렇게 시작한다. "태초에 글로리아가 천지를 창조하시니라. (…) 글로리아 요정은 수면에서 트롤링하시니라. 글로리아가 키득거리시되 반짝임이 있으라 하시니 반짝임이 있었느니라."

나는 우리가 이런 버전의 성경이 존재할 '필요'가 없는 시대에 살기 때문에 다행이라고 생각한다. 퀴어가 더 이상 생존하기 위해서 비밀 암호를 쓰지 않아도 될 만큼 멀리 왔기 때문이다. 하지만 단어 너드로서, 나는 우리에게 이 기록이 있어 다행이라고도 생각한다. 가장 어둡던 시기에, 언어는 사람들에게 창조적이고 화려한 은신처를 제공했다.

그리고 '키득거리다'를 '말하다'와 같은 말로 가져온 것도 그렇다. 감히 키득거리노니, 나는 이 말의 왕팬이다.

10장

키클롭스, 팬티 속 괴물, 대머리자식

이외에도 성기를 부르는 백 가지 방법

조너선 그린Jonathon Green은 연구팀과 함께 언어학 연구 가운데 가장 '엄빠주의'라 할 만한 프로젝트를 진행한다. 영국 은어 어휘학자인 그린은 13세기부터 수많은 책, 신문, 스크립트, 사전, 문건 들을 조사한 뒤, 역사상 가장 철저하고 방대한 성기 사전을 집대성한다. 2013년 끝난 이 아카이빙 프로젝트는 고대와 현대를 비롯해 총 2600개 용어를 수집했다. 음경, 고환, 질, 기타 모든 부위가 포함되어 있으며, 영어 사전 전체를 통틀어도 더 많은 숫자이다.

그린은 성별에 따라 두 가지 타임라인을 다르게 구성했다. 남성 성기와 고환의 은어 타임라인은 '살라미salami'나 '넛색nutsack'과 같이 유명한 은어들을 포함하고 있기도 하고, '디들리왜커'나 '푸줏간 칼자루', '외눈박이 뱀'과 같이 이색적인 이름을 갖고 있기도 하다. (이 세 단어는 1960년대 중반에 만들어졌다. 아버지가 이런 말을 쓰는 걸 웃음을 참고 한번 떠올려 보라.) 질에 대해 그린이 수집한 용어들은 잘 알려진 '비버beaver'와 '스내치 박스snatch box'부터, 육욕의 덫, 가마솥, 보지 수염, 고구마 파이에 이르기까지 더 다채로운 범위에 걸쳐 있다.

성기에 대한 용어 2600개라니 많기도 하다. 팔꿈치를 일컫는 그만큼의 별명이 있다는 게 상상이나 되는가? 하지만

시대에 따른 남녀 성기 은어

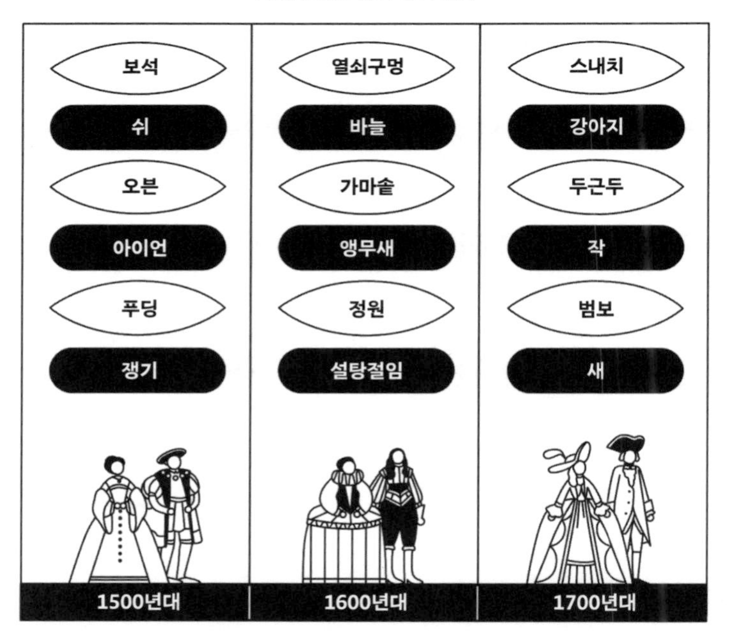

몇 세기 전 고대 영어 은어에서 성기와 관련된 언어는 항상 가장 탄력적인 범주에 속해 있었다. 이 신체 부위가 기본적으로 금기시된다는 점을 생각해 보면, 그렇게나 많은 별명, 은어, 완곡어법이 존재한다는 게 이해가 된다. 그린이 밝혀낸 문서가 존재하기 이전부터 사람들은 그렇게 해 왔을 것이다. 심지어 우리가 아이일 때 '소중한' 부분에 대해서 가장 먼저 배우는 단어조차도 완곡어법을 통한 은어인 '피피pee pee, 후

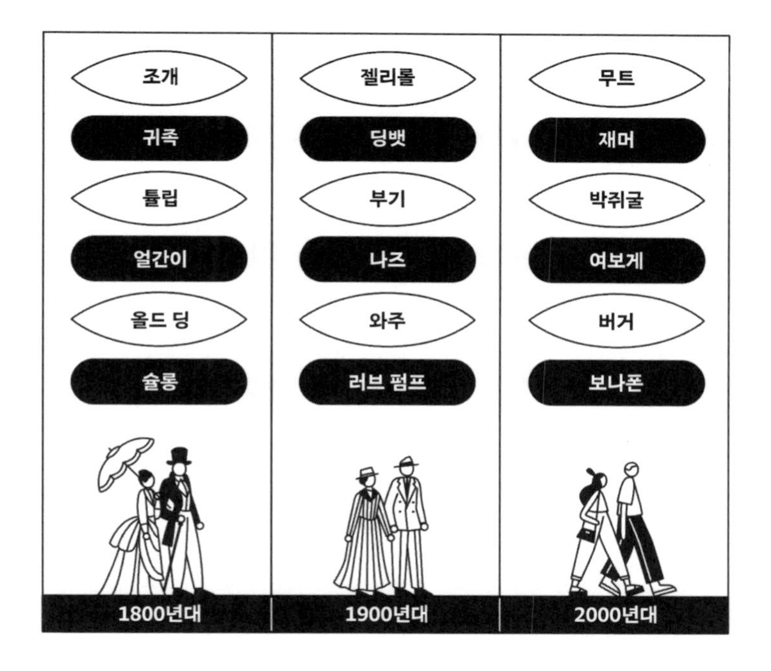

후hoo hoo, 띵기thingy……'와 같다. 부끄러움, 유머, 섹시함, 혹은 셋 모두 때문인지, 우리는 그저 '음경'과 '질'이라고 좀처럼 말하지 않는다.

그린은 단순히 재미를 위해서 이 단어를 모은 게 아니다. 그는 패턴을 찾고자 했다. 아마 그가 찾은 가장 뚜렷한 패턴이라 함은 성기에 관련한 이 주제가 시간이 지남에 따라서 얼마나 변함없이 남아 있는 동시에 불안정한가였을 것이다. 그의 연구가 발표되고 난 뒤에, 그린은 기자들에게 이렇게 말했다. "음경은 일종의 무기처럼, 질은 좁은 길처럼, 성교는 '남자가 여자를 때렸다'는 식으로 표현됩니다." 이런 문제적인 은유가 계속 살아남은 건 우연이 아니다. '음담패설dirty talk'라 불리는 언어에 특화된 언어학자들은 우리 문화가 섹스에 대해 가진 주류적인 태도를 알고 싶다면 이걸 알면 된다고 했다. 즉, 섹스는 삽입하는 의미를 위주로 구성되고 남성이 사정하자마자 끝나며, 여성은 유순하고 욕망하지 않는 대상인 반면 남성은 흥분한 호색한이다. 방금 우리가 앞서 묘사한 단어를 보라. 성에 대해 이야기할 때 우리가 사용하는 당혹스러운 표현들을 보면, 실제 삶에서 우리가 불안한 방식으로 성을 대하고 있음이 여실히 드러난다.

음담패설을 연구한 학자 중에는 샌타바버라에 있는 우리의 언어학자 랄 지먼이 있다. 그는 사람들이 젠더에 따라 자신의 몸과 성적 경험을 묘사하기 위하여 성기와 관련된 단어를 쓰는 방식을 분석했다. "결국 우리가 성기에 대해서 말하는 방식은 우리가 섹스와 젠더에 대해 생각하는 방식을 아주 집중적으로 재현합니다." 그는 말했다. "이성애 중심적인 젠더 명명에 대한 연구는 우리 문화가 가지는 가치 중 가장 나쁜 부분이 바로 성기에 대해 이야기하는 방식에 반영되어 있음을 실제로 보여 줍니다. 남성의 성기는 관통과 삽입을 위해서 존재하는 무기이고, 섹스는 언제나 폭력이고, 여성과 여성의 질은 존재하지 않거나 수동적이고, 그저 남성의 성기를 넣기 위해 존재하지요."

남근 중심적 관점은 성기에 관한 어휘에만 관련되지 않는다. 섹스를 묘사하는 가장 흔한 동사를 떠올려 보자. 뚫다, 박다와 관련된 단어들이다. 이런 단어가 존재하는 세계에서, 발기가 된 남성기를 가진 사람만이 서술자이자 주인공이다. 만일 질의 관점에서 섹스를 묘사한다면, 이렇게 말할 수 있다. "밤 내내 감싸 버렸어" 혹은 "그 남자에게 아주 넋을 씌워 버렸어", "봊나 멋졌어". 주류 섹스 토크에 익숙해진 청자들에게 이 말은 엄청난 반동처럼 느껴질 것이다.

이 함의는 그저 은어하고만 관련 있는 게 아니다. 의학 문헌이나 사전에서도 똑같다. 이 글을 쓰는 동안 나는 '프리딕셔너리닷컴'의 의학 용어 목록 중에서 '질'을 찾아보았다.

“성교를 하는 기관으로서 삽입하는 구간에서 남성 성기를 받아들인다”라고 쓰여 있었다. 질에 대한 정치적 관점이 아니라 의학적 설명인데도 그랬다. 의사를 불러 놓고 레즈비언 앞에서 당신의 질이 ‘남성 성기를 받아들이는 기관’이라고 말하게 해 보고 싶었다. 어떻게 되나 보자.

조너선 그릴의 음란한 타임라인에 영감을 받아서—그리고 내 친구들이 성기에 대해 어떤 용어를 쓰고, 피하고, 좋아하는지 진짜 궁금해서—나 혼자서도 작은 조사를 진행해 보았다. 페이스북에서 나는 사람들에게 자신들이 가장 좋아하는 성기에 대한 단어를 은어나 정식 용어나 상관없이 알려 달라고 말했다. (생각해 보면 데이터를 모을 때 조금 더 신중했어야 한다. 가장 열정적으로 응답한 사람이 페이스북을 활발히 사용하는 이모였기 때문이다. 어머니의 자매에게 당신의 질을 뭐라고 부르기를 좋아하는지 물어본 건 내가 한 조사 중에서 제일 불편한 것이었다.)

이 조사로, 19세에서 63세, 여성과 남성, 퀴어와 이성애자를 포함해 스무 명에게서 각자 사용하는 성기 관련 용어를 얻을 수 있었다. 흔한 ‘딕’, ‘콕’을 포함해서, 그들의 단어는 동dong, 슐롱schlong, 소시지, 피클, 롤리팝, 프릭prick, 조이스틱, 검, 막대기, 주머니 속 로켓pocket rocket, 권총, 기쁨의 막대기rod of pleasure, 외눈박이cyclops, 전기메기torpedo, 아나콘다 등이었다. 여성의 경우 ‘푸시’나 ‘컨트’와 같이 흔한 것을 제외하고, 바제이제이va-jay-jay, 바그vag, 꿀단지honey pot, 스내치snatch, 조개, 박스, 동굴, 차고garage, 타코, 도끼 자국, 쿠치coochie, 뱀굴snake pit, 비프 커튼beef curtains, 고기 지갑meat wallet, 정액 스펀지cum sponge가 있었다.

흥미롭게도, 질에 관련해서는 이성애자가 아닌 친구들이 더 노골적인 '푸시' 등을 사용했고, 이성애자 친구들이 '바제이제이'와 같이 미성년자 관람가 별명을 사용했다. 퀴어 여성들이 질과 여성의 욕망 전반을 더 편안하게 느끼기 때문일지 궁금했다.

개인적으로, 나는 그렇다고 생각한다. 십 대와 이십 대 초 우울했던 이성애자로서의 시기를 지나는 동안, 나는 남자의 성기를 일컫는 얼마나 많은 용어가 있는지—심지어 뻔하고 식상한 '페니스'마저도—배우면서 이것이 멋지다고 생각하고 심지어 재미있어했다. 그러나 나는 '버자이너'에 대해서 조금도 반응하지 않았다. 난 그 단어가 '페니스' 같은 파열음도 없고, 더 길고, 발음도 성가시다고 주장했다. 일곱 살 때 나는 '버자이너'의 '버'를 'v' 대신 'b'로 발음했는데, 사실은 'v'라는 걸 알고 나서는 급격히 이 단어를 덜 좋아하게 되었다. '페니스'의 'p'와 친척인 'b' 소리가 볼품없는 'v'보다 조금 더 경쾌하고 기발하다고 생각했다.

하지만 내가 질에 대해서 가지는 이슈는 사실 그것보다 더 복잡했다. 그리고 나 혼자 그런 게 아니었다. 의학 드라마 〈그레이 아나토미Grey's Anatomy〉를 만든 숀다 라임스Shonda Rhimes의 이야기를 들어 보자. 《오, 더 오프라 매거진O, The Oprah Magazine》에 실린 〈그레이 아나토미〉 초기 에피소드에 관한 내용을 인용하면, '페니스'가 서른두 번 나오는 동안 아무도 눈 하나 깜빡하지 않았는데, 대본에 고작 두 번 '버자이너'(다시 말하지만 의료 용어다)를 넣으려 하자 윗선에서 이를 거부했다.

그래서 '바제이제이'가 나오게 된 거였다. 라임스는 2000년대 중반 어시스턴트가 이 말을 사용하는 걸 듣고 "들어 본 중에 제일 멋진 말"이라고 했다. 그리고 이 말을 넣고 나서, 미국은 이 단어와 하루아침에 사랑에 빠지게 된다. '바제이제이'는 산부인과 의사, 어머니들, 오프라까지도 사용하는 '버자이너'의 대안 용어가 된다. ("너한테도, 너한테도, 바제이제이가 있어!")

사람들이 다른 어떤 은어보다도 바제이제이를 좋아하는 이유는 이 단어를 여성이 만들었기 때문에 여성의 것이라고 느껴져서인 듯하다. 그리고 이 단어는 버자이너라는 단어의 어감보다 더 친근하다(그리고 '컨트'나 '트왯twat'보다도 더욱). '제이제이'를 반복하는 단어는 아기들이 사용하는 말과 비슷하게 들린다. 구구, 가가, 후후처럼 말이다. 더 귀엽고 더 친근하다. 단어 자체도 그렇고 언어학적으로나 전반적으로나 검열의 역사가 긴 여성의 섹슈얼리티에 대해서도 그러하다.[52]

결국 '질'이라는 단어 자체에는 무서워할 게 하나도 없다. 오히려 돌려서 말하는 게 더 무섭다. '도끼 자국', '뱀굴', '비프 커튼'을 들어 보라. 이 단어들은 마치 〈텍사스 전기톱 학살The Texas Chainsaw Massacre〉에 등장할 것만 같다. 그렇다고 더 수동적인 단어가 낫다는 것도 아니다. 박스, 동굴, 차고라니……. 당신은 어떨지 모르겠지만 나의 '바제이제이'는 제 목적을 달성하려는 기쁨의 막대기를 기다리는 외롭고 빈 동굴이 아니다. 친근하고 사랑스러운 '바제이제이'도 별로다. 일단 왜 여성의 섹슈얼리티에 대한 생각은 귀엽게 포장되어야만 그럴싸해진단 말인가? 질은 그저 포궁과 세계를 이어 주는 공간이다. 그리고 그리로 '음경을 넣는' 공간이다. 음부의 성감대(클리토리스와 지스팟)는 심지어 우리가 여성의 성기를 부를 때 포함되지도 않는다.

섹스와 관련된 언어에서, 남성 성기 중심주의는 너무 깊이 뿌리박혀 있어서 사람들이 '퍽'을 말할 때 기본적으로 음

52 여성에게 구강성교하는 장면이 포함된 〈소년은 울지 않는다Boys Don't Cry〉, 〈블루 발렌타인Blue Valentine〉, 〈찰리 컨트리맨The Necessary Death of Charlie Countryman〉과 같은 영화는 미성년자가 보호자를 동반하더라도 관람 불가한 등급을 받았다. 그런데 남성에게 구강성교를 하는 영화들은 같은 기준으로 취급되지 않는다. 2013년 〈러브레이스Lovelace〉에 대해서 종종 생각한다. 이는 1972년 〈깊은 목구멍Deep Throat〉이라는 포르노 영화를 찍은 스타에 대한 전기물이다. 이 영화는 내내 펠라치오에 대해서 이야기하고, 극단적인 성폭력을 다루고 있지만 미성년자가 보호자 동반 시 관람 가능한 R등급을 받았다. 그럼 그럼, 아이들은 포르노 스타가 반복적으로 강간당하는 장면은 봐도 되지. 그런데 여성의 욕망이라고? 안 되지, 안 돼.

경을 떠올리게 한다. 심지어 그 단어는 '음경'과 관련도 없는데 말이다. 15세기 이전에 '퍽'은 강력한 물리적인 함의를 가지고 있는 '치다'와 관련이 있었는데, 반드시 거기로 쳐야 한다는 말은 아니었다. 몰리라는 내 퀴어 친구는 우리가 '퍽'을 남자 성기와 관련짓는 이유에 대해 말했다. "그것 없이는 섹스를 할 줄fuck 모르니까. 여성 간의 섹스는 너무 점잖고, 남자가 끼어 있지 않으니까 진짜가 아닌 거지. 시스젠더 남성이 시스젠더 남성과 섹스를 하면? 진짜 섹스. 질을 가진 사람이 질을 가진 사람과 섹스를 한다? 그다지 진짜는 아냐. 심지어 남자들이 나더러 여성과 섹스할 수 없다고 하기에, 너무 웃겨서 화도 안 났던 적이 있어."

이 모든 걸 고려할 때, 질이 음경을 받아들이기 위한 빈 공간, 정액을 빨아들이는 스펀지라는 인상 속에서 자라나다 보면 질을 가진 사람들이 여성과 섹스를 하는 것shtup[53]이 지루하거나 우울하거나, 말할 수 없는 비밀이 아니라 즐겁고 만족스럽다는 것을 배우는 데 몇십 년이나 걸리는 게 놀랄 일도 아니다.

현대사회의 성교육을 위한 언어가 어디서부터 잘못되었

53 '섹스하다'에 대한 동의어 중 내가 가장 좋아하는 단어다. 이 말은 '밀다'라는 이디시어에서 왔는데, 1960년대 중반부터 나와 같은 혈통의 유대계 미국인들이 사용하기 시작했다.

는지 이해하고자 하는 언어학자들이 있다. 그중에 리사 블랜드Lisa Bland와 러스티 배럿Rusty Barrett이라는(이름이 참 이상하다. 연구도 이름처럼 이상하니 들어 보라) 학자가 있다. 그들은 1998년 베스트셀러 자기계발서들에 실린 섹스 관련 조언을 조사했다. 그들이 조사한 책들의 주요 주제는 주로 이성애자 여성이 어떻게 침대에서의 경험을 향상시키기 위해서 '음담패설'을 하면 되는지다. 이 책의 저자들은 여성들로 하여금 '터부시되는 단어'를 쓸 때의 '죄책감'을 걷어 내라고 부추긴다. 예를 들어서 포르노에 나오는 대화에 주의를 기울이거나, 폰섹스를 하거나, 로맨스 소설을 크게 읽으라는 것이다.

1996년 바버라 키슬링Barbara Keesling이라는 여성은 『사랑하는 사람에게 섹시하게 말하기Talk Sexy to the One You Love』라는 책을 냈다. 그는 독자들에게 섹시한 용어 목록을 적고 크게 읽기를 연습하라고 권고한다. "낮은 목소리로 '페니스'를 속삭여봅시다." 그렇게 쓰여 있다. "계속해서 속삭이고, 속삭이고, 속삭여요. 눈을 감고, 사랑하는 사람의 음경을 떠올리고. 조금 더 크게 속삭이고. 조금 더 크게…… '페니스' 리스트에 있는 모든 단어와 문장에 대해서 이 과정을 계속 반복하세요." 그러고 나서, 키슬링은 이 단어를 대화 속에 녹이는 방법을 알려 준다. "섹시한 명사들은 문장에 감칠맛을 더해 줄 수 있어요. 하지만 음란한 단어를 핫한 형용사나 이글거리는 동사에 너무 가깝게 넣는다면 입안에 매운맛 5단계 경보가 발령될지도 몰라요." (그럴 수는 없다.)

키슬링이 제안하는 실천 가운데 가장 마지막 단계는 '나쁜 대사bed libs'라고 하는데, 독자들은 침대에서 파트너와 함께 이 각본을 써먹을 수 있다. 예를 들면 이런 식이다.

너의 (명사)는 나를 너무 (형용사)하게 해.

너의 (형용사)한 (명사)를 나의 (형용사)한 (명사)에 넣어 줘!

나는 너의 (형용사)(형용사)(명사)를 나의 (형용사)(형용사)(명사) 안에서 느끼고 싶어.

나를 (형용사)(형용사)한 동물처럼 (동사)해 줘!

이런 조언에 장기가 쪼그라드는 느낌이 들지만, 1995년 나온 '화성남과 금성녀가 침대에서 만났을 때'라는 조언보다는 낫다. 이 가이드는 1993년 『화성에서 온 남자, 금성에서 온 여자Men Are from Mars, Women Are from Venus』라는 베스트셀러를 낸 존 그레이John Gray가 직접 쓴 것이다. 그레이의 이론은, 이성애 커플이 좋은 섹스를 하지 못하는 까닭은 양성 간의 커뮤니케이션 스타일이 너무 다르고, 그들의 욕망이 다르기 때문이다. 마치 각각 다른 행성에서 온 것처럼 말이다! 그의 조언은 전부 여성은 남성으로 하여금 충분하게 섹스를 하게 두지 못하고 남성은 여성이 섹스를 원하게끔 충분한 감정적 지지를 하지 못한다는 개념에서 나온다. "여성은 섹스로 마음이 열릴 만큼 사랑을 원하고, 남성은 반대다." 그는 어떻게 이 갈등을 해결할지를 두고 팁을 제공한다. 이때의 상황에는 '퀴키'(여성이 만족을 느끼지 못하는 짧은 성적 접촉)부터 여성이 너무 많은 노력을 기울이지 않고도 남성이 만족하는 경우가 포함되어 있다.

그레이의 조언이 갖는 문제야 하고많지만, 일단 하나는 남성과 여성이 다른 행성에서 오지 않았다는 점이다. 그의 책을 읽는 이성애자 여성 독자들의 성생활이 원활하지 않고, 그래서 이 책을 사는 까닭은 그들이 금성에서 왔고, 그래서 섹스나 오르가즘을 본질적으로 원하지 않는 천상계의 몸을 가졌기 때문이 아니다. 우리 모두가 살고 있는 지구에서, 침실(혹은 거실, 혹은 미니밴 뒷자리, 어쨌든)에서 힘의 불균형을 야기하는 사회적 불평등이 존재하기 때문이다. 그렇기 때문에 여성들은 섹스를 할 때 자신이 주인공으로 등장하는 성적 각본을 얻을 수 없으며 이를 표현할 어휘도 갖기 어렵거나 갖지 못한다.

누군가는 여성에게 섹스를 더 잘할 수 있는 조언을 주는 것이 페미니즘적이라고 말할 수도 있겠다만, 키슬링과 그레이의 팁이 실패한 까닭은 그들로 하여금 남성의 입맛에 맞춘 이성애 중심적 각본에 익숙해지라고 부추겼기 때문이다. 그들은 기저에 놓인 성적인 힘의 불균형을 다시 맞추라고 격려

하는 게 아니다. 여성들 자신을 위한 '음담패설' 어휘를 준 게 아니다. 여성과 남성의 섹스 토크에 대한 어떤 1994년 보고서가 말해 주는 것처럼 "이성애 관계에 대한 미디어 재현이 보여 주듯이 여성에 대한 남성 지배의 문화는 여성들로 하여금 스스로를 남성의 눈을 통해서 바라보도록 한다. 여성들은 여성의 섹슈얼리티와 욕망에 대해서 말할 수 있는 담론을 가지고 있지 않다".

이 1994년 보고서는 준 크로포드June Crawford, 수전 키팩스Susan Kippax, 캐서린 월드비Catherine Waldby 세 심리학자(CKW라고 부르겠다)가 함께 쓴 것이다. 그들은 남성과 여성이 자신의 성적 접촉에 대해서 어떻게 이야기하는지를 다루면서, 이들의 발화 양식에서 드러나는 차이가 서구의 성적 문화를 어떻게 반영하고 있는지 살핀다. 연구팀은 남성만으로 그리고 여성만으로 이루어진 집단을 설정하고, 과거의 성경험에 대해서 이야기하게 한 자료 19개를 분석한다. 이야기의 상당 부분이 어색한 데이트와 첫 만남에 대한 것이었는데, 그중 흥미로운 데이터는 남성과 여성이 굉장히 비슷한 상호작용을 완전히 다른 방식으로 해석할 때 추출되었다.

연구팀이 분석한 내용 중에 이언이라는 남성이 십 대 시절 자신과 두 친구가 해변에서 여학생 무리에게 접근했던 이야기가 있었다. 이언은 자신이 사귀고 싶던 여학생이 결국에는 자기 친구와 데이트를 하게 되었다고 이야기했다. 그는 실망해서 그 여학생 대신 "뚱뚱한 거(다른 여학생)랑 자리를 떴고", 다른 친구들은 "돌아다녔다"고 했다.

연구팀은 여성(에이미라고 하자)에게서도 비슷하지만 굉장히 다른 이야기를 듣는다. 에이미는 열여섯 살 때, 친구들과 바닷가에서 놀고 있다가 남학생들의 구애를 받는다. 에이미의 친구인 헬렌은, 자신과 데이트를 한 남학생이 자신을 좋아하지 않았다고 말했다. "켄은 헬렌과 데이트를 한다고는 했지만…… 그리 기분이 좋아 보이지 않았어요." 에이미는 말한다. "헬렌은 무척 당황스러워서 어떻게 해야 할지를 몰랐고…… 말을 별로 하지 못했어요. 다른 사람들은 켄에게 헬렌이 켄을 좋아한다고 했지만 그럴수록 상황은 나빠졌고, 헬렌은 켄이 폭탄을 떠안았다고 생각하는구나 싶었지요."

두 상황의 유사성(해변, 구애)을 넘어서, 이 이야기가 공유하고 있는 것은 구애를 당한 여성에게 목소리가 없었다는 점이다. 여성의 감정은 다른 사람들을 통해 남성에게 전달된다. 그러는 동안 남성은 적극적인 역할을 하도록 기대된다. 그는 상황을 시작하고, 전문가인 반면, 여성은 남성이 결정하는 대로 따라 간다. 이후의 이야기에서, 에이미와 헬렌은 모두 켄의 감정을 궁금해하지만, 이언은 여학생이 어떻게 느꼈을지에 대해서는 전혀 궁금해하지 않는다. 여학생의 인간성은 너무나 중요하지 않다. 심지어는 그는 여학생을 '것'이라고 부르기까지 했다.

그런데 이 이야기에 나오는 여성들(헬렌, 에이미, 이언의 이야기에 나오는 이름 없는 소녀)이 마치 남성의 관점을 이해한 듯이 느꼈다고 하더라도, 그들은 이를 목소리를 내서 말하지 않는다. 그들은 "야, 너 나 마음에 안 들지! 좋은 소식 알려 줘? 나 도거든. 그러니 우리 관두자. 어때?"라고 말하지 않는다. 대신에 그들은 이러한 종류의 상호작용의 암묵적이고도 안타까운 규칙, 즉 여성이 '대상으로서의 지위를 받아들여야' 한다는 규칙을 따른다. 그의 운명은 남성이 결정하는 대로 가게 되어 있다. 그리고 이성애 남성성과 남성의 섹스 욕구에 대한 우리 문화적 기준에 따르면, 그는 섹스를 원하고, 이를 추구해야 한다. 남성이 정말로 그런지 아닌지와 관계없이 말이다.

여성과 남성의 욕망에 대해서 우리가 많이 듣고 자란 서사 가운데 하나는 여성이 관계에 대한 약속 없이 섹스를 원하는 게 불가능하다는 것이다. 연구팀이 지적했듯, 일상적인 섹스 각본에서 남성들은 여성이 무엇을 원하는가를 알아내는 데 실패하기 때문에 이런 말이 적절할 수도 있다. 여성이 원하는 건 여성의 인간성이 관계에서 드러나는 것이다. 남성들은 때로 그걸 해내기도 하지만, 그런 경우 예외로 치부된다. "남성은 여성 파트너를 사람으로 여겨야 한다면 관계에 대한 약속을 의무감으로 받아들입니다." 연구팀은 말했다. "여성은 하룻밤 섹스로도 만족할 수 있지만, 몸 대 몸만큼이나 사람 대 사람으로 받아들여질 수 있는 관계를 선호합니다." (말이 되지 않는가? 그래서 레즈비언 섹스가 더 나은 걸까?) 그렇다. 전반적으로 남성들은 지속적인 관계가 아닌 간단한 섹스를 할 때에는 개인적인 관계를 맺고 싶어 하지 않았다. 문화가 남성들에게 모든 여성들이 구질구질하게 집착한다고 알려 주어서인지, 남성의 오르가슴이 정말로 유일한 목적이기 때문인지, 구애를 하는 각본에서 남성들은 여성을 대상으로만 다루어야 하고 그렇지 않으면 그저 섹스만 하는 대신에 심각한 데이트 상황에 빠지고 말 것이라고 느끼나 보다.

연구팀은 미래에 대한 전망을 담아서 연구를 이렇게 마무리 지었다.

> **기쁨을 위한 섹스에 대한 담론, 즐거움을 생식과 분리하는 담론, 여성을 적극적으로 욕망하며 성적인 표현을 할 수 있는 주체로 인정하며 발기한 페니스를 중심으로 이루어지지 않는 이야기들이 기존의 권력 구조에 도전하고 이에 직면할 수 있다. 상호적인 탐색, 소통, 발견, 서로를 기쁘게 해 주는 새로운 신화가 필요한 시점이다. 삽입은 다가 아니라, 에로틱한 기쁨을 찾는 다양한 가능성 가운데 하나이다.**

새로운 신화 가운데 중요한 부분은 분명 섹스에 관한 어휘를 새로 상상하는 일일 것이다. 시스젠더가 아닌 이들이 자신의 관점에서 스스로의 몸과 욕망에 대해 말하도록 하는 어휘들 말이다. 어떤 공동체에서는 이런 어휘가 이미 개발되고 있다. 그리고 그 어휘들은 이 장의 시작부터 다룬 그 부분에서 생겨나고 있다. 바로 성기에 대한 어휘들이다.

랄 지먼은 자신의 성기를 스스로 이름 붙이는 행위가 성적인 임파워링을 가능하게 한다는 점을 연구하는 데 전념했다. 그의 연구는 특히 트랜스젠더 공동체에 걸쳐 있는데, 그는 성기에 대한 질문을 할 때 우선 우리가 무엇을 여성과 남성 신체라고 부르는지에 초점을 맞췄다. 의사나 사전은 트랜스젠더의(성별 확정 수술[54]을 받지 않은 경우) 몸을 한 가지 방식으로 분류할 것이다. 그러나 2장에서 배웠듯, 개인의 몸을 설명할 때 문화적인 해석이 동반된다는 점을 생각해 보면, 흑백 분류 체계 기저의 논리는 힘을 잃게 된다.

태어날 때 성별을 남성으로 지정받았다고 하더라도 나중에 여성으로 정체화를 한다면, 의사가 '페니스'라고 부르더라도 자신의 성기를 '보지'라고 부를 수는 없을까? 가장 편안하고 확고한 언어로 자신의 몸을 묘사할 수는 없는 걸까?

54 '성별 정정 수술'이라고 알려져 있다.

지먼의 연구가 밝힌 대로, 그럴 수 있고, 그렇게 하고 있다. 그는 트랜스젠더들이 자신의 성기를 부르는 방식이 가장 노골적으로, 여과 없이 드러나는 장면을 연구했다. 바로 인터넷이다. 특히 그는 채팅방, 게시판, 크레이그리스트 만남 광고 등을 살펴보았다. 트랜스젠더들은 성기를 가리킬 때 젠더와 성기 사이에 존재하는 경계를 부수는 용어를 자주 사용했다. 사전적 정의를 들여다보면, 거의 몸의 기능을 묘사하고, 그와 '관련된' 젠더를 연결하는 식이다(예: 여자들에게 있는 성기 통로). 그런데 트랜스젠더는 자신의 몸에 대해서 말할 때 이러한 의미론적 구성요소 가운데 하나만을 선택하곤 했다.

지먼이 연구한 사람들은 맥락에 따라서 규범적인 남성과 여성 용어를 전부 다 사용하기도 했다. 여기엔 '질'이나 '클리토리스' 같은 기술적인 용어부터, '딕'이나 '푸시' 같은 용어들도 포함된다. "그들이 전통적으로 여성에게 쓰이는 용어를 사용한다면, 구조에 대해 설명하고 있는 것입니다." 지먼은 다음과 같이 설명하면서 트랜스 남성들의 말을 인용했다. "나만 내 질을 끔찍이 싫어하는 게 아니지, 나만 그래?", "나는 내 질을 완전 혐오해", "나는 질/항문 삽입을 싫어해. 그리고 내가 질로 섹스를 하는 게 불편하기 때문에 질로 섹스한 적이 없다고 해서 버진인 건 아니라고 설명하려고 해 봤어."

더 흔하게 나타나는 건 여성의 성기로 보이는 부위를 남성 은어로 설명하거나 반대로 남성 성기를 여성 용어로 설명하는 현상이었다. 아마존 TV 시리즈 중 하나인 〈아이 러브 딕 I Love Dick〉 시즌1에서, 토비라는 여성 인물은 남성 인물인 데본에게 구강성교를 하는데, 이때 데본은 의사라면 질이라고 부를 만한 성기를 가지고 있다. 그러나 토비는 데본의 성기를 '콕'이라고 부른다. 트랜스젠더 유튜버인 알렉스 버티도 비슷하게 말한다. 성기 수술을 하지 않았지만 자신의 다리 사이의 성기를 '딕'이라고 부르는 것이다.

자신의 성기를 스스로 일컫는 행위는 트랜스 친구들에게 일보 전진이다. "이제는 많은 트랜스젠더가 자신을 남성이라고 정의하는 몸을 남성의 몸이라고 보고 있습니다." 지먼은 말했다. 여성의 몸도 마찬가지다. 어떤 경우 완전히 새로운 단어가 나타나기도 한다. 그중 지먼이 발견한 것은 '보이컨트, 맨푸시, 딕클릿' 등이다. 이 단어들을 사용한다는 건 "몸을 재명명하는" 행위라고 지먼은 말했다. "불편함, 디스포리아, 거부의 원인이었던 몸에 전반적으로 다른 해석을 하는 것으로서, 에로틱하면서도 (…) 트랜스젠더의 몸에 존재하는 차이를 꼭 지우지는 않는 행위입니다."

우리가 배울 수 있는 점은, '질, 박스, 스내치, 박다, 뚫다'와 같은 말들이 자신의 성기나 섹스를 묘사하기에 정확하지 않다거나 이런 단어가 불편하다고 느껴진다면, 그런 용어를 창밖으로 날려 버릴 수 있다는 점이다. 완전히 새로운 단어를 만들 수 있다. 나는 시스젠더 여자 친구들에게 자신의 성기를 다르게 말할 수 있다면 뭐라고 하겠느냐 물었다. 그들의 답은 바보 같은 것부터 야한 것까지 다양했다. 은하, 푸카, 프레야, 브이, 바슈나, 피치…… 이외에도 다른 여성이 성기를 묘사하기 위해서 만들어 낸, 기분 좋게 포괄적인 문구 '질-음핵-음부 복합체vcvc'도 있었다.

또 트랜스와 퀴어 공동체에서 '성기'보다 더 재미있고 젠더 중립적인 용어들을 어떻게 사용하는지 알아보고자 온라인으로 조사를 해 보았다. 텀블러 덕분에, '스터프, 정크, 비츠, 거기 아래, 앞구멍, 소중이, 베니스, 클릭' 등을 알아냈다.

나는 '버자이너', '페니스' 혹은 문제가 있어 보이는 은어들이 완전히 사라지기를 기대하는 게 아니다. 하지만 섹스와 몸에 대해 의료 전문가가 무엇이라고 하든, 영화나 포르노가 뭐라고 하든, 여성과 젠더퀴어 친구들이 자신들이 원하는 대로 묘사하도록 환영하는 발상이 마음에 든다. 먼저 그 말을 성관계를 하는 파트너와 사용해 보고, 그다음 실생활에서 친구들과, 그런 다음 인터넷으로 넘어가는 거다. 그러면 누가 알겠는가? 조금씩 문화적 의식 속에 스며들어, 언젠가는 '질'을 '질-음핵-음부 복합체'라고 부른다거나 뚫는다, 박는다만큼 덮는다, 감싼다가 흔하게 사용될 수도 있지 않은가. 아마 자신의 성기를 자기 마음대로 부르는 아이디어가 유행이 될 수도 있다. 그렇다면 성적 권력의 불균형도 다시금 조정될 수 있다.

여기에는 '아마도', '그럴 수도'라는 말들이 많이 쓰였다. 알다시피, 언어와 사회적 변화 간의 관계에 대한 예측은 그리 어려운 일이 아니다. 그리고 연구자들은 늘 가설을 세운다. 그래서 나는 다음 장을 장식하기 위해서, 내가 신뢰하는 전문가들에게 영어의 미래에 대한 완전 솔직한 의견을 달라고 부탁했다. 섹스뿐 아니라, 욕, 젠더와 섹슈얼리티에 대한 명칭, 문법, 캣콜링, 모욕까지 전부. 데버라 캐머런, 랄 지먼, 그리고 언어학자들 몇 명이 굉장한 아이디어를 내놓았다.

11장

그래서……
천 년 안에는 여성이 영어를 다스리게 될까?

11

1987년 괴짜 페미니스트인 메리 데일리Mary Daly와 제인 카푸티 Jane Caputi가 펴낸 『위키더리Websters' First New Intergalactic Wickedary of the English Language』라는 사전이 있었다. 이 급진적이고 페미니즘적인 새 사전의 목적은 영어, 그들이 '가부장적 발화'라 일컬은 언어를 여성에 대한, 여성에 의한 언어로 바꾸는 데 있었다. 데일리와 카푸티는 제2물결 강성 페미니스트로, 여성이 지적으로나 도덕적으로나 더 우월한 성별이며 그들이 세상을 다스리게 되기를 실제적인 목표로 삼은 이들이었다(많은 우파가 '유일한' 페미니스트의 종류라고 생각하는 페미니스트들인 셈이다).

데일리와 카푸티의 우상파괴적인 『위키더리』는 오래된 영어를 재정의하고 비틀었으며, 새로운 언어를 소개하면서 여성들이 세상을 바라보는 관점을 반영한 괴짜 같고 마녀 같은 새로운 말들을 만들었다. 몇 가지 주목할 만한 항목들을 소개한다.

> **딕셔너리**(DICK-TIONARY): **가부장제 사전, 좆에게 길들여지고, 침묵당한 언어들**
> **해그**(HAG): **가부장제의 주변을 떠돌고, 바보들을 놀래고, 떠도는 여성들에게 야생으로 달려 나가라 말하는 마녀**
> **크론-올로지**(CRONE-OLOGY)[55]**: 급진 페미니스트의 연대기**
> **진/에콜로지**(GYN/ECOLOGY): **크론**(할멈)**들로 하여금 제도, 이데올로기, 잔학한 행위 간의 연결을 폭로할 수 있게 하는 지식들**

1970년과 80년대에 '다이크셔너리'[56]라고도 부르는 수많은 페미니스트 사전이 새로 생겨났다. 그중 『위키더리』가 제일 유명했다. 저자들의 아이디어는 우리가 여성이 세상을 보는 방식대로 영어를 재정의하면, 세상도 재정의할 수 있다는 것이었다. 언어가 정말 그렇게 작동되는 것은 아니지만, 데일리와 카푸티만 영어가 기본적으로 여성들의 관점을 담기에 실패했다고 본 페미니스트들은 아니었다. 1980년 페미니스트 학자인 데일 스펜더Dale Spender는 『남성이 언어를 만들었다Man

55 역주: crone에는 '할멈'이라는 뜻이 있다.
56 역주: 다이크dyke는 레즈비언 가운데 부치를 일컫는다.

Made Language』라는 책을 낸다. 그리고 그 책에서 스펜더는 영어가 남성에 의해서 만들어지고, 남성의 관점만을 반영하기 때문에, 언어를 통해서 여성들이 남성의 관점대로 생각하게끔 세뇌된다는 게 유일한 문제라고 주장했다. 따라서 여성이 만들고, 새로이 상상해서 만들어 내는 버전의 영어가 이런 사고방식을 뒤집을 수 있다는 것이다.

스펜더의 논리는 많은 제2물결 페미니스트들이 영어를 진보시킬 수 있다고, 그래서 전반적인 성평등으로 나아가게 할 수 있다고 믿었던 바로 그 논리였다. 스펜더의 책은 '사피어-워프 가설'이라고 불리는 원리를 일부 반영한 해석을 담고 있다. 20세기 초에 나온 이 가설은 언어가 화자의 관점에 영향을 미친다는 점을 설명한다. 이 원리에는 두 가지 버전이 있다. 더 많이 받아들여지는 가벼운 버전은 언어가 그저 사고에 '영향을 준다'고 보는 것이고, 다른 하나(스펜더의 이론이 여기 들어간다)는 더 강력하게도 언어가 사고를 '결정한다'고 본다. 스펜더의 설명에 따르면, 모국어를 이루는 문법과 어휘가 현실 인식을 내재적으로 결정한다. 만일 언어에 특정한 개념을 묘사할 수 있는 언어가 없다면, 이를 인식할 수 없는 것이다. 그리고 영어 사전과 문법이 남성에 의해 만들어졌으므로, 여성들은 자신의 관점을 중앙에 놓을 수 있는 새로운 언어를 필요로 한다.

페미니즘 언어 개혁에서 가장 감탄할 만한 시도(그리고 가장 큰 실패)는 스펜더의 책이 나오고 몇 년 뒤에 있었다. 언어학자 수젯 헤이든 엘긴Suzette Haden Elgin이 '여성어'라고 부르는 언어를 개발해서 이것으로 영어를 대체하고자 했다. 1984년 엘긴은 『모어Native Tongue』라는 디스토피아 과학소설을 써냈다. 마거릿 애트우드의 『시녀 이야기The Handmaid's Tale』와 비슷하게, 미국 여성이 아이를 낳고 기르는 사회적 목적 말고는 어떤 권리도 가지고 있지 않고, 남편과 아버지 덕분에 살아가는 종말 이후 미래를 배경으로 한다. 그런데 이 소설 세계에는 예외가 하나 있다. 특별한 여성 언어학자 집단이 있어서, 이제 외계 생물들과 접촉을 하게 된 시대에 이들이 집 밖에서 통역사 일을 하며(2016년 에이미 애덤스의 영화 〈컨택트Arrival〉와 그리 다르지 않다) 살아간다는 점이다. 이 여성 언어학자들은 여가 시간에 새로운 언어를 만들어 낸다. '라아단'이라고 불리는 이 언어는 여성의 관점만을 반영한다. 이 새로운 소통 체계를 만들어 냄으로써, 그들은 가부장제를 탈환하고 예속된 상태로부터 풀려나기를 계획한다.

'라아단'을 만든 수젯 헤이든 엘긴은 데일리와 카푸티의 『위키더리』보다 멀리 간다. 그는 〈스타트랙Star Trek〉의 클링온어처럼 실제로 기능하는 언어를 만들어 내는데, 클링온어보다 더 탄탄하다. 라아단은 온전한 문법구조를 갖췄고(자신의 감정적 의도를 명료히 표현하는 수식어가 포함되어 있는데 엘긴이 이런 특징이 본질적으로 여성적이라 보았기 때문이다), 소리 체계(중국어처럼 성조가 들어간다. 데버라 캐머런은 엘긴이 이를 페미니즘적인 이유가 아니라 그냥 '멋져 보여서' 넣었다고 생각한다)와 핵심 어휘 몇 개가 포함되어 있다. 엘긴은 '라아단' 어휘가 여성들이 공유하는 육체적, 사회적, 감정적 경험을 효과적으로 요약하는 단어들을 포함할 수 있기를 바랐다. 여성의 언어는 영어에서 대체로 침묵되거나 여러 문장으로 복잡하게 묘사되기 때문이다. 예를 들어서, '라아단'에는 '생리를 일찍 하다', '생리를 고통스럽게 하다', '생리를 기분 좋게 하다'와 같은 단어가 포함되어 있다. 이유 있게 당황스럽고 화가 나거나, 이유가 없이 그렇거나, 이때 비난할 사람이 있거나 없는 등도 각각 달리 포함된다. 동사인 '도롤레딤'은 여성이 자신을 적절히 돌보지 못해서 과식하는 행위와 맛있는 음식과 같은 것에 탐욕을 부려 극단적인 죄책감을 느끼는 행위를 함께 포괄하고 있다. '라디이딘'이라는 단어는 '휴일 아닌 휴일'이라는 뜻인데, 휴일이라고 생각하기 쉽지만 요리하고, 장식하고, 손님을 맞아야 하는 여성에게는 짐이 되는 날을 뜻한다. 이 단어들은 엘긴이 여성이 경험한다고 인식하는 현상을 묘사하기 위해 만든 1800개 단어 가운데 일부일 뿐이다.

엘긴은 라아단을 그저 즐거움을 위해서 만든 게 아니다.

그는 정말로, 실제 세계에 정치적인 결과를 가져올 수 있기를 바랐고, 그럴 수 있는 방법을 고안했다. 그는 2007년 한 인터뷰에서 말했다. "제 가설은, 여성의 인식을 표현하기에 더 적절한 기제를 제공하기 위해 설계된 언어를 만들어 낸다면, 여성들은 1) 이를 포용하고 사용하기 시작하고 2) 언어가 아니라 언어에 담긴 생각을 받아들이고 (…) 이를 대체할 다른 '여성의 언어'를 만들 것이라는 거였어요."

물론 책이 출시되고 몇 년이 지나도 이 일은 일어나지 않았다. 라아단과 그 멋진 성조와 기발한 어휘는 영어를 대체하지도 않았고 영어 화자들에게 어떤 인상을 주지도 않았다. '다이크셔너리'도 그러지 못했다. '여성어'에는 본질적인 문제가 있었다. 데버라 캐머런이 말하듯이, "저는 늘 '여성의 인식을 표현한다'는 언어에 담긴 생각에 회의적입니다. 그게 어떤 인식이고, 어떤 여성에게 속하게 되는 걸까요? 모든 여성이 공유하는 인식의 집합은 존재하지 않습니다". 집단적 자매애를 느끼는 건 좋지만, 여성의 경험은 복잡한 스펙트럼을 구성하고, '자매애'는 하나만 의미하지 않는다.

'딕dick셔너리'를 '다이크셔너리'로 바꾸겠다는 시도가 실패한 사례들은 영어가 사실상 본질적으로 가부장적이지는 않다는 걸 보여 준다. 사실 우린 언어 자체를 다시 발명할 필요가 없다. 누가 문법책을 쓰든지 말이다. 우리가 살펴보았듯이, 여성들은 은어에서부터 단어를 발음하는 방법까지 언어에서 놀라울 만큼 혁신적이다. 그리고 현재 존재하는 영어로 자신을 나타낼 수 있다. 언어를 페미니즘적으로 만든다는 것이 자음, 모음, 혹은 어휘를 페미니즘적으로 만드는 데서 시작되는 게 아니라는 건 말할 필요도 없다. 화자의 이데올로기를 바꾸는 데서 시작해야 한다.

데일리, 카푸티, 엘긴, 스펜더가 영어에 대해 가진 생각은 말하는 방식이 그들의 정치학을 바꿀 수 있다는 것이었다. 낙관적인 이론이다. 그러나 랄 지먼은 그렇게 해서 변화가 이루어지는 게 아니라고 지적한다. "언어의 개혁은 언제나 일어날 수 있지만, 문화 변동이라는 맥락에서 이루어집니다." 그는 말했다. "그저 언어학적인 변화를 만들어 낸 다음에 문화의 변화라는 흐름에 올라타도록 할 수는 없어요."

그렇지만 앞서 언급한 여성들은 몇 가지 중요한 지점을 포착해 냈다. 우선 어휘, 문법과 관련된 일에 종사하는 이들이 역사적으로 오직 남성이었다는 간단한 사실 때문에, 공식적인 언어 가이드가 일반적으로 남성 중심성을 띠고 있다는 점을 잘 지적했다. (예를 들어서, '레즈비언'이라는 단어가 『옥스퍼드 영어 사전』에 들어간 해가 겨우 1976년이라는 걸 알고 있는가? 놀랍게도, 그 단어가 사전에 포함될 때, 단어에 대한 예문은 작가인 세실 데이루이스 Cecil Day-Lewis가 쓴 이 문장이었다. "나는 절대 진짜 시를 쓸 수 없을 것이다.

여자들은 레즈비언, 병자, 혹은 무언가가 아니고서는 그럴 수 없다.")

엘긴과 스펜더 같은 여성들은 언어가 사회 개혁의 커다란 부분을 차지한다는 점을 잘 지적했다. 『모어』, 『위키더리』, 로빈 레이코프의 『언어와 여성의 자리』가 제2물결 페미니즘의 흐름 속에서 출간되었다는 건 우연이 아니다. 고도로 정치적이었던 이 시기에, 사회적인 임파워링은 언어적 임파워링을 이끌어 냈다.

하지만 젠더와 언어 개혁의 초점은 계속해서 바뀐다. 지먼은 2000년대 초반에 대학에서 트랜스젠더의 정체성과 언어학에 대해서 이야기를 할 때 아무도 관심을 갖지 않았다고 이야기했다. 그때까지만 하더라도 사람들은 그것이 너무 한정적이어서 적용할 수 없다고 말했다. 하지만 10년에서 15년이 지나고 나서, 젠더 평등과 성평등이 문화적 최전선에 서게 되자, 우리가 사용하는 언어도 화제가 되었다.

그러나 페미니스트의 목소리가 커지며 사회적, 언어적 혁명을 원하는 흐름이 거세지자, 그 반대 목소리도 커지고 있다. "모든 억압받는 이들을 위해 더 나은 세상을 만들자는 진보의 행진은 우리가 생각하는 대로 이루어지지 않습니다." 샌타바버라에서 어느 안개 낀 날, 지먼은 말했다. "이런 사회 변화는 반동을 불러오지요."

지먼과의 이 대화가 마지막 인터뷰였다. 2017년 12월, 현대 캘리포니아 역사상 가장 큰 산불이 났던 무렵이었다. 우리 뒤에 있던 언덕이 수천 에이커나 타 버리고 공기에는 온통 재가 자욱했다. "우리가 규범에 맞지 않는 정체성을 존중하려는 흐름으로 움직이고 언어도 그렇게 나아갈수록, 반동은 더욱 드라마틱할 겁니다." 지먼은 말했다.

나는 지먼에게 건넨 마지막 질문을 데버라 캐머런에게도 똑같이 던졌다. 우리가 영어의 미래에 대해서 현실적으로 무엇을 기대할 수 있느냐는 것이었다. 우리의 일상 대화에 젠더 중립적인 대명사가 당연하게 자리하려면 얼마나 기다려야 할까? 페미니스트 욕설이란 새로운 어휘를 정말로 만들어 낼 수 있을까? 젊은 여성과 게이 남성이 말하는 방식을 싫어하는 현상을 멈출 수 있을까? 캣콜링과 여성에 대한 성적 모욕이 사라질 수 있을까?

캐머런은 험난한 길이 될 거라고 예상했다. "최소한 '그들' 같은 젠더 중립적인 대명사는 곧 퍼질 거예요. 이미 체계에 포함되어 있으니까요. 하지만 여성혐오는 계속될 것 같습니다." 옥스퍼드에서 그는 내게 이런 답장을 보냈다. "요즘은 안타깝게도 여성혐오가 부상하는 시기이고, 언어 사용은 전반적인 문화적 분위기를 반영하지요. 여성혐오는 저항하는 흐름이 없는 건 아니겠지만 계속될 것 같아요."

보스턴에 있는 버클리음악대학(열여덟 살 난 어쿠스틱 기타 신동들이 가는 목가적이고 고립된 곳)의 페미니스트 학자인 애덤 세텔라Adam Szetela 역시도 우리가 가는 길이 쉽지 않다고 말한다. "페미니스트 언어 변화에 대해서라면, 이미 그렇기도 하지만 앞으로도 진보에 대한 백래시가 있을 거라고 생각해요." 그는 내게 말했다. 보수 우파와 '극우 의붓형제'가 영어에서의 페미니즘적인 가치를 막기 위해서 완고한 태도를 취하고 싸움에 임한다는 것이다. 세텔라는 도널드 트럼프가 집권하면서 특히나 몇 년이나 퇴행한 듯한 영향을 미쳤다고 생각한다. "어떤 영역에서, 한때 괜찮았던 언어들도 문제적인 취급을 받고 있는데, 세상에서 가장 권력 있는 사람이 일상적으로 성차별을 하고도 어떤 결과도 감당하지 않고 있지요." 그는 2017년 12월 내게 보내는 편지에서 이렇게 썼다. "그러니, 트럼프 시대에 젊은 남자들은 그게 바로 여성과 소통하고, 관계 맺는데 사회적으로 받아들여지는 방식인가 보다 하게 됩니다."

나는 이 흐름의 양면을 다 경험했다. 긍정적인 언어 개혁과 그에 대한 맹렬한 역풍 모두 말이다. 나는 온라인 속어 목록인 〈어번딕셔너리닷컴〉 같은 무해한 곳에서 이 양면이 나타나는 걸 보았다. 특히 마음에 들어오는 단어는 '맨스플레인'이다. 이 유명한 은어는 왕성하게 활동하는 작가 리베카 솔닛Rebecca Solnit이 2008년 쓴 에세이 덕분에 생겨났다. 솔닛은 파티에서 처음 보는 남성이 그에게 잘난 척하며 역사책 내용을 설교하는 경험을 하게 된다. 그러는 중에 솔닛은 사실 그 책을 자신이 썼다는 걸 일깨워 주는 데 실패한다. 그런데 솔닛이 혼자서 '맨스플레인'이라는 단어를 만들어 낸 건 아니다. 이 단어는 그의 에세이가 발간되고 나서 한 달 뒤, 〈라이브저널LiveJournal〉이라는 사이트에 댓글로 처음 등장했고, 이후 블로거, 주류 미디어, 일상 대화에서 폭발적으로 증가했다. '맨스플레인'은 많은 여성들이 익숙한 상황이지만 이를 묘사하는 단어가 존재하지 않는 언어의 틈을 완벽하게 메워 준다. 이 단어는 2010년 돌풍을 불러일으켜서, 《뉴욕타임스》는 이를 올해의 단어로 선정했다. 그리고 어번딕셔너리에 들어가게 된다.

그런데 어번딕셔너리에서 '맨스플레인' 항목을 보면, 원본 내용은 반영돼 있지 않다(최소한 내가 이 글을 쓰는 시점에서는 그렇다). 누구나 어번딕셔너리를 수정할 수 있다. 이 사이트는 100퍼센트 사용자 주도적으로 만들어지기 때문에, 가장 위에 등장하는 정의는 사용자들의 투표로 정해진다. 이론적으로는 이 방식이 우리가 단어를 정의하고 문서화하는 방식을 민주화했다고 볼 수 있다. 그런데 때로, 상황이 비뚤어질 때가 있다. '맨스플레인'에 대한 위에서 세 번째 정의까지 보자면 이렇다.

1. 기본적으로는 남자가 여자에게 뭔가를 설명했다가 된통 욕을 처먹는 것. 진짜다. 해 봤다면 이렇게 말하지 않을 수가 없다.
2. 여자들이 남자에게 오만하게 뭔가를 설명하는 것.
3. 페미니스트가 그냥 남자가 남자라는 이유로 깔보는 투로 말하는 것.

추측하건대, 이 정의를 쓴 사람은 여성이 맨스플레인이라는 단어로 새롭게 설명할 수 있게 된 현상을 언어화했다는 데 강력하고 즉각적으로 공격받은 듯 느껴서, 여성의 말을 듣는 대신에 악마화하기로 결심한 남성들일 것이다. 이 항목들은 여성 혹은 억압받는 집단이 이전까지 이름 짓지 못했던 경험을 표현하는 새 단어를 만들어 낸 증거이기도 하지만, 때로는 그 진보보다도 역풍이 더 거세다.

전반적으로 우울하게 들릴 수 있다. 하지만 언어학자들은 여전히 낙관적이다. 즉각적으로 긍정적인 바람이 불고 있기 때문이다. 어쨌든 어번딕셔너리에서 '맨스플레인'의 정의가 잘못되기는 했지만, 몇 달 뒤 〈메리엄-웹스터닷컴〉에서는 이런 정의를 읽을 수 있었다. "대화 상대인 여성이 주제에 대해서 어떤 지식도 없으리라고 가정하면서 그에게 오만한 방식으로 무언가를 설명하는 행위"(원뜻을 더 정확히 반영하는 정의다).

역사적으로, 영어는 큰 차원에서 보면 진보하는 순간을 겪었다. 이는 미래에 대한 희망적인 신호라고 할 수 있다. "언어는 페미니즘에 대한 전방위적인 지지가 있을 때(1970년대처럼) 더욱 페미니즘적인 방향으로 갔어요." 캐머런은 말했다. "그러니 우리가 할 일은 침묵을 거부하고, 페미니즘을 확산하도록 싸우는 것이겠지요."

지먼에 따르면, 침묵을 거부하는 행위는 우리가 활용하는 언어와 진행되고 있는 언어학 연구를 통해 드러나는 정치학을 이해하는 것을 의미한다. "열의 없이 연구를 하는 척할 수가 없어요. 심지어 이미 극도로 정치화된 것들을 못 본 척할 수도 없고요. 우리는 심지어 이런 정치학에 책임이 있어요." 지먼은 말했다. "우리가 하고 있는 일에 대한 책임을 지는 건 전반적인 흐름인 듯합니다." 달리 말해서, 1970년대에서 그러했듯이, 학계와 운동이 만난다면 정말로 강력해질 수 있다는 뜻이다.

하지만 우리 모두가 학자는 아니다. 개인적으로, 일상을 살아가는 이들이 이렇게 격렬한 정치적 반동을 겪으며 할 수 있는 일은 헤징, 업스피크, 혀짧은소리, 보컬 프라이와 같이 지탄받는 발화에 대해서 충분한 지식을 가지고 살아가는 것이다. 그런 행위들이 논리적이고, 힘 있고, 입증 가능한 근거를 가지고 존재한다는 지식을 가지고. 누군가가 여러분의 목소리를 죽이려고 한다거나 성차별적인 말을 할 때, 그들로 하여금 어떤 동기가 그런 행위를 하게 했는지, 그 정보가 잘못된 이유는 뭔지 정확히 알면 그들과 대화를 시작하는 데 도움이 될 수 있다. 내 경험상 대화를 나누는 상대와 공통점이 거의 없더라도 이런 대화는 어색한 분위기를 깨뜨리는 데 훌륭한 역할을 했다. 모든 이들은 기본적으로 사람들이 왜 그렇게 말하는지 알고 싶어 한다. 정보를 말해 준다면 듣고자 한다.

친구 집에서 바비큐 파티를 하는 자리에 초대를 받은 적이 있다. 그때 손님으로 온 삼십 대 초반의 남자가 있었다. 그는 회색 정장을 입고 멋진 시계를 차고 있었는데, 전날 본 뉴스쇼에 나온 여성에 대해서 사람들에게 이야기하고 있었다. 그는 그 여성이 계속해서 '유 노'를 반복하느라고 토론을 망쳤다고 말했다. 계속 그 말을 하느라고 자신이 무슨 말을 하는지도 모르는 것 같았다고 했다. "그 말만 안 했더라면 무슨 말을 하는지 들었을 거예요." 그는 말했다. 그리고 그 이야기를 듣자, 나는 어퍼이스트사이드에서 '얄'을 쓰지 말라고 말했던 한 아이 어머니와의 일화가 생각났다. " '유 노'가 들어간 문장에 대해서 아는 게 좀 있는데요." 내가 끼어들었다. 나는 그리고 '유 노'가 그저 의미 없는 삽입구가 아니라 목적을 가진 담화 표지라고 말해 주었다. 여성들이 많은 경우에 자신감을 드러내려고 말하고, 헤징이 민감한 대화 상황에서 연대와 공감을 일으키는 유의미한 도구로 기능하지만 여성, 자기 확신, 권위를 둘러싼 문화적 신화 때문에 잘못 해석되는 경우가 많다고 이야기했다. "그리고 솔직히, 오늘 '유 노'라고 하신 거 열 번은 들은 것 같은데요." 나는 그에게 미소를 담아서 말했다. "그렇게 하는 게 나쁘다고 하는 말은 아니고요."

'유 노'에 대한 이 짧은 연설을 끝내고 나자, 그는 놀라서 눈을 크게 뜨고, 진심을 담아 말했다. 옮겨 보자면 이렇다. "와, 사람들이 어떻게 말하는지 정말 잘 아시네요. 멋져요. 이 자리에서 제일 흥미로운 사람인 거 같아요."

나는 어떤 자리에서도 가장 흥미로운 사람이 아니다(주여, 감사합니다). 그렇지만 내 요점은 언어가 성평등에 대한 커다란 관념을 두고 논할 때 좋은 시작점이 될 수 있다는 것이다. 수평적인 주제이기 때문이다. 그리고 '유 노'의 사회적 효용과 사용 패턴에 대한 멋지고도 너드 같은 지식으로 무장했다면 특히 더 그렇다.

궁극적인 목적은 『모어』에 묘사된 디스토피아적인 가부장적 미래를 어떻게 해서든 막고, 조금씩이라도 그 반대 지점으로 우리 문화를 옮겨 보는 데 있다. "어쨌든 저는 낙관적이에요." 랄 지먼은 통화를 하던 중 마음속 깊이 우러나는 위안을 담아 이렇게 말했다. "문화는 좋은 것을 원하는 사람들을 위해서 더 좋은 것을 가져오는 쪽으로 바뀐다고 생각해요."

나는 지먼과 내가 닮았다고 본다. 눈을 크게 뜨곤 하는 언어 너드이자, 우리의 온 심장으로 (또한 뇌로) 변화가 모퉁이

너머에서 기다리고 있다고 믿는다는 점에서. "낙관적'이어야만' 해요. 그렇게 되게 만들려면." 그는 웃으면서 말했다. "그게 가능하다고 믿어야 해요."

감사의 말

때때로 나는 이렇게나 똑똑하고 훌륭한 사람들이 내가 이 책을 쓰는 데 동의했다는 걸 생각하면 너무나 으쓱거리게 되고 몸속 장기가 터져 버릴 것만 같다. 우선, 나의 영웅 에이전트들에게 감사를 돌려야겠다. 더나우에 있는 레이철 보글, 칼슨, 러너는 내게 기회를 주고, 나를 이끌고, 나와 대화를 나누면서 넘어지면 일으켜 주고, 너무 떠 있을 때는 붙들어 주고, 정말이지 내 삶을 영원히 바꿔 주었다. 또한 하퍼 웨이브 출판사 편집자들께도 감사하다. 위대한 캐런 리날디와 기민한 리베카 래스킨은 나를 채찍질해 부족한 생각과 인터넷 농담을 진짜 책으로 만들어 주고 내가 영원히 가지고 갈 기술들을 알려 주었다. 내 감사는 이로 다 전할 수가 없다.

그리고 나의 부모님. 세계적인 과학자인 크레이그와 데

니즈 몬텔에게 감사하다. 그들은 종잡을 수 없는 딸을 항상 믿어 주고 엉뚱한 꿈을 꾸도록 해 주었다. 끈질김이라는 유전자를 선물하고, 어떻게 열심히 일하는지(놀기는 더 열심히 하고) 모범을 보이고, 당신들이 항상 나를 자랑스러워한다고 믿게 해 주어서 감사하다. 나 역시 두 분께 그렇다. 정말이다.

나보다 어리지만 키는 큰 남동생에게. 무서울 정도로 똑똑한 구글 소프트웨어 엔지니어인 브랜던 몬텔에게 감사하다. 동생의 마음과 성취와 겨뤄야 한다는 남매로서의 경쟁심을 불태운 덕분에 이 책을 쓸 수 있었다.

똑똑하고 빛나는 나의 친구들, 특히 레이철 위건드(초고 읽어 줘서 고마워, 짜샤). 오글거릴지 모르겠지만 글을 쓰는 동안 응원과 메시지를 보내 준 인스타그램 팔로워들에게도 감사드린다. 그들이 보내 준 메시지는 정말로 큰 의미가 있었다.

케리 콜렌(이 책의 '생모'라고 생각한다)을 포함해 창의적인 멘토, 영적인 지도자들인 새러 머피, 사이드 세어러피자데, 브렛 페셀, 리베카 오즈, 질 솔로웨이에게 고맙다. 쥐뿔도 없는 스물두 살 내가 세상에 뭔가 할 말이 있다는 말을 믿어 준 이들이고, 내게 그렇게 할 자리를 주었다. 정말로 감사하다.

클리크에서 나를 지지해 준 상사들께도 감사드린다. 그들은 내가 일을 6개월간 쉬면서 글을 쓰도록 해 주었고, 돌아왔을 때 열렬히 환영해 주었다.

재능 많은 사진작가 친구로 프로필 사진을 찍어 준 케이티 노이호프와 멋진 옷을 입혀 준 LA 디자이너 애니 빙에게도 감사를 전한다.

이 책을 너무나 멋지고 반짝이게 만들어 준 재능 많은 일러스트레이터 로즈 웡에게도 고맙다.

또한 이 책에 도움을 준 훌륭한 언어학자들, 특히나 랄 지먼, 데버라 캐머런, 손자 레인하트, 그리고 언어와 젠더라는 주제를 처음으로 소개해 준 뉴욕대학교 지도교수 루이즈오 버스바리에게 감사를 표한다. 언어학 학위는 쓸 데가 없었지만 드디어 이렇게 사용해 본다. 너무나 감사해요. 감사합니다. 감사해요!

옮긴이의 말

무대는 호흡과 진동으로 뒤집힌다

외국어를 전공해 통역사가 되려다가 '여성에겐 언어가 필요하다'고 말하면서 길을 튼 적이 있다. 가부장제 사회에서 여성의 관점을 담은 언어를 발화하자고 독려해야 했기 때문이었다. 그때 여성을 청자로 설정한 첫 책에서 나는 말했다. "당신의 이야기에는 이미 힘이 있습니다."

몬텔은 『워드슬럿』에서 사회언어학 연구를 짚어 가며 영어의 역사를 살피는데, 그 역시 성차별주의로 얼룩진 언어를 되찾아 올 수 있도록 기존의 질서를 흔드는 새로운 언어를 생성하고 발화하자고 말한다. 그리고 언어와 관련된 성차별주의에 대한 다양한 질문과 가설, 연구와 상상을 펼쳐 놓고, 외국어가 사회경제적으로 취약한 지위에 놓인 여성들이 더 나은 곳으로 가기 위한 무기요 전략이라고 말한다.

다른 나라의 언어를 말할 수 있는 능력은 이동할 수 있는 공간을 넓혀 준다. 새로 도착한 나라에 비슷한 억압 구조가 존재한다고 하더라도 새로운 무대는 새로운 각본을 어느 정도 가능하게 해 준다. 마침 나는 새로운 무대에서 새 각본을 짤 각오로 새로 도착한 나라에서 원고 작업을 하고 있었다. 그동안 내가 가장 중요하게 품게 된 질문은 다음과 같았다.

여성들은 이성애 중심주의로 돌아가는 가부장제 사회에서 젠더 각본을 수행한다. 그런데 이 각본이 상연되는 무대 뒤에서 여성들은 서로와 연결되어 더 내밀한 이야기를 한다. 이때 무대 뒤에서 이루어지는 이야기는 어떻게 할 때 무대 앞을 공고히 유지하는 일 외에 다른 역할을 할 수 있는가?

달리 말하면 이렇다. 이성애 사회가 제공하는 각본에 따른 인격을 연출한다는 만족감 외에는 해소되지 않은 감정, 채워지지 않는 친밀감, 발휘되지 못하는 열정, 서로를 알아보는 상대로서의 충만감을 여성이 다른 여성과 나눌 때, 그 감정들을 공허한 연극을 지속시킬 연료 이상으로 쓸 수 있는 방법이 무엇이냐는 말이다. 사실상 무의미하게 느끼는 관계를 환기하고 그곳에 생기를 불어넣는 수단으로 내밀함을 나누는 관계를 이용할 뿐이라면, 여성 간의 이야기에는 과연 어떤 힘이 있는가? 혹은 그런 힘이라면 존재할 필요가 있는가?

그때 나는 새로 도착한 사회에서 이 문제에 골몰하고 있었다. 인종과 지위라는 위계가 중첩된 관계를 맺으면서 학교라는 무대에서 주어진 대사는 '소극적인 아시아인'이라는 이미지를 강화하는 데로 제한될 뿐이었다. 몬텔의 질문이 주어졌을 때 나는 원고 파일에 메모를 켜고 이렇게 답했다. 내밀함을 나누는 공간, 사회적으로 허용된 각본이 상연되는 무대의 뒤편도 무대라고 여길 수 있을 때, 매끈한 얼굴을 가지고 임하는 뒷담화도 담화라고 인정할 때 각본은 뒤집힌다.

혼자 살고 있다가 사랑하는 사람과 같이 살던 무렵이었다. 소극적인 아시아인 배역을 맡은 이방인 두 명은 인종과 성별이라는 중첩된 억압 속에서 지하철만 타도 무력감을 느꼈다. 둘은 무대 뒤편인 다섯 평 남짓한 방 안에서 상황을 바꿀 순 없지만 속을 터놓을 수 있으니 망정이지라고 여기며 뒷담화를 이어 갔다. 내밀함을 나누는 또 다른 자아에 사회는 아무 힘도 부착해 주지 않았다지만, 내가 그 공간을 사회적인 각본이 만들어지는 공간으로, 나 아닌 다른 청자가 목격자로 존재하고 나 역시 그의 증인으로 존재하는 사회라고 여겼기 때문에 상황은 이후로 급격히 뒤집혔다. 상승과 추락을 반복했지만 어쨌거나 타개해 나갈 수 있도록 바뀌었다.

그리고 나는 한국으로 돌아와 여성들에게 외국어를 가르친다. 다시 몬텔의 말을 빌리면 외국어 학습은 취약한 이들이 더 나은 사회경제적 입지를 얻을 수 있는 경로이기 때문이다. 『워드슬럿』은 모국어, 외국어, 신조어, 은어, 속어를 가리지 않고 언어학적으로 스스로를 갱신해 간 소수자들의 역사를 담고 있다. 소수자 집단이 자신을 설명하기 위해서 만들어 나가는 언어는 기존의 언어에 위협으로 여겨지지만 시간이 지나면 그 언어는 금세 또 다른 위협으로부터 사수해야 하는 인류의 소중한 자원이 된다. 기존의 언어 구조에 순응하는 대신에 구조에 생채기를 내고 튀어 나가는 발화들을 격려하는 이유일 것이다. 기존의 언어와 완전히 합치되지 않는 언어를 교정받은 경험이 있는 여성이라면, 어떤 권위 없이 자신의 말을 만들어 냈다는 이유로 건방지다는 평가를 들은 적이 있다면 『워드슬럿』은 분명한 준거점이 되어 줄 수 있다.

여성의 말, 확신, 경험이 한참 힘을 가졌다가 그런 것은 아무래도 좋아 보이는, 그런 게 정말로 존재했는지 갸웃거리게 되는 흐름이 눈에 띄는 요즘이다. 여성의 존재는 유독 미미하며, 구조를 거스르기보다는 편승하여 잠자코 흐르는 편이 좋은 삶의 기술로 여겨지는 듯한 감각이 찾아온다. 몬텔의 원고를 작업하기 시작한 초반부는 고립되었던 환경에서 유일하게 허락된 대화와도 같았으며 후반부는 밀도 있게 전개된 질의응답 같았다. 가볍고, 진지하고, 흥미롭고, 분개할 만한 이야기가 많은 책이었지만 내게 이 책은 여성이 자신의 입에서 뱉어 내는 말의 힘으로 되돌아온다는 점에서 무척이나 의미 있다. 이 책이 지금 같은 환경에서 많은 독자들을 만날 수 있기를 바란다.

2022년 10월

이민경

Philos Feminism

1 **백래시: 누가 페미니즘을 두려워하는가?**
수전 팔루디 지음 | 황성원 옮김 | 손희정 해제

2 **여성, 인종, 계급**
앤절라 데이비스 지음 | 황성원 옮김 | 정희진 해제

3 **워드슬럿: 젠더의 언어학**
어맨다 몬텔 지음 | 이민경 옮김

4 **유인원, 사이보그 그리고 여자(가제)**
도나 해러웨이 지음 | 임옥희·황희선 옮김

5 **스티프드(가제)**
수전 팔루디 지음 | 손희정 옮김

6 **다크룸: 영원한 이방인, 내 아버지의 닫힌 문 앞에서**
수전 팔루디 지음 | 손희정 옮김

7 **자본의 성별(가제)**
셀린 베시에르·시빌 골라크 지음 | 이민경 옮김

8 **임신중지: 재생산을 둘러싼 감정의 정치사**
에리카 밀러 지음 | 이민경 옮김

9 **페미니스트 킬조이(가제)**
사라 아메드 지음

10 **가부장제 깨부수기: 성차별의 역사와 여성의 투쟁**
마르타 브렌·옌뉘 요르달 지음 | 손화수 옮김 | 권김현영 해제

Philos 사유의 새로운 지평
인문·사회·과학 분야 석학의 문제의식을 담아낸 역작들
앎과 지혜를 사랑하는 사람들을 위한 우리 시대의 지적 유산

Philos Feminism 3

워드슬럿
젠더의 언어학

1판 1쇄 인쇄 2022년 10월 11일
1판 1쇄 발행 2022년 11월 1일

지은이 어맨다 몬텔
옮긴이 이민경
펴낸이 김영곤
펴낸곳 (주)북이십일 아르테

책임편집 최윤지 **편집** 김지영
교정 송연승
디자인 핑구르르
기획위원 장미희
출판마케팅영업본부 본부장 민안기
마케팅 배상현 한경화 김신우 이보라
영업 최명열
해외기획 최연순 이윤경
제작 이영민 권경민

출판등록 2000년 5월 6일 제406-2003-061호
주소 (10881) 경기도 파주시 회동길 201(문발동)
대표전화 031-955-2100
팩스 031-955-2151
이메일 book21@book21.co.kr

ISBN 978-89-509-4236-6(03300)

이 책은 기본적으로 사회언어학의 신조를 반영한다. 언어는 문화와 분리될 수 없다. 언어는 정체성과 권력에 관한 통념을 반영하고 창조한다. 기초 연구 속에 자리 잡은 이 세련된 방식의 책이 언어와 젠더 연구 분야에 새로운 청중을 불러오기를 바란다.

—《라이브러리 저널Library Journal》

영어에 대한 이 열정적이고 매혹적인 책은 당신을 더 똑똑하게 만들어 줄 것이다. 어맨다 몬텔의 분석은 날카롭고 도발적이지만 재미있고 읽기도 쉽다. 그는 우리에게 필요한 멋진 괴짜 페미니스트다.

— 휘트니 커밍스Whitney Cummings, 배우·코미디언·PD

『워드슬럿』은 우리의 성차별적인 역사에 대한 매혹적인 정보로 가득 차 있다. 나는 이 책을 읽으면서 말 그대로 '우와' 하고 여러 번 소리 내어 말했다. 매우 재치 있고 훌륭한 책이다. 남성과 여성 모두가 읽어야 한다.

— 블라이드 로버슨Blythe Roberson, 작가·코미디언

어맨다 몬텔은 젠더가 우리의 의사소통에 영향을 미치는 방식이, 여성이 말하는 방식을 향한 비판이 직감적으로 잘못되었다고 느끼던 사람에게 확신과 도구를 주었다. 『워드슬럿』은 놀랍도록 재미있고, 모든 여성이 자기 목소리를 내도록 임파워링한다.

— 개비 던Gaby Dunn, 작가·배우·퀴어 활동가